Dr. Rainer Tschechne

Die Angst vor dem Glück

Dr. Rainer Tschechne

Die Angst
vor dem Glück

Warum wir uns selbst
im Weg stehen

Herbig

Besuchen Sie uns im Internet unter
www.herbig-verlag.de

Sonderproduktion 3. Auflage 2011

© 2003 F. A. Herbig Verlagsbuchhandlung GmbH, München
Alle Rechte vorbehalten
Schutzumschlaggestaltung: Wolfgang Heinzel
Umschlagillustration: Felix Weinold
Satz und Herstellung: VerlagsService Dr. Helmut Neuberger
& Karl Schaumann GmbH, Heimstetten
Gesetzt aus: 11,1/14 Punkt Rotis Sans Serif
Druck und Binden: CPI Moravia Books GmbH
Printed in the EU
ISBN 978-3-7766-5030-3

INHALT

EINLEITUNG

Warum dieses Buch entstand

Als ich vor rund zwanzig Jahren als frisch gebackener Psychotherapeut in einer psychiatrischen Klinik anfing, war ich zuerst
sehr stolz auf meine Erfolge. Es gelang mir gemeinsam mit meinen Kollegen, das Vertrauen der Patienten zu gewinnen und dadurch tatsächlich Ängste und Nöte, die ihnen das Leben zur
Hölle machten, aufzulösen. Manchem konnten wir buchstäb-
lich ein neues Leben schenken.

Doch die Euphorie, die diese wundervolle Arbeit in mir auslöste, hielt nicht an. Immer häufiger beschlich mich das Gefühl,
dass die Methoden, mit denen wir arbeiteten, nicht ausreich-
ten. Der Grund für mein Missbehagen war etwas Geheimnisvolles, das immer wieder passierte:

In vielen Fällen, in denen es meinen Kollegen und mir gelungen war, unserem Gegenüber eine Angst zu nehmen oder einen
Zwang aufzulösen, währte die Freude darüber nur kurz. Einige
Tage später kamen die »Glücklichen« wieder und berichteten
über eine neue Angst oder einen anderen Zwang, die in der Zwi-
schenzeit unerwartet aufgetreten waren und das alte Unglück
wiederherstellten.

Ich fragte mich: Warum bleiben viele Menschen unzufrieden
und problembeladen? Warum machen Sie es sich immer wieder
so schwer, die Richtung zu ändern und sich für Erfolg und Glück
zu entscheiden? Was verleitet sie dazu, sich neue Sorgen zu suchen, kaum dass die alten vorüber sind?

Für meine älteren Kollegen war dies alles nicht verwunder-
lich.

11

Sie glaubten daran, dass sich jeweils neue Probleme geöffnet hatten, oder sie gingen davon aus, dass die Patienten die Therapie nicht beenden wollten, weil sie zu sehr am Therapeuten hingen. Es gab so viele Theorien wie Therapeuten.

Ich konnte mich mit keiner dieser Ideen anfreunden. Sie klangen – wie viele psychologische Theorien – irgendwie an den Haaren herbeigezogen. Mich begann ein ganz anderer Verdacht zu beschleichen. Vielleicht war alles viel einfacher: Vielleicht war der Therapieerfolg für diese Patienten einfach zu viel Glück auf einmal gewesen. Ich konnte damals noch nicht übersehen, welche Folgen diese Idee haben würde. Doch von nun an begann ich darauf zu achten, was passiert, wenn einem Menschen plötzlich mehr Glück oder Erfolg begegnen, als er bisher gewohnt ist. Nach kurzer Zeit stellte ich zu meinem größten Erstaunen fest, dass Glück und Erfolg offenbar Angst machen können.

Ich brauchte einige Zeit, bis ich mich mit dieser erstaunlichen Beobachtung anfreunden konnte. Wie war es möglich, dass das plötzliche Fehlen einer alten Angst eine Lücke hinterließ, die sofort mit einer neuen Angst gefüllt werden musste?

Konnte es sein, dass manche Menschen Angst bekamen, wenn sie zu wenig Sorgen hatten? In den folgenden zehn Jahren untersuchte ich jedes Detail dieser verblüffenden Erscheinung. Ich lernte nach und nach, die ständige Suche nach Angst, Misserfolg und Unzufriedenheit im Leben meiner Besucher zu verstehen. Meine Gespräche mit ihnen konnte ich umso besser und erfolgreicher führen, je weiter ich mich von den bisherigen Grundannahmen entfernte, mit denen ich vorher die Menschen betrachtet hatte.

Nach zehn Jahren klinischer Erfahrung ergriff ich die Chance, eine Institution zu gründen, mit deren Hilfe Menschen, die bis zu zwanzig Jahren in der Psychiatrie verbracht haben, die Klinik verlassen und wieder selbstständig ein normales Leben führen können. Seit dem Beginn der Arbeit in dieser Institution wird mir täglich klar: Meine Patienten haben die gleichen Probleme wie die meisten anderen Menschen – nur in stärkerer Ausprägung, denn: Die Suche nach Angst, Misserfolg und Unzufriedenheit bestimmt unser Leben:

- Ob wir uns im Beruf viel schlechter darstellen, als wir sind,
- ob wir immer wieder im gleichen Streit mit dem Partner landen,
- ob wir immer wieder unser Gefühl auffrischen, einsam und unbeliebt zu sein,
- ob wir süchtig nach Essen, Alkohol oder Nikotin werden,
- ob wir uns bei der Geldanlage selbst schädigen,
- ob wir uns immer wieder mit Krankheiten herumschlagen,

in unserem eigenen Leben wie überall in der Welt begegnet uns das ständige Wieder-holen von Misserfolg, Konflikt, Unzufriedenheit und Schmerz. Ich will auf den folgenden Seiten zeigen, welche positiven Veränderungen sich ergeben können, wenn Sie an Ihr Leben mit den gleichen verblüffenden Ideen herangehen, die ich mit meinen PatientInnen bespreche.

Seien Sie bereit, alles, was Sie bisher über den Menschen dachten, völlig auf den Kopf zu stellen.

Noch ein Hinweis: Das Buch enthält – in kursiver Schrift – Beschreibungen der Umgebung, in der es entstanden ist. Ich wünsche mir so etwas in jedem Buch mit abstraktem Inhalt, damit man nicht nur denken muss, sondern auch genießen kann.

1. KAPITEL

Ist der Mensch eine Fehlkonstruktion?

In diesem Kapitel erfahren Sie

- dass wir uns selbst kaum kennen können

- weshalb unser Gehirn unsere Welt nie verstehen kann

- warum unsere Gewohnheiten stärker sein müssen als unser Wille

- welch fatale Folgen es hat, dass wir Erlerntes nicht löschen können

Fehler 1: Wir sind anders, als wir denken – doch wir können es nicht sehen

Die Sonne ging langsam unter. Das Meer färbte sich rosa, dann rot, und schließlich glühte es, wohin das Auge sah. Die Palmen wiegten sich sanft im Wind, und die Luft war erfüllt vom Rauschen der Wellen, durchglitzert von den hellen, melodischen Rufen unzählbarer exotischer Vögel in den Bougainvilleen, die meine Terrasse in allen Farben umflochten.

Ich nippte an meinem Drink, und der Punsch breitete langsam und unwiderstehlich seine Wärme in mir aus. Was ich auch sah, die Blumen, das Meer und die schillernden Vögel in den Zweigen; es schien vollkommen zueinander zu passen. Auf einem Felsvorsprung unweit meines Balkons stand eine buddhistische Holzstatue. »Abends kommen die Affen hierher«, hatte mir der Hoteldirektor gesagt. Und tatsächlich: Fünf oder sechs Affen umlagerten die Kultstätte in völligem Frieden. Es schien, als ob sie eine eigene Religion hätten, für die sie diesen Ort nutzen wollten.

»Wir Menschen stammen vom Affen ab.« Ich erinnerte mich an ein Gespräch mit einem englischen Biologen, den ich vor einiger Zeit getroffen hatte. »Und wir haben uns nur wenig vom Affen entfernt. Fast neunundneunzig Prozent unserer Strukturgene stimmen mit dem Schimpansen überein.«

Wir übertreiben also nur wenig, wenn wir behaupten:

Nur ein Prozent der Gene unterscheidet uns von der Tierwelt

Wieso ist uns diese Verwandtschaft unangenehm? Ich betrachtete die friedlichen Lebewesen, die vor der Statue saßen. »Wie-

so tun wir immer wieder so, als ob wir nichts mit euch gemeinsam haben dürften«, begann ich ein etwas einseitiges Gespräch, »dabei seid ihr viel ehrlicher als wir Menschen. Ihr würdet niemals versuchen, anders zu tun, als ihr wirklich seid.«

Nun wurde ich etwas vertraulicher: »Es mag euch albern vorkommen, aber die meisten Menschen sehen und geben sich anders, als sie tatsächlich sind:

Dumme glauben, dass sie wissen, wo's lang geht. Sie sind davon umso überzeugter, je dümmer sie sind. Kluge quälen sich stattdessen häufig mit dem Gefühl, dass sie zu wenig wissen.

Dicke vergleichen sich mit noch dickeren und halten sich deshalb für schlank. Dünne wollen ständig abnehmen, weil sie nach einer Vollkommenheit streben, die sich nie erreichen lässt.

Ausgemachte Ekel, die mit ihrem Verhalten andere verletzen, sind ständig gekränkt. Sie glauben, dass alle gegen sie sind.

Zartfühlende sind dagegen immer bereit, sich zu entschuldigen, obwohl sie nie einen anderen Menschen beleidigen würden.«

Die Welt ist voll von Menschen, die ihre Arbeit schlecht machen. Aber je weniger sie leisten, umso weniger Kritik können sie ertragen. Auf der anderen Seite gibt es viele Begabte, die sich ständig selbst kritisieren. Deshalb glaube ich:

Wir können uns selbst nicht einschätzen

Wir neigen dazu, unsere Wünsche für die Wirklichkeit zu halten.

Doch es ist wichtig, die Frage zu klären: Wollen wir die Wirklichkeit nicht sehen, oder können wir es nicht?

Halten wir absichtlich an falschen Selbstbildern fest, oder sind wir ehrlich überzeugt, dass sie zutreffen?

Es gibt eine einfache Antwort auf diese Fragen:

Wir sehen nur sehr wenig von dem, was wir tun. Wir können es nicht sehen, weil unsere Wahrnehmungsfähigkeit nicht ausreicht. Es würde uns auch nichts nützen, wenn wir mehr von uns sehen könnten. Unsere Denkfähigkeit hätte nicht den Zugriff, um schnell etwas zu ändern.

Wie können wir dann etwas in unserem Leben verbessern?

Wie können wir erkennen, wo wir damit beginnen müssen?

Die Antwort kann nur heißen: Als Erstes müssen wir herausfinden, wieso wir so wenig von uns erkennen. Das mag mühsam sein, denn wir kommen an natürliche Grenzen, die sich seit dem Schimpansen nicht viel weiterentwickelt haben. Doch wir brauchen uns nicht zu schämen, wenn wir anders sind, als wir gerne wären. Wir haben uns unsere Vorfahren nicht ausgesucht. Es ist deshalb völlig in Ordnung, festzustellen:

Wir sind nicht so edel, intelligent und vollkommen, wie wir gerne wären. Wir sind nicht unser eigenes Werk! Wir haben über unsere Gene nicht mitbestimmt. Keiner von uns braucht also Hemmungen zu haben, über seine negativen Eigenschaften zu sprechen! Lassen Sie uns deshalb jetzt offen über alles reden, das wir an unserer Konstruktion nicht gut finden.

Fehler 2: Wir wollen die Welt verstehen – doch unser Gehirn ist dafür nicht geeignet

Es gibt heute ein riesiges Angebot an Computerprogrammen, mit denen man seine Intelligenz trainieren kann. Eines dieser Programme habe ich mir vor etwa fünf Jahren gekauft. Ich hatte mir vorgenommen, jeden Tag eine halbe Stunde Frühsport und 20 Minuten Denksport zu betreiben und fing voller Elan mit beidem an.

Heute mache ich noch regelmäßig Frühsport. Das Intelligenztraining dagegen habe ich fast aufgegeben. Nicht, weil meine Intelligenz nicht mehr zu steigern wäre, sondern: Es war anstrengender als der Sport. Es gibt nur wenige Menschen auf der Welt, die Denksport betreiben. Dagegen gehen unendlich viele Menschen in Fitnesscenter. Wenn Sie jemanden vor die Wahl stellen, eine knifflige Rechenaufgabe zu lösen oder in der gleichen Zeit um den Block zu laufen, wird er sich eher für das Laufen entscheiden. Wenn Sie Ihr Kind entscheiden lassen, ob es in der Schule Kopfarbeit leisten oder lieber zum Fußballtraining gehen möchte, so wird es wahrscheinlich den Fußball wählen.

Es ist also offensichtlich: Denken strengt an. Es kostet Energie, Ihr Gehirn in Schwung zu bringen, und viele Menschen finden Denken mühsamer, als die Muskeln zu aktivieren.

Wundern wir uns also nicht, dass wir Menschen nur ungern denken. Vielleicht sind wir noch zu tierähnlich, bewegen uns lieber und folgen unseren Instinkten, ohne nachzudenken.

Trotzdem kommen wir noch ganz gut zurecht, wenn es darum geht, sich auf eine Beobachtung zu konzentrieren und über einen einzelnen Vorgang Gedanken zu machen. Doch so richtig ins Schwitzen kommen wir bei dem Versuch, uns mit mehreren Dingen gleichzeitig zu befassen.

Versuchen Sie einmal, Ihre Aufmerksamkeit auf zwei Rechenaufgaben gleichzeitig zu richten. Sie werden mir zustimmen: Es ist unmöglich. Oder probieren Sie, die folgenden Wortreihen mit einem Blick zu erfassen:

Land	die	Gewohnheit	die	schönen
drei	wohnen	entdeckt	Menschen	wichtiges
alte	haben	einem	etwas	in

Haben Sie es auf einen Blick geschafft? Dann hätte es höchstens eine Sekunde dauern dürfen. Falls nicht, geht es Ihnen wie mir: Will ich den Sinn der Worte wirklich begreifen, muss ich tatsächlich jedes einzeln betrachten und es mir bewusst machen, also innerlich mitsprechen. Der Grund dafür ist, dass das Gehirn nicht mehrere Kanäle zur Verfügung hat, in denen gleichzeitiges Denken möglich wäre. Unser Bewusstsein arbeitet stattdessen wie ein Nadelöhr, durch das wir versuchen, die ganze Welt hindurchzuquetschen.

Dieses Hindurchquetschen geschieht, indem wir lautlos Selbstgespräche halten. Doch mit einem solchen Werkzeug kann man unsere Welt nicht fassen. Wir müssen deshalb den Anspruch aufgeben, unsere Umwelt mit dem Denken nachbilden zu können. Das liegt zuerst an folgendem Widerspruch: In der Welt laufen unendlich viele Dinge gleichzeitig ab, doch:

Wir denken immer nur an eines

Wenn Sie in den Wald gehen, singen zweihundert Vögel, während sich dreitausend Bäume bewegen und Ihnen zehn Spaziergänger begegnen. Wenn Sie im Büro sitzen, sprechen fünf Mitarbeiter im Hintergrund, während Sie telefonieren und draußen die Autos hupen. Wollen Sie sich erinnern, was geschah, um darüber nachzudenken oder es aufzuschreiben, so müssen Sie all das, was gleichzeitig geschah, hintereinander setzen. Sie können keine zwei Worte zur gleichen Zeit sprechen oder aufschreiben. Ihr Denken kann sich also nicht mit zwei Dingen auf einmal beschäftigen.

Sie können immer nur an *eine* Wahrnehmung denken, die Sie inmitten einer ganzen Symphonie von Ereignissen gesehen oder gehört haben. Nun frage ich Sie:

Wie soll der Mensch irgendetwas in einer Welt begreifen können, in der tausend Dinge gleichzeitig passieren, wenn er sich immer nur auf eines von ihnen, auf einen einzigen Vorgang konzentrieren kann? Diese Einfachheit unseres Denkens wird durch die Sinnesorgane noch unterstützt: Ich kann nicht mehrere Personen in verschiedenen Entfernungen gleichzeitig scharf sehen. Und wenn vor mir auf der Terrasse drei Menschen gleichzeitig reden, bin ich schon überfordert. Ich kann immer nur genau hören, was einer von ihnen sagt, und genau sehen, was einer von ihnen tut. Mehr geht nicht. Ich weiß, dass mich schon der Versuch, abends in meiner Stammkneipe das Stimmengewirr zu entwirren, an die Grenzen meiner Fähigkeiten bringt, denn:

Mein Denken funktioniert ähnlich wie eine winzige Taschenlampe, mit der ich nachts einen Fremden erkennen will. Während ich seine Nase beleuchte, bleiben seine Augen außerhalb des Lichtkegels. Wenn ich seine Hand anleuchte, bleibt der Arm im Dunkeln oder umgekehrt. Je genauer ich hinschauen will, je konzentrierter ich deshalb den Lichtkegel einstelle, umso größer wird der Bereich, den ich nicht sehe.

Ich schlage deshalb vor, dass wir einfach anerkennen: Unser Denken reicht für die Alltagsaufgaben unserer Welt nicht aus. Wir können nicht Arme und Beine bewegen und gleichzeitig gedanklich kontrollieren, was wir tun. Wir können nicht Kupplung, Lenkrad und Schaltknüppel bewegen, die Ampel beobachten und gleichzeitig mit dem Bewusstsein alles beherrschen. Unserer Biologie fehlt das Handwerkszeug dafür. Wir können immer nur einen Vorgang aus der Fülle der Eindrücke herausnehmen und bearbeiten. Wenn wir deshalb ein Rätsel, das die Welt uns aufgibt, lösen wollen, verführt uns das Gehirn immer zu dem gleichen Fehler: Wir suchen nach dem einen Grund.

Es liegt also an den Eigenheiten unseres Gehirns, wenn wir immer wieder versuchen, den Lauf der Dinge auf einen Faktor zurückzuführen. Wir hätten gerne einen Gott, der die Welt erschaffen hat, und einen Politiker, der die Verantwortung für komplizierte Geschehnisse übernehmen soll. Wir suchen am liebsten den Grund für das Scheitern eines Projektes, oder die Lösung unserer Beziehungsprobleme. Mit der komplizierten Welt, in der wir leben und in der jederzeit unendlich viel gleichzeitig geschieht, hat das alles nichts zu tun. Doch damit nicht genug. Die Ein-Fach-heit unseres Denkens erzeugt ein weiteres Problem:

Wir denken zu langsam

Denken geschieht vorwiegend in Worten. Ein bewusster Gedanke dauert also ungefähr so lange, wie ich bräuchte, um ihn auszusprechen. Stellen Sie sich einmal vor, Sie wollten über eine belebte Straße gehen und müssten sich dabei mit dem Denken steuern:

Allein der Gedanke »Ich gehe jetzt über die Straße« dauert schon drei Sekunden. Dann käme: »Ich sehe jetzt nach links, da kommen zwei Autos mit einer Geschwindigkeit, die ich jetzt mit der Entfernung und meiner Laufgeschwindigkeit ins Verhältnis setzen muss, damit ich weiß, ob ich über die Straße komme.« Anschließend blicken Sie dann nach rechts und wälzen die gleichen Gedanken.

Wenn Sie nun losgehen, hat sich links schon wieder so viel verändert, dass Sie todsicher überfahren werden, wenn Sie den Fuß auf die Straße setzen. Wir müssen also anerkennen:

Wir wären sehr schnell zum Tode verurteilt, wenn wir nur unsere Denkfähigkeit hätten, um in der Welt zurechtzukommen.

Selbst wenn wir die Welt um ein Vielfaches verlangsamen könnten, würde unsere Gehirnleistung noch nicht zum Überleben ausreichen. Wir wären immer noch überfordert damit, dass mehrere Dinge gleichzeitig geschehen.

Fehler 3: Wir wollen unser Leben bestimmen – doch wir werden von Gewohnheiten gesteuert

Wir können täglich unbeschadet über die Straße gehen. Wir können uns mit anderen Menschen halbwegs verständigen und so komplizierte Dinge leisten wie Autofahren und Klavierspielen. Doch das funktioniert nur, weil wir Fähigkeiten einüben können.

Nehmen wir an, Sie stehen am Straßenrand. Vielleicht unterhalten Sie sich dabei noch mit einem Begleiter. Sie sind so in das Gespräch vertieft, dass sie zwei Minuten später gar nicht registrieren, wie Sie auf die andere Straßenseite gekommen sind.

Alles, wozu Ihr Denken nicht getaugt hätte, ist wie von selbst gegangen. Wenn Sie darauf achten, wird Ihnen klar: Ohne diese Gewohnheiten, die automatisch ablaufen, könnten Sie nicht leben. Im selben Moment, in dem Ihr Denken mit dem Gespräch ausgelastet war, liefen tausend Bewegungen und Verhaltensweisen automatisch ab.

So erledigen wir komplizierte Aufgaben, ohne etwas davon zu bemerken, denn:

Wir haben eine Möglichkeit, unsere unzureichende Denkfähigkeit auszugleichen: Wir können Gewohnheiten bilden. Wir können Dinge einzeln üben und dann zusammensetzen, so dass sie später gleichzeitig ablaufen. Wenn sie fertig sind, können wir sie mit dem Kopf nicht mehr steuern. Dafür müssten wir sie wieder in ihre Einzelteile auflösen. Im Gegenteil: Wenn Sie mitten auf der Straße plötzlich darüber nachdenken würden, wieso Sie heil hinüberkommen, wären Sie in Lebensgefahr. Jeder, der etwas lange Eingeübtes automatisch erledigt, weiß: Wenn er darüber nachdenkt, funktioniert nichts mehr! Doch diesen Nachteil müssen wir in Kauf nehmen. Dafür können wir überleben.

Wir bekommen nicht die Gewohnheiten, die wir gerne hätten

Wir lernen unsere Angewohnheiten nicht, weil wir wollen. Wir lernen sie, weil wir müssen. Wir müssen lernen, zu gehen, zu sprechen und gefährliche Dinge zu erkennen. Wir müssen lernen, was wir tun dürfen, und was wir besser lassen sollten. Ein ganz wichtiger Fächer von Fähigkeiten zielt auf das eingeschliffene Zusammenspiel mit den Eltern. Wir müssen genau wissen, was ihr Gesichtsausdruck bedeutet oder wie man sie ansprechen muss, wenn man etwas erreichen will. Wir vergessen schnell, welche Mühen wir aufgebracht haben, um die einfachsten Gewohnheiten zu lernen. Welcher Aufwand, welche Energieleistung war zum Beispiel bei den ersten Gehversuchen nötig, bis wir ein Gefühl dafür hatten, wie man aufrecht stehen kann, ohne umzufallen. Wie viele Übungsstunden sind nötig, bis man den Tisch und Stuhl umkurven kann, ohne sich daran festzuhalten. Erinnern Sie sich noch, wie Sie lernten, aus einer Tasse zu trinken oder mit Messer und Gabel zu essen? Wie viele Fehlversuche gab es, bis Sie trinken und essen konnten, ohne etwas zu verschütten? Wie oft haben Ihnen Ihre Eltern geholfen und Blut und Wasser geschwitzt, damit Sie die heiße Teekanne über den Tisch bewegen konnten, ohne sie umzukippen? Diese Erinnerung hilft uns, zu verstehen, wie fest solche Gewohnheiten in uns verankert sind. So lernen wir zwar, uns durch Gewohnheiten in der Welt zurechtzufinden. Doch die Nachteile der Gewohnheiten treffen uns mit voller Härte, wenn wir etwas in unserem Leben verändern wollen. Diese Nachteile heißen, in einem Satz zusammengefasst:

Wir wissen nicht, was wir tun

Ich hatte die Zeit vergessen. Ich hatte auf meiner Terrasse gesessen, vor mich hin geträumt und nicht bemerkt, wie die Stun-

den verflossen waren. Es war 5 Uhr nachmittags. Jetzt kam die rote Stunde. Ich hatte sie so genannt, weil sich mit sinkender Sonne die Farben der Häuser und Pflanzen ins Rötliche verschoben.

Alles, was auch schon vorher lebendig und farbenfroh erschienen war, fing jetzt von innen an zu leuchten. Ich stand auf, um in den Garten zu gehen.

Wie es der Zufall wollte, stand dort unter einer alten Kokospalme Joseph, der hagere Gärtner, der immer für ein Schwätzchen zu haben war. Er beschäftigte sich gerade damit, die untersten Palmblätter herunterzureißen, und unterbrach seine Arbeit bereitwillig, als er mich kommen sah. Ich genoss es, seine Sprache zu üben, die man in keinem Lehrbuch lernen konnte, und begann damit, ihn zu necken:

»Weißt du eigentlich, dass du ununterbrochen Dinge tust, über die du nie nachgedacht hast?«

»Was meinst du damit?« Er lächelte in Vorfreude auf ein kleines Palaver.

»Auf welchem Bein stehst du gerade, und welches ist locker?«

»Du hast vielleicht Fragen? Ich muss mal nachsehen. Auf dem Linken.«

»Und – wusstest du das?«

»Natürlich nicht, wer denkt denn über so was nach?«

»Und wo ist deine Hand eben gewesen, bevor ich gefragt habe?«

»Ich glaube, ich habe gerade meine Nase angefasst.«

»Weil du dir das vorgenommen hast?«

»Das ist ja wohl kaum nötig.«

»Du machst dauernd Sachen, ohne dass du es weißt. Ob du stehst, wie du stehst, wo du deine Hände lässt, ob dein Gesichtsausdruck ärgerlich oder freundlich ist, wie du isst, in welchem Tonfall du redest, wohin du deine Füße setzt, das alles

25

läuft ganz unabhängig von dem, woran du gerade denkst. Du kriegst es gar nicht mit!«

Er setzte sich unter der Palme hin, und ich tat es ihm gleich. Offenbar war die Sache dabei, eine andere Dimension zu bekommen, als er vorher gedacht hatte.

Dabei sah er so aus, als ob er diesmal genau darauf achtete, wie er sich hinsetzte. Ich redete munter weiter:

»Ich will dir mal eine Geschichte erzählen und dich fragen, was du davon hältst:

Vor vielen Jahren kam ein europäischer Agraringenieur in ein Land irgendwo in Afrika. Er wollte den Leuten mit einem Film vorführen, wie sie auf ihrem bisherigen Weideland Nutzpflanzen anbauen könnten. Der Film lief, und es wurden darin genau die Pflanzen auf einer Versuchsplantage gezeigt und die Arbeiter, die sie kultivierten.

Als die Vorführung fertig war, fragte der Entwicklungshelfer, ob seine Zuschauer noch Fragen zu dem Film hätten. Und siehe da: Es kamen Fragen. Doch er traute seinen Ohren nicht: Alle Fragen bezogen sich auf die Hühner, die im Hintergrund immer wieder herumgelaufen waren. Die Leute wollten wissen, zu welcher Rasse sie gehörten, wie viele Eier sie legten, wie groß diese Eier waren, und vieles mehr. Dabei war es in diesem Film wirklich nicht um Hühner gegangen. Er hatte ihn schon zwanzigmal vorgeführt und nicht bemerkt, dass überhaupt Hühner darin vorgekommen waren.

Jetzt sag mir: Glaubst du, irgendjemand von all diesen Leuten einschließlich des Entwicklungshelfers hatte darüber nachgedacht, wieso ihm gerade das eine oder das andere aufgefallen war? Jeder hatte einfach auf das geachtet, worauf er in seinem Alltag auch achtete. Jeder war einfach seiner Gewohnheit gefolgt.« Joseph kratzte sich am Kopf.

»Also«, fuhr ich fort, »vielleicht ist es ja so: All diese Dinge, die deine Entscheidungen nach sich ziehen und dein Leben bestimmen, laufen automatisch, ohne dass du jemals darüber nachdenkst. Du achtest nicht auf etwas, was vielleicht neu und wichtiger sein kann als alles andere. Du achtest auf das, was du gewohnt bist. Du siehst, was du kennst, und nicht, was dein Leben verändern könnte. Vielleicht hat auch deine Mutter immer schon auf die Hühner geachtet. Nun achtest du auch auf die Hühner, und darüber verpasst du große Chancen.«

»Was ist denn daran schlimm?« Er hatte wohl nicht das Gefühl, Chancen verpasst zu haben. »Vielleicht ist es nicht schlimm. Aber stell dir mal vor, deine Mutter hat dir immer gesagt: Achte auf die Hühner, und in Wirklichkeit hätte es dich viel weitergebracht, auf neue Getreidesorten und Anbaumethoden zu achten. Nur, auch wenn du nicht willst, du kriegst deine Augen nicht von den Hühnern weg.«

»Ich weiß, was du meinst. Selbst wenn man dann genau weiß, dass es falsch ist, ertappt man sich immer noch dabei, wie man automatisch die Hühner beobachtet.«

»Genau. Was du von klein auf gelernt hast, das vergisst du nicht! Aber was du dann dein Leben lang tust, kann ganz falsch für dich sein. Stell dir mal vor, du kommst plötzlich in einen neuen Garten mit Pflanzen, die du nicht kennst. Wenn du sie so behandelst, wie du es in deinem alten Garten gelernt hast, gehen sie ein.«

»Das heißt, wenn meine Frau ganz anders ist als meine Mutter, mach ich vielleicht alles falsch!« Er zwinkerte mit dem linken Auge. »Na, klar. Deshalb suchen sich die meisten Leute Partner, die sie an irgendjemanden erinnern«, jetzt zwinkerte ich, »lieber das alte Unglück als neue Unsicherheiten.«

Plötzlich packte er mich am Arm und zog mich zu sich. In diesem Moment fiel eine Kokosnuss aus der Palme mit dumpfem »Plopp« wenige Zentimeter neben mir auf den Boden. Er grinste wieder. »Du scheinst Recht zu haben! Du kannst hier nicht sitzen wie in einem Büro. Du musst lernen, auf die Kokosnüsse zu achten, die dir auf den Kopf fallen können.« Ich hatte ihn überzeugt. Jetzt musste ich mich erst mal erholen.

»Aha«, murmelte ich und stand etwas benommen auf. »Bis später«, antwortete er, und als ich mich kurz vor dem Haus noch einmal umdrehte, konnte ich immer noch sein breites Grinsen sehen. Woher hatte er bloß gewusst, dass die Kokosnuss fiel?

Fehler 4: Wir wollen Neues lernen – doch wir können das Alte nicht löschen

Vor vielen Jahren lernte ich einen Kollegen kennen, der im Libanon aufgewachsen war. Eines Abends gingen wir eine ruhige Straße mitten in Hamburg entlang. Wir achteten nicht auf die Autos, die an uns vorüber fuhren, bis ein kleiner Lieferwagen kam, der plötzlich eine laut knallende Fehlzündung hatte. In dem gleichen Moment geschah etwas Schockierendes:

Mein Begleiter warf sich, ohne zu zögern, auf den Boden, und krümmte sich zusammen. Er zitterte am ganzen Körper. Bis ich begriff, was passiert war, war der Lieferwagen schon um die Ecke gebogen. Mein Kollege jedoch lag immer noch am Boden.

Ich war in höchster Aufregung. War der Knall in Wirklichkeit ein Schuss gewesen? Ich beugte mich hinunter. Zu meiner größten Überraschung sah mich mein Bekannter an und sagte, noch außer Atem: »Es tut mir Leid! Ich hoffe, das passiert mir nicht wieder!«

Nachdem er sich den Staub aus dem Anzug geklopft hatte, gingen wir weiter. Er erzählte: »Wenn es neben mir knallt, beginne ich zu zittern. Manchmal ist der Impuls, mich zu Boden zu werfen, nicht zu beherrschen. Ich bin erst vor einer Woche wieder aus Beirut zurückgekommen. Ich habe meine ganze Jugend hindurch gelernt: Wer dort lebt und sich nicht sofort zu Boden wirft, wenn's knallt, der lebt nicht lange.«

Wie wünschenswert wäre es, wenn er nun einfach sagen könnte: »Ich bin in Hamburg. Ich möchte diese Gewohnheit löschen.«

Unsere Natur hat diese Möglichkeit jedoch nicht vorgesehen. Selbst wenn er eine Verhaltenstherapie gemacht hätte, um schneller davon frei zu werden: Er hätte die störende Gewohnheit viel länger mit sich herumgeschleppt, als sinnvoll war. So haben wir alle alte Erinnerungen, die uns heute stark behindern. Unsere fehlende Löschungsfähigkeit bringt etwas mit sich, das unser Leben entscheidend behindert:

Wir sind immer von gestern

Dieser »Baumangel« hat weit reichende Folgen: Er hindert uns nicht nur ein Leben lang am Weiterkommen. Er sorgt auch für das Weiterbestehen von Kriegen und Krankheiten. Weshalb können wir nicht selbst bestimmen, wann ein alter Hass aufhören sollte, weil er nur zu neuem Leid führt? Stattdessen müssen wir ständig mit seinem neuen Aufflackern rechnen. Was wäre dagegen zu sagen, wenn wir zum Beispiel Angst- und Schmerzreflexe nach Wunsch löschen könnten, sobald uns nichts mehr bedroht?

Doch stattdessen zeigen unsere gespeicherten Gefühle und unser Körpergedächtnis in neuen Situationen ihre alten Reaktionen. Das führt täglich zu unnötigen Spannungen in unserem Alltag und sorgt für das – manchmal lebenslange – Weiterbestehen von Krankheiten.

• Sie können ein Leben lang unter Muskelverspannungen und Stresskrankheiten leiden, obwohl Ihnen niemand mehr Stress macht.

29

- Sie können schwerwiegende Fehlentscheidungen treffen, weil eine völlig harmlose Situation eine alte Angst in Ihnen weckt. Und Sie können ihre größten Chancen ignorieren, weil früher jeder eigenständige Gedanke schmerzlich bestraft wurde.

So müssen wir mit zwei Hindernissen klarkommen, wenn wir unsere Zukunftschancen optimal nutzen wollen.

Das erste Hindernis sind die Gewohnheiten, die uns fest im Griff haben.

Das zweite Hindernis sind hartnäckige Erinnerungen, die unsere Vergangenheit zu unserer Zukunft machen, ohne dass wir sie löschen könnten.

2. KAPITEL

Die Sucht, unzufrieden und unglücklich zu sein

In diesem Kapitel erfahren Sie

- weshalb wir vom Erfolg träumen und den Misserfolg erarbeiten

- wie wir vom Reichtum träumen, aber für unsere Geldsorgen sorgen

- warum wir uns unzufrieden machen, obwohl wir so gern zufrieden wären

- wozu wir sofort eine neue Angst brauchen, wenn eine alte sich aufgelöst hat

- dass wir unseren Traum, in der Liebe glücklich zu werden, selbst zerstören

Glückskiller 1: Wir wollen den erträumten Erfolg, doch wir schaffen den bekannten Misserfolg

Als ich 16 Jahre alt war, arbeitete ich neben der Schule auf einer amerikanischen Armeebasis. Ich hatte die Aufgabe, den Kundinnen des amerikanischen Supermarktes ihre Einkäufe einzutüten und, wenn nötig, zum Auto zu tragen. Meist gab es einen Dollar pro Einkauf; für einen Schüler summierte sich das zu einem wirklich fürstlichen Verdienst. An manchen Tagen war es etwas ruhiger, und wir »Bag Boys« standen an den Kassen, klönten mit den Kassiererinnen und, wenn es sich ergab, auch mit den Kunden. So lernte ich eines Tages einen amerikanischen Soldaten kennen, dem ich erzählte, dass ich Musik machte. Er lud ein paar von uns ein, ihn zu besuchen, um ein bisschen zu spielen, und ein paar Tage später kreuzten wir wie verabredet bei ihm auf. Um uns zu zeigen, was er am liebsten spielte, nahm er seine Gitarre und begann, eigene Songs zu singen. Schon nach den ersten Takten war uns klar: Was wir hier hörten, war besser als alles, was wir bisher von Elvis Presley bis zu Ray Charles gehört hatten. Aus der gemeinsamen Jam-Session wurde zwar nichts, denn keiner von uns war bereit, sein Instrument anzurühren. Aber wir bestürmten unseren Gastgeber, öffentlich aufzutreten. Wir wären bereit gewesen, alles zu tun, um Bühnen für ihn zu finden. Doch an die Antwort, die er uns gab, erinnere ich mich noch wie heute. Sie hieß: »Ich glaube nicht, dass ich das versuchen sollte. Ich bin nicht gut genug, und außerdem: Mein Großvater war Soldat, mein Vater war Soldat und ich bin Soldat. Ich kann mir nichts anderes vorstellen!« Damals fragte ich mich: Erkennen wir nur die Chancen, die wir zu sehen gewohnt sind? Vor kurzem erlebte ich ein weiteres Beispiel für den Einfluss der Gewohnheit auf Erfolgschancen:

Ich war bei Freunden zum Abendessen eingeladen, und die Frau des Hauses hatte ein Gericht aus ihrer Heimat gezaubert.

Ich hatte Himmel und Hölle in Bewegung gesetzt, um an diesem Abend frei zu sein. Ich wusste: Ich würde viele Freunde treffen, die ich lange nicht gesehen hatte. Niemand schlug diese Einladung aus, denn das Essen bei ihr schmeckte unvergleichlich gut. Doch nach dem Essen ergab sich immer die gleiche Diskussion: Wir versuchten, unsere Gastgeberin zu überreden, ein Restaurant zu eröffnen. Sie arbeitete in einem Büro, und sie hing nicht besonders an ihrem Job. Doch wann immer man sie überzeugen wollte, ihr ungewöhnliches Talent zu nutzen, lehnte sie ab. Sie glaubte nicht, dass sie Erfolg hätte, und fand die Sache zu riskant. »Ich habe so etwas noch nie gemacht. Ich weiß nicht, wie das geht!« – »Gebt euch keine Mühe«, schloss der Ehemann dann die Diskussion. »Seit zehn Jahren sage ich ihr schon, dass ich das Risiko tragen würde. Sie sieht einfach nicht, was wir sehen.«

Diese Situation begegnet uns allen immer wieder. Wir stoßen immer wieder auf Menschen, die sich weigern, mit ihren Talenten mehr zu erreichen. Ich nenne dies: den ersten Weg zur Selbstverhinderung. Er besteht darin, seinen Blick nur auf das Bild zu richten, das man von sich gewohnt ist. Möglichkeiten, die man bisher nicht genutzt hat, scheint es auch nicht zu geben.

Der Grund ist meist, dass wir nicht gelernt haben, unsere Talente zu sehen. Wir haben gelernt, uns zuzutrauen, was uns die Eltern zugetraut haben. Wir schreiben uns die Fähigkeiten zu, die uns schon die Lehrer zugeschrieben haben. Doch alle Talente, die wir in der Vergangenheit nicht kennen lernten, liegen für uns außerhalb unserer Möglichkeiten.

Können Sie wissen, ob Sie ein begabter Politiker, Börsianer oder Pilot wären? Vielleicht sind Sie es, doch wenn Ihr Umfeld mit diesen Berufen niemals Berührung hatte, glauben Sie es nicht.

So kann letztlich niemand von uns wissen, was wirklich an verborgenen Schätzen in ihm schlummert. Es lohnt sich deshalb, im Zusammenhang mit unseren Gewohnheiten immer ihre Urheber zu sehen und sich zu fragen: »Denke ich so über meine Fähigkeiten, wie meine Eltern, Verwandten oder Lehrer gedacht haben?«

Wir können ganz andere Dinge, als wir denken

Würde der amerikanische Soldat aus einer Musikerfamilie stammen, so hätte er wohl den Versuch unternommen, mit seiner Kunst Karriere zu machen. Ich bin überzeugt, es wäre ihm gelungen. Wären die Eltern meiner Gastgeberin Inhaber eines Restaurants gewesen, hätte sie sich wahrscheinlich sofort zugetraut, ihre Fähigkeiten zum Beruf zu machen. So jedoch waren beide einfach nicht gewohnt, diese Fähigkeiten bei sich ernst zu nehmen. Weil sie gelernt hatten, sich selbst anders zu sehen, fehlte ein wichtiges Stück im Selbstbild. Diese Lücke ließ sich nun von außen nicht mehr füllen.

Überprüfen Sie deshalb Ihr Gegenbild.

Dieses Gegenbild liegt in Ihrem Bild verborgen. Es ist »das andere« Bild von Ihnen, das Ihr gewohnter Blick bisher nicht zeigen konnte. Sehen Sie sich selbst einmal wie ein Vexierbild:

Wenn Sie das erste Mal darauf blicken, sehen Sie vielleicht nur ein Gesicht; das Gesicht Ihrer gewohnten Fähigkeiten. Wenn Sie jedoch ein zweites Mal hinsehen, erkennen Sie, dass zwei Gesichter abgebildet sind.

Solch ein Vexierbild ist jeder von uns. Jeder hat ein Bild von sich, in dem die Fähigkeiten vorkommen, die er bei sich gewohnt ist. Doch es gibt auch ein zweites Bild. Es enthält all die Talente und Chancen, die man gar nicht sehen kann, weil der Blick nur das Gewohnte erkennt. Dieses Gegenprofil ist bei allen Menschen viel größer als das erlernte Selbstbild. Die Verhaltensweisen, die man in seiner Entwicklung gelernt hat, sind zwangsläufig durch die berufliche Ausrichtung der Eltern, ihren Freundes- und Kollegenkreis eingegrenzt.

Doch wie viele Berufe gibt es, mit denen Ihre Umwelt nichts zu tun hatte und mit denen Sie deshalb niemals in Berührung kommen konnten. Ich bin sicher; die »unberührten« Berufe betragen ein Vielfaches derer, in die sie Einblick hatten.

Hier liegt ein unendliches Potenzial an Chancen, die Sie nie nutzen konnten. Ziehen Sie deshalb aus ihren bisherigen Erfahrungen keine falschen Schlüsse. Denken Sie nicht, Sie hätten die Grenze Ihrer Möglichkeiten gefunden. Im Gegenteil: Wenn Sie schon bei der winzigen Auswahl an bisherigen Berufserfahrungen eigene Begabungen entdecken konnten, wie viel mehr Talente würden Sie in dem anderen, viel größeren Bereich finden, den Sie noch nicht ausprobiert haben!

Ich möchte Sie deshalb ausdrücklich ermutigen: Wann immer Sie ein Berufsfeld betreten können, das Ihnen bisher unbekannt war: Bremsen Sie sich nicht! Das Gefühl, Sie würden all Ihre Begabungen bereits kennen, kann nur falsch sein. Sie kennen noch nicht einmal einen Bruchteil Ihrer Fähigkeiten.

Wir schädigen uns, und sehen es nicht

Während meines Studiums arbeitete ich eine Zeit lang in einer Im- und Exportfirma, um mein Auto zu finanzieren. Ich hatte die Aufgabe, Texte vom Englischen ins Deutsche zu übersetzen und umgekehrt. Mein Vorgesetzter war ein älterer Herr, der schon seit zwanzig Jahren in der Firma war. Er kannte sich in der Firma genauso gut aus wie sein Chef. Er hatte auch die gleiche Vorbildung. Doch irgendwie war er nicht weitergekommen. Nachdem ich zwei Tage da war, hatte ich zum ersten Mal eine längere Besprechung bei ihm. Ehrlich gesagt, hätte ich mich danach beinahe übergeben. Nach jedem zweiten Satz räusperte er sich so tiefenwirksam, dass man das Gefühl hatte, sein gesamter Mageninhalt werde gleich auf dem Tisch landen. Irgendwie entkam ich dieser Tortur, doch als ich den Raum verließ, empfing mich draußen eine Horde grinsender Mitarbeiterinnen. Sie sahen, dass ich etwas grün war, und ich wusste, was sie dachten. Ich verzog das Gesicht: »Hat ihn schon mal jemand darauf angesprochen?«, fragte ich in die Runde. Die Antwort war haltloses Gelächter. Ich wusste jetzt, wieso er nicht weitergekommen war.

Dies ist vielleicht ein extremes Beispiel dafür, dass jemand erfolgsverhindernde Dinge tut, ohne es zu merken. Doch dadurch, dass wir alle ständig mit unbemerkten Gewohnheiten durch die Welt laufen müssen, ist niemand frei davon. Ich spreche jetzt nicht so sehr von den kleinen unappetitlichen Gewohnheiten, die so häufig sind. Sicher bringt es auch Karrierenachteile mit sich, wenn man in der Nase bohrt, sich beim Geschäftsessen einen Finger ins Ohr steckt oder mit vollem Mund redet und nicht merkt, wie laut man dabei schmatzt. Noch schwerer wiegen jedoch gewohnte Vermeidungshaltungen und Umständlichkeiten, die unsere Arbeitsweise prägen.

Wir arbeiten täglich an unseren Misserfolgen

Ich habe während meines Berufslebens lange unter einer Gewohnheit gelitten, die den Umgang mit Aktenordnern betraf. Seit meiner Kindheit hatte ich mitbekommen, wie mein Vater es hasste, Schriftstücke zu sortieren und abzulegen. Diese

Tätigkeit war für ihn der Inbegriff von Spießertum, und der Gipfel seiner Ablehnung bezog sich auf die typischen schwarzgrauen Aktenordner. Immer wieder erlebte ich, wie er vor den manchmal unvermeidlichen Ordnern saß und fluchte, dass er bei »dem schönen Wetter in dieser staubigen Luft« seine Post in die verhassten Ordner sortieren musste.

Während meiner Ausbildung habe ich deshalb viel Zeit mit dem Suchen von Unterlagen verbracht, die ich in alle möglichen farbigen Mappen sortiert hatte. Ich vermied es, mir Ordner zuzulegen und bemerkte erst viel später, weshalb ich diesem praktischen und schnellen System aus dem Weg gegangen war. Seit dieser Zeit glaube ich: Es lohnt sich, zu untersuchen, wie man durch alte organisatorische Gewohnheiten seinen beruflichen Erfolg selbst behindert. Diese Frage öffnet Ihnen das Tor zu einem wahren Paradies der Selbsterkenntnis. Beginnen Sie jetzt, all das, was Ihnen danebengegangen ist, zurückzuverfolgen. Das Ziel ist, eine Antwort auf die Frage zu finden: Wie habe ich meine Misserfolge organisiert?

Organisationstipps zur Erfolgsvermeidung

Vielleicht haben Sie, wenn Sie mit einer wichtigen Arbeit anfangen sollten, immer wieder
- gerade ein wichtiges Dokument verlegt,
- zu Arbeitsbeginn erst alles rechtwinklig auf Ihrem Schreibtisch angeordnet oder die Möbel »funktionell« umgeräumt,
- schon vorher »dafür gesorgt«, dass ein defektes Gerät unrepariert war, das Sie brauchten,
- erst einmal einen Freund oder eine Freundin angerufen, die Sie dann zu irgendeiner ablenkenden Unternehmung »überredet« hat,
- nur Arbeitslust oder gute Ideen gehabt, wenn Sie weit von allen Arbeitsmaterialien entfernt waren.

Vielleicht fällt Ihnen auf, dass Sie

- gerade vor dem Beginn eines wichtigen Projektes häufig eine Krankheit entwickelt haben, Kopfschmerzen bekamen oder sich irgendwie nicht mehr gut fühlten.

Möglicherweise sind Sie auch

- jedes Mal mit Menschen in Streit geraten, die für Ihre Pläne wichtig waren, oder
- haben das Geld, das Sie für Ihre Pläne brauchten, dann doch lieber gespart oder für etwas anderes ausgegeben.

Die Selbstverhinderungsmöglichkeiten, die Ihnen zur Verfügung stehen, sind unendlich. Dazu kommt, dass Ihre eigene organisierte Selbstverhinderung für Sie selbst-verständlich ist. Sie können leider viele ihrer Manöver gar nicht selbst erkennen. Deshalb kommen Sie wesentlich weiter, wenn Sie andere Menschen danach fragen, welche Selbstverhinderungs-Handlungen schon für Außenstehende sichtbar sind. Nehmen Sie sich Zeit. Stellen Sie ganz konkrete Fragen wie: Meinst du, dass ich dies oder das besser organisieren könnte? Tue ich Dinge, die du für überflüssig hältst? Glaubst du, dass ich Zeit verplempere oder Umwege gehe, wenn ich dies oder das zu tun habe? Hören Sie gut zu und entscheiden Sie ganz allein, welcher der Hinweise vielleicht stimmen könnte. Wenn Sie eine kleine Sammlung zusammen haben, kommt der nächste spannende Schritt: Betrachten Sie die Hindernisse unter dem Leitsatz: »Ich habe selbst geschickt dafür gesorgt, dass sie auftreten. Sie sind mir nicht dazwischengekommen. Ich habe sie dazwischen-genommen!«

Gewohnheitsmäßige Erfolgsverhinderer

Fragen Sie sich:

- Wer hat sich angewöhnt, den Schreibtisch so in Unordnung zu bringen, dass er vor jedem neuen Arbeitsgang erst umständlich aufgeräumt werden muss?

- Wer hat seine Arbeitsmaterialien so verteilt, dass sie nur lückenhaft oder schwer zu erreichen sind?
- Wer entscheidet, dass die Gedanken, die jetzt Freunden am Telefon mitgeteilt werden müssen, unaufschiebbar sind?
- Wer entscheidet sich gegen seine Vernunft, kein Geld in seine Zukunftsprojekte zu investieren und stattdessen lieber etwas für Konsum auszugeben?

Die Antwort überlasse ich Ihnen.

Jeder sieht unsere Macken, nur wir selbst merken nichts

Wir haben schon gut damit zu tun, die Organisation zu verändern, durch die wir bisher Misserfolge erreicht haben. Doch ein ebenso wichtiger Bereich sind die Gewohnheiten, die wir für den Umgang mit anderen Menschen gelernt haben:

Sind Sie überzeugt, dass Sie immer alles richtig machen, so wie Ihr Vater es von sich dachte? Lästern Sie lustvoll über andere Menschen, so wie Ihre Mutter über andere Frauen gelästert hat?

Sind Sie bisher schneller zum Ziel gekommen, wenn Sie die anderen unterbrochen haben, und merken es deshalb gar nicht mehr? Oder haben Sie gelernt, dass Sie lieber den Mund halten und Ihre – vielleicht sehr guten – Ideen für sich behalten?

Mein Vorgesetzter in der Im- und Exportfirma war eigentlich ein netter Kerl. Ich lernte ihn später besser kennen und bekam mit, dass er wirklich nicht wusste, wieso niemand mit ihm zusammenarbeiten wollte. Ich habe mich jedoch nicht getraut, ihm zu sagen, was ich dachte, und er konnte nicht verändern, was er gar nicht bemerkte. Ich erfuhr von einer Kollegin, dass ihn der Inhaber der Firma schon einmal gefragt hatte, warum er sich ständig zu entschleimen versuchte. Daraufhin war es eine Zeit lang besser, bevor sich die alte Gewohnheit wieder durchsetzte.

In diesem Fall gab es vielleicht noch eine Chance zur Veränderung, denn es war auch für den Urheber selbst zu hören, dass er Geräusche machte. Gemeinsam mit einem persönlichen Trainer oder einer eingeweihten Umgebung, die ihn ständig darauf aufmerksam machen würde, könnte er es schaffen.

Meist werden Sie jedoch erleben, dass Ihnen Ihr Gegenüber nur schwer glauben kann, was für Sie offensichtlich ist. Sagen Sie jemandem, wie er mehr aus seinem Äußeren machen kann; er wird Sie skeptisch ansehen und sagen: »Guck dich doch erst mal an!«

Sagen Sie ihm, wie er besser mit Menschen umginge, und er wird sich angegriffen fühlen.

Zeigen Sie ihm, wie er deutlicher und ansprechender sprechen könnte, und er wird Ihnen vielleicht antworten, dass Sie ja nicht mit ihm reden müssen. Doch leider bietet keine dieser Reaktionen die Chance, seine Wirkung zu verbessern.

Wenn jemand Ihnen also einen Tipp gibt, hören Sie deshalb möglichst genau zu! Es ist wichtig für Sie, genau zu wissen, wie ihre Misserfolge funktionieren! Sie haben richtig gelesen. Misserfolge passieren nicht einfach so, sondern sie werden oft aktiv herbeigeführt. Im Hintergrund steht immer eine lange Erfahrung, die ihr Funktionieren garantiert. Deshalb geht es darum, die Wege zu erkennen, auf denen wir unsere Misserfolge aktiv herbeiführen.

»Aus Versehen« nützt uns nichts

Alles, was wir in dem Fach »unabsichtlich« ablegen, hat den Nachteil, dass wir es niemals voraussehen und verändern können.

Wenn wir jedoch erkennen, was wir selbst zu unseren Misserfolgen beitragen, können wir sie vermeiden. Deshalb ist es nützlich, immer wieder genau nachzusehen, ob unerwünschte

Gefühle oder Situationen wirklich aus Versehen passiert sind. Vielleicht machen wir die Entdeckung, dass wir diese Situationen und Gefühle gut kennen, weil sie sich wiederholen. Dann sind es einfach gewohnte Fähigkeiten aus unserer Vergangenheit, die wir genauso wenig verlernt haben wie Schwimmen oder Fahrrad fahren.

Doch wir nehmen nicht gern zur Kenntnis, dass wir unerwünschte Gefühle wiederholen. Wir sehen sie heute nicht mehr als Leistung an, obwohl sie es irgendwann im Leben sicher einmal waren. Es gibt keinen Menschen, der sich nicht mit Unzufriedenheit, Spannungen und Sorgen beschäftigt. Doch meist machen wir den Fehler, diese Gefühle für ein Problem zu halten.

Das Gegenteil scheint mir richtig:

Ich glaube, Unzufriedenheit, Spannungen und Sorgen sind die Voraussetzungen, um Probleme zu lösen. Sie treten dann auf, wenn uns schwierige Dinge im Leben begegnen, und führen dazu, dass wir uns mit ihnen beschäftigen und an der Verbesserung unseres Lebens arbeiten. Manche dieser Gefühle verfestigen sich allerdings zu Gewohnheiten, wenn wir mit unseren Lösungsversuchen keine echte Entspannung der inneren und äußeren Lage erreichen. Dann haben wir das Problem, dass wir unsere alten inneren Spannungen erhalten, auch wenn wir schon längst in ganz anderen Lebenssituationen sind. Erst wenn wir erkennen, dass wir selbst daran arbeiten, das gewohnte Maß an Spannung und Sorgen immer wieder aufzubauen, können wir uns davon befreien.

Wenn Ihnen etwas Gutes widerfährt –
ist das schon einmal eine Krankheit wert

Es war ein frischer Sommerabend, und ich saß mit Professor R., dem Leiter eines Berliner Forschungsinstitutes, auf der Terrasse des Hamburger Flughafens. Wir trafen uns, wann immer er nach Hamburg kam, und waren bald von Fachthemen auf beruflichen Stress gekommen. »Nachdem ich meine Doktorarbeit abgeschlossen hatte, habe ich erst mal ein Magengeschwür bekommen«, erzählte er, »und nachdem ich zum Leiter des Instituts berufen wurde, ging meine Ehe in die Brüche. Ich weiß bis heute nicht, ob ich irgendetwas hätte anders machen können!«

Viele Menschen machen die erstaunliche Erfahrung, dass nach dem Erreichen eines lang ersehnten Erfolges plötzlich an einer ganz anderen Ecke ihres Lebens etwas danebengeht. Gerade, wenn sie dachten, sie könnten endlich sorgloser leben, kommt eine neue Belastung. Es gibt ihn häufig, den frisch gekürten Verkaufsleiter, der endlich das ersehnte Ziel erreicht hat und nun plötzlich eine Krankheit bekommt, die ihm Sorgen macht.

Da kann man gut verstehen, wieso er sich ratlos fragt: »Woher kann es kommen, dass mir im Moment eines Erfolges plötzlich ein ganz neuer Kummer entsteht?

Die Antwort heißt: Auch unsere Gefühlswelt will bleiben, wie sie ist. Wir fallen nur deshalb nicht ständig von einer Ohnmacht in die andere, weil wir uns innerhalb von Gefühlen bewegen, die wir kennen. Alle Gefühle, die sich in einem bekannten Bereich bewegen, sind auf ihre Wirkung getestet, und wir wissen: Damit können wir leben. Wir sind sicher vor gefährlichen Überraschungen, die von anderen und uns selbst ausgehen könnten. Unsere gewohnte Gefühlswelt, gerade mit ihren Ängsten und Sorgen, wird deshalb ein Grundstein unserer Sicherheit, und: Fehlt ein gewohntes Gefühl, versuchen wir, es zurückzuholen. Das gilt auch für Ängste und Sorgen: Fehlt eine gewohnte Angst, versuchen wir, sie wiederzubekommen.

Der Leiter des Fachbereichs Germanistik an der Frankfurter Universität hatte häufig mit Studenten zu tun, die fürchteten, sie würden ihre Examensarbeit nicht fristgerecht fertig stellen können. Er antwortete dann: »Solange Sie die Angst haben, es nicht zu schaffen, ist alles in Ordnung. Diese Angst wird Ihre Kräfte mobilisieren. Für viele Studenten ist sie die wichtigste Voraussetzung, um ihre Ziele zu erreichen. Gefährlich wird es erst, wenn Sie die Angst nicht mehr haben!« Deshalb kann es uns Angst machen, wenn wir eine gewohnte Angst nicht mehr spüren: Vielleicht war sie unsere Lebensversicherung. Stellen Sie sich folgende Situation vor:

Anna, 2 Jahre alt, hat versonnen für sich gespielt und ein wunderschönes Bild mit bunten Stiften an die Wand gemalt.

Glücklich sieht sie ihre Mutter an, die gerade zur Tür hereinkommt. Doch zwei Minuten später ist sie in Tränen aufgelöst. Etwas völlig Unerwartetes ist passiert. Die Mutter war nicht so begeistert über das Bild wie Anna selbst. Sie hat geschrien und Anna ausgeschimpft. Annas seelisches System reagiert.

Solch eine Überraschung, solch ein Schock soll Anna nicht wieder geschehen. In Zukunft wird sie auf die Situation besser vorbereitet sein. Wenn sie morgen wieder malt, wird sie die Wand nicht antasten. An Annas Freude am Malen hat sich eine Angst geheftet, die sie in Zukunft vor der Wut ihrer Mutter schützt.

Je häufiger Anna solche Ängste bildet, desto mehr wird ihre Gefühlswelt damit angefüllt sein. Diese Gefühle ihrer Vergangenheit wirken dann in ihre Zukunft. Sie lassen sich kaum löschen. Annas Angst hat ihre schützende Wirkung bewiesen. Doch diese Schutzwirkung kann Anna nur dann empfinden, wenn sie spürt, dass die Angst noch existiert. Sie wird deshalb immer wieder Aufhänger für ihre Angst finden, so wie für alle Gefühle, an die sie sich gewöhnt hat. Sie kann nur leben, wenn sie sich in einer bekannten Welt befindet. So kann auch ihre berufliche Entwicklung von diesen Gewohnheiten gezeichnet sein. »Droht« ihr ein ungewohnter Erfolg, so kann er ihre Gefühlswelt aus dem Gleichgewicht bringen. Sie empfindet plötzlich ungetrübtes Glück und Freude, so wie damals, und fühlt heute, dass diese Gefühle gefährlich sind. Was ihr damals passiert ist, soll nicht wieder passieren. Ihre Gewohnheiten reagieren. Das Fehlen einer gewohnten Angst macht sie unsicher. Sie sucht die fehlende Sorge und inszeniert »unabsichtlich« einen Anlass für die Angst. Das kann der Niedergang eines anderen Lebensbereiches sein. Damit stellt sie schützende Gefühle wie Angst und Sorgen auf »normal« zurück und befindet sich wieder in ihrem bekannten Lebensgefühl.

Wenn sich in Ihrem Beruf ungewöhnliche Erfolge abzeichnen, sollten Sie deshalb andere wichtige Bereiche des Lebens im Blick behalten. Vielleicht können Sie noch rechtzeitig entdecken, ob Sie zum Ausgleich gerade dabei sind, einen anderen Lebensbereich »an die Wand zu fahren.«

Sie wissen, welche Vorteile unsere Gewohnheiten mit sich bringen. Doch die Nachteile sind leider riesig. Sie können bewirken, dass wir uns in der täglichen Arbeit selbst bremsen, wenn wir auf ungewohnte Erfolge zusteuern. Dieses Bremsen kann so aussehen, dass wir immer wieder die oben beschriebenen organisatorischen und kommunikativen Fehler einbauen, ohne etwas davon zu merken. Wir bekommen Angst, wenn wir unsere gewohnte Gefühlswelt verlassen. Wir bekommen auch Angst, wenn wir eine vertraute Angst nicht mehr wahrnehmen. Schnell schaffen wir uns eine neue Furcht, die uns antreiben und unser Leben sichern soll. Dieser Mechanismus funktioniert auf allen Ebenen unseres Arbeitslebens. Wenn Sie Manager sind, wissen Sie, dass Sie sich den nächsten Stress schaffen, sobald der vorhergehende abzunehmen droht.

Damit sind Sie nicht allein: Unsere gesamte Wirtschaft lebt davon, dass unsere Ängste nicht abnehmen. Sie nutzt ihre Kraft, um uns zu stetiger Leistung anzutreiben. Es ist spannend, herauszufinden, wie sich diese Nachteile unserer Gewohnheiten im Alltag auswirken. Doch wir stellen schnell fest: Es ist nicht leicht, sich selbst auf die Schliche zu kommen, denn: Der Täter hat die gleiche Intelligenz und Raffinesse wie der Detektiv. Unterschätzen Sie nicht die Geschicklichkeit, mit der Sie täglich dafür sorgen, dass sich Ihre Ängste und Sorgen erhalten. Doch: Machen Sie sich auf den Weg. Es kann die lohnendste Reise Ihres Lebens werden.

Glückskiller 2: Wir wollen den erträumten Reichtum – doch wir schaffen die gewohnten Geldsorgen

Hans Hentschel war ein sparsamer Mann. Er arbeitete zwölf Stunden am Tag in seinem Beruf als Verwalter eines großen landwirtschaftlichen Betriebes. Jeden Pfennig, den er bekam, drehte er zweimal um, und er kaufte für sich und seine Familie nur das, was sie unbedingt brauchten. So kam es, dass er mit fünfzig Jahren ein kleines Vermögen zusammengespart hatte, das er täglich genoss. Nach der Arbeit setzte er sich an seinen Mahagonischreibtisch, und während sein Blick über die Felder streifte, zählte er die Zinsen des vergangenen Tages zusammen.

Dann stand er auf und zog sich seinen Hausmantel über. Zufrieden zündete er sich eine Zigarre an. Er paffte langsam und genussvoll dicke blaue Wolken in das Wohnzimmer und schlief in ihrem Nebel bald entspannt ein.

Hans Hentschel hatte durch seinen Beruf die schwankenden Preise für landwirtschaftliche Flächen ständig vor Augen. Es wäre ihm nie in den Sinn gekommen, sein Geld in Grund und Boden anzulegen. Zu sehr liebte er die Betrachtung von Zins und Zinseszins, die ihn täglich glücklich machte. Es alarmierte ihn deshalb nicht, dass eines Tages ein Kollege, der in der Stadt eine Wohnungsverwaltung betrieb, warnte: »Hans, ich befürchte eine Währungsreform. Die Inflation ist zu hoch geworden. Ich habe mein Geld jetzt restlos in Grundstücken angelegt.« Er konnte sich nicht vorstellen, dass die Welt der Banken, die immer so fest gefügt war, sich vollkommen verändern könnte. So etwas hatte er nie erlebt. Zwei Wochen später verlor er sein ganzes Geld in der Währungsreform. Ich sehe noch wie heute, wie er viele Jahre später seinen Enkel um eine Zigarre bitten musste, die er sich nicht mehr leisten konnte.

Wir haben heute täglich das gleiche Problem. Vielleicht trifft es uns nicht ganz so hart, doch: Wir verlieren täglich Geld durch Chancen, die wir nicht sehen, weil sie nicht zu unserem Erfahrungsschatz gehören. Auch für unsere Möglichkeiten, mit Geld umzugehen, gilt: Unser größter Mangel sind die Lebensbereiche, an die wir gar nicht denken, weil wir nicht an sie gewöhnt sind. Was wir nie erlebt haben, können wir uns nicht vorstellen. Was wir uns nicht vorstellen können, existiert nicht für uns.

Doch was für uns nicht existiert, existiert für andere sehr wohl. Deshalb nutzen andere die Chancen, an die wir überhaupt nicht denken können. Spitzfindig könnte man sagen: Wir müssen erst herausfinden, was wir nicht wissen, damit wir etwas Neues, Unbekanntes lernen können. Es ist also entscheidend, unsere blinden Flecke irgendwie zu entdecken. Doch wie können wir herausfinden, was wir bisher gar nicht gesehen haben? Es gibt nur eine Möglichkeit: Wir können versuchen, unsere eigenen blinden Flecke an anderen Menschen sichtbar zu machen, indem wir unsere Gewohnheiten bis zu unseren Vorfahren zurückverfolgen:

- Wie sind unsere Eltern und Großeltern mit Geld umgegangen? Wie haben sie Geld verdient?
- Wie haben sie Geld angelegt?
- Was haben wir davon aufgeschnappt?
- Wie haben wir selbst es bisher gehalten: Waren wir sparsam, waren wir unaufmerksam, waren wir verschwenderisch, haben wir zu Sparkonten, zu Aktien, zu Immobilien, zu spekulativen Anlagen geneigt?

46

Betrachten Sie jede dieser ungenutzten Möglichkeiten wie eine kleine Schatzkiste, die Sie für die schwierige Suche entschädigen kann.

Haben wir alles selbst gemacht oder Fachleuten vertraut? Wie heißen die Ziele, die wir für möglich halten, und aus welcher Quelle stammen diese Ziele? Und, noch wichtiger: Welche Ziele haben wir bisher für unmöglich gehalten, weil wir vielleicht niemanden persönlich kennen, der sie erreicht hat?

Wir legen Geld an wie unsere Großeltern

Sie können sich diese Fragen einzeln vornehmen und nacheinander beantworten. Vielleicht werden Sie dann erstaunt feststellen: »Ich mache viele Dinge genauso wie meine Vorfahren. Dabei habe ich nie überprüft, ob sie für mein Leben und meine Zeit überhaupt passen.« Vielleicht tun Sie auch das Gegenteil Ihrer früheren Bezugspersonen. Doch damit schränken Sie Ihre Möglichkeiten genauso ein. Auch wenn Sie keine Lust haben, sich diesen Fragen systematisch zu widmen, können Sie bereits einen großen Schritt weiterkommen. Es ist schon sehr viel wert, wenn Sie einfach nur darüber nachdenken, woher Sie die Werkzeuge kennen, die Sie für Ihren Umgang mit Geld einsetzen. Den meisten von uns wird daran schon deutlich, wie beschränkt der Werkzeugkasten ist, den wir von zu Hause mitbekommen haben. Nehmen Sie sich einmal eine Finanzzeitschrift und suchen Sie die Anlageformen heraus, die Sie bisher nicht kannten oder nicht für sich selbst überprüft haben. Dann zählen Sie einmal zusammen: Wie viele Möglichkeiten gibt es, Geld mit Geld zu verdienen, die bisher nicht auf Ihrem Weg lagen, und welchen Prozentsatz dieser Möglichkeiten haben Sie bisher genutzt? Ich finde, dass sich auf diese Art zumindest ein Gefühl dafür erreichen lässt, wie groß das Feld der Möglichkeiten ist, dass ich bisher nicht betreten habe.

Wissen Sie, wie viel Sie im Portemonnaie haben?

Vor einiger Zeit hörte ich im Autoradio eine sehr interessante Sendung. Ihr Titel: Der Alltag einer Gerichtsvollzieherin. Ich kann nicht sagen, dass ich sie um ihren Beruf beneide. Doch die Erkenntnisse, die sie über den richtigen Umgang mit Geld sammelte, waren sehr spannend. »Wenn ich in den Haushalt meiner Kunden komme«, erzählte sie, »wissen viele gar nicht, worum es eigentlich geht. Sie sind überzeugt, dass sie alles bezahlt haben, was zu bezahlen war. Dann frage ich sie, ob sie nicht die Mahnungen bekommen haben, die schließlich zu meinem Besuch führen. Und, glauben Sie mir, die Mehrzahl meiner Schäfchen holt dann einen Schuhkarton oder eine Vase mit alten Papieren hervor. Viele davon sind ungeöffnete Briefe; manche sind geöffnet, aber wieder in den Umschlag gesteckt und weggepackt worden. Dabei sind es gar nicht mal die Ärmsten der Armen, bei denen ich immer wieder bin. Viele von ihnen haben einmal ganz gut verdient oder hätten eigentlich genug, um halbwegs auszukommen. Am häufigsten sind diejenigen, die den Überblick verloren haben. Sie wissen nicht mehr, wie viel Geld sie eingenommen und wie viel sie ausgegeben haben. Dazu gehört auch die verhängnisvolle Angewohnheit, vor der Wahrheit die Augen zu verschließen und unangenehme Post nicht aufzumachen.«

Wissen Sie jederzeit genau, was Sie im Portemonnaie haben? Haben Sie Ihre Kontoauszüge im Kopf und kennen die Kontobewegungen der letzten vier Wochen? Wenn es so ist, sollten Sie sich oder Ihren Eltern gratulieren. Sie haben Angewohnheiten, die dafür sorgen, dass Sie Ihre Groschen ständig unter Kontrolle haben. Wenn Sie sich dieses Buch geleistet haben, gehören Sie wahrscheinlich ohnehin nicht zum Kundenkreis dieser jungen Dame. Sie haben offenbar einen besseren Überblick über Ihre Finanzen. Doch mit dem besseren Überblick sind Sie noch nicht aus dem Schneider.

Ihre Gewohnheiten machen Sie arm

Es gibt noch andere Gewohnheiten, die Sie ärmer machen, als es sein müsste. Wenn Sie den Plan der meisten Menschen verwirklichen wollen, reich zu werden, muss ich Sie deshalb zuerst mit einer unangenehmen Ansicht konfrontieren. Ich glaube nämlich, auch in Bezug auf Ihre Finanzen wird Ihr Verhalten zum überwiegenden Teil von Gewohnheiten gesteuert. Diese Gewohnheiten kommen Ihnen zwar selbstverständlich vor, aber nur, weil nur Sie selbst sie verstehen. Nun gibt es keinen Grund, warum sich Ihre Gewohnheiten von heute auf morgen ändern könnten. Ich vermute deshalb: Wenn Sie bisher nicht die Angewohnheiten hatten, die Sie reich gemacht haben, werden Sie auch in Zukunft nicht reich werden. Sie haben nur zwei Möglichkeiten:

Entweder, Sie vergessen die Sache einfach. Sie verzichten darauf, sich etwas vorzumachen und finden sich mit Ihren Finanzgewohnheiten ab. Sie sagen sich: Woher soll ich plötzlich die Werkzeuge haben, die ich mein ganzes Leben lang nicht hatte? Dann schauen Sie, was Sie noch im Portemonnaie haben, und kaufen sich erst mal eine gute Flasche Wein. Nach dem dritten Glas sind Sie überzeugt: »Geld macht nur unglücklich.«

Die zweite Möglichkeit besteht darin, nach und nach Ihre Finanzgewohnheiten umzukrempeln. Ich möchte Ihnen dabei keine Illusionen machen: Im Klartext heißt das, genau die Dinge zu tun, die Ihnen bisher unangenehm, kleinkariert, mühsam oder erbsenzählerisch vorgekommen sind. Es kann auch bedeuten, Risiken einzugehen, die Sie bisher für unvorstellbar hielten.

Wenn Sie sich für diesen Weg entscheiden, heißt der erste Schritt:

Sie brauchen eine möglichst vollständige Liste Ihrer Finanzgewohnheiten. Dazu müssen Sie alle Familienmitglieder, Freunde und Fachleute fragen, zu denen Sie Vertrauen haben. Sie wissen: Von Ihnen selbst kann kaum ein objektiver Beitrag zu dieser Auflistung kommen. Für alles, was mit Ihren Gewohnheiten zu tun hat, gilt die unangenehme, aber einleuchtende Wahrheit: Jeder kann Sie sehen, nur Sie selbst sehen sich nicht!

Die Blindheit für uns selbst ist unser aller Schicksal. Selbst wenn wir uns alle fünf Minuten vor den Spiegel stellen würden; wir könnten kaum eine unserer Gewohnheiten erkennen. Wir müssen also einsehen: Auch ein großer Teil unserer Art, mit Geld umzugehen, spielt sich außerhalb unseres eigenen Denkvermögens ab.

Sammeln Sie deshalb Urteile von Menschen Ihres Vertrauens. Es müssen ja nicht unbedingt Ihre Kinder sein, denn kein kluges Kind würde sich die Chance entgehen lassen, Sie zu einer Taschengelderhöhung zu nötigen. Es sollten auch nicht zu wenige Menschen sein, damit sich die Eigeninteressen einzelner Berater gegenseitig aufheben können.

Stellen Sie dann Fragen wie:

- Wofür gebe ich nach deiner Meinung zu viel oder zu wenig Geld aus?
- Habe ich irrationale Hobbys, für die ich Geld zum Fenster rausschmeiße, und spare an Dingen, die eigentlich wichtig sind?
- Kümmere ich mich zu wenig um mein Geld und nehme bedeutungslose Themen dafür zu wichtig?
- Bin ich zu leicht verführbar und kann zu schlecht nein sagen, wenn jemand mich ausnutzt?
- Steuere ich selbst immer wieder in kostenträchtige Situationen, über die ich mich dann ärgere?

Es kann sein, dass Sie zu den Menschen gehören, die Ihr Geld auf das Sparkonto legen, um es immer wieder zu zählen und zu genießen. Es kann sein, dass Sie Ihr Geld zu sehr fest halten. Dann trifft auf Sie die alte Lebensweisheit zu: »Geld macht sinnlich.« Auch damit hängen Sie an einer Gewohnheit, die ei-

50

nen klar überlegten und zielgerichteten Einsatz Ihrer Mittel er-
schwert. Diese Angewohnheit wird verhindern, dass Sie Ihr Ka-
pital wirklich vermehren können.

Der Umgang mit Geld ist unüberlegt und eigenartig

Es gibt viele Gründe, sich für seine Finanzgewohnheiten zu
rechtfertigen. Bevor Sie das tun, sollten Sie jedoch überlegen:
Nicht jeder von uns ist Bankdirektor oder hat seine Millionen
auf dem Konto. Die meisten von uns gehören eher zu der zweiten Gruppe, die permanente Ebbe in der Kasse gewöhnt ist.
Trotzdem würde jeder von uns sofort begründen können, wieso
sein Umgang mit Geld völlig richtig ist. Da muss irgendetwas
nicht stimmen, und ich vermute daher eher:

Es gibt so viele unüberlegte Eigenarten im Umgang mit Geld,
wie es Menschen gibt, und es gibt ebenso viele selbsttäuschen-
de Begründungen.

Widerstehen Sie deshalb dieser Versuchung, so lange es
geht. Wenn Ihnen jemand sagt, was Sie seiner Meinung nach
falsch machen, ist das viel wertvoller, als wenn er etwas sieht,
Ihnen aber nichts sagt. Lassen Sie Ihre armen Mitmenschen
deshalb endlich mal loswerden, was sie bisher nie sagen durften, und zwingen Sie sich, ruhig zuzuhören. Zum Schluss müssen Sie sowieso allein entscheiden, was Sie ändern möchten.
Wenn Sie sich dann von möglichst vielen Personen, die möglichst viel eigenen Erfolg im Umgang mit Geld haben, viele Kri-
tikpunkte und Vorschläge angehört haben, können Sie überlegen, ob Sie etwas ändern wollen. Doch eine Warnung möchte
ich gleich von Anfang an aussprechen:

Wenn Sie beschließen, etwas zu ändern, sollten Sie sich dabei von einer neutralen Person begleiten lassen, mit der Sie
nicht täglich zusammen sind. Es würde unweigerlich zu Stress
und Liebesverlust führen, wenn zum Beispiel Ihr Lebenspartner

diese Rolle bekäme. Er oder sie müsste dann in dem Moment, in dem Sie in eine alte Gewohnheit verfallen, den warnenden Zeigefinger erheben. Da Ihre Gewohnheiten eine starke innere Kraft haben, durch die sie sich immer wiederholen wollen, wäre eine nervenaufreibende Dauerspannung vorprogrammiert. Am Ende der Entwicklung hätten Sie dann vielleicht Ihr Finanzgebaren verbessert und den Partner verloren. Mit einem Freund oder einem entfernten Verwandten können Sie jedoch in Ruhe die Ausgaben der letzten Woche durchgehen und neutral betrachten, ob Sie vernünftiger gehandelt haben als in der Woche zuvor. Wir werden jedoch später noch darüber reden, wieso Sie auf dem Weg zu einer Veränderung Ihrer Gewohnheiten nicht schon am Anfang zu viel von sich erwarten sollten.

Stimmungen und Gefühle sind oft teuer

Jetzt kommt das spannendste Bündel der Gewohnheiten, die der Mensch in sich trägt. Es ist die Ansammlung von Kräften, die am tiefsten in ihm verwurzelt und für den Willen am wenigsten greifbar sind. Ich spreche von den Stimmungen und Gefühlen, von Gebilden voller Energie, Farbe und Kraft, die darüber entscheiden, wie sich das Leben anfühlt.

Sind Sie meist optimistisch oder pessimistisch? Sind Sie lebensfroh und lieben es zu lachen? Oder herrscht in Ihrem Inneren Dauerregen, und es überwiegen die grauen Wolken?

Jeder Mensch hat in sich eine ganz eigene, unverwechselbare Mischung, ähnlich wie jeder Kontinent, der sein eigenes Klima besitzt. Diese Mischung besteht aus Gefühlen und Stimmungen, die sich immer wieder einstellen. Auch hier passt der Vergleich des »inneren Wetters« mit dem äußeren Klima. Wenn Sie in Australien sind, werden sich Regen- und Trockenzeit unabänderlich immer wieder einstellen, und die Durchschnittstemperatur der Vorjahre wird auch in den Folgejahren ganz gut vorhersagbar sein. Die gleiche Annahme treffen wir für Ihre Stimmungen und Gefühle. Übertragen Sie die Beobachtungen der Vorjahre in Ihre innere »Klimatabelle« und Sie werden in der Lage sein, das Auf und Ab Ihrer Stimmungen ungefähr vorherzusagen. Es kann sein, dass Sie feststellen: »Ich kann nicht länger als einen halben Tag fröhlich sein. Dann schleichen sich ganz von selbst Zweifel und Befürchtungen in mein Gemüt.« Vielleicht ist es noch nicht einmal ein halber Tag.

Es kann auch sein, dass Sie feststellen: »Ich kann nicht länger als zwei Tage Geld in der Tasche haben. Dann gebe ich es aus. Es ist mir einfach fremd, Geld in der Tasche zu lassen. Dagegen kenne ich nur zu genau die Wiederholungen des Gefühls, abgebrannt zu sein.« Sie werden aus dem Staunen nicht mehr herauskommen, wenn Sie aufzählen, welche Gefühle im Zusammenhang mit Geld Sie bisher zuverlässig begleitet haben. Und ich prophezeie Ihnen: Diese Gefühle werden Sie auch weiter begleiten. Die gleichen paradoxen Beobachtungen, die in Bezug auf Beruf und Partnerschaft gelten, treffen auch den Kern Ihres Finanzgebarens. Prüfen Sie deshalb, ob folgende Annahmen für Sie hilfreich sein können:

Es kann tatsächlich sein, dass Sie unruhig werden, wenn Sie länger als gewohnt mehr Geld in der Tasche haben. Wir brauchen gar nicht zu spekulieren, ob Sie dann Angst bekommen, eine wichtige Zahlung vergessen oder eine besondere Kaufgelegenheit verpasst zu haben. Es genügt, wenn sich etwas ereignet, das nicht Ihren bisherigen Erfahrungen entspricht. Sie werden dann alles tun, um sich die neue, unbekannte Situation wieder vertraut zu machen. Machen Sie sich nichts vor: Die Kräfte, die Sie wieder zu dem bekannten Verhalten zwingen, sind stärker als Ihr Wille. Sie haben die Kraft einer echten Sucht. Und hier ist die nächste Überraschung:

Wenn sich das Gefühl wieder einstellt, kein Geld mehr in der Tasche zu haben, werden Sie ruhiger. Der Ärger, die Resignation, sich nichts mehr leisten zu können; all diese Gefühle kommen wieder und erzeugen ihre alte Sicherheit. Sie finden bestätigt: Die Welt ist noch die gleiche. Ich kenne mich in ihr aus. Es gibt nichts Überraschendes, dem ich vielleicht unerfahren gegenüberstehen würde. Dieses Gefühl ist wichtiger als Ärger und Mutlosigkeit. Es sucht danach, sich immer wieder herzustellen, damit Sie sich und die Welt als »in Ordnung« empfinden können.

Brauchen Sie die Ebbe in der Kasse?

Wieso ist das Auftauchen der gleichen Gefühle so wichtig?

Bleiben wir bei unserem Klimabeispiel, so können wir erkennen, welche Folgen das Ausbleiben bekannter Gefühle hätte. Stellen Sie sich vor, in Ihrer Stadt käme es plötzlich zu einem Wetterphänomen, das Sie noch nie erlebt haben. Nehmen wir an, es würde mitten im Dezember plötzlich zwei Wochen lang 30 Grad Celsius warm. Wäre das nicht wunderbar? Sie könnten mitten im Dezember Baden gehen. Doch Sie wären nicht glücklich. Sie wären ängstlich und unruhig. Sie könnten sich nicht mehr darauf verlassen, dass die Welt so funktioniert, wie Sie sie kennen. Sie würden sich deshalb ständig fragen: Was wird morgen sein? Geht die Welt jetzt unter?

Glauben Sie mir: So sehr Sie sich auch bisher über das Dezemberwetter geärgert haben: Es ist Ihnen viel lieber als ein unberechenbares neues Klima. Wenn Sie irgendetwas dafür tun könnten, Ihr ungeliebtes altes Klima zurückzubekommen, dann täten Sie es mit aller Kraft. Die gleiche Kraft baut sich immer wieder in uns auf, um unsere Gewohnheiten konstant zu halten. Für unsere Finanzgewohnheiten bedeutet das:

Ich glaube, es kann tatsächlich eine Sucht geben, immer wieder zu viel Geld auszugeben. Es kann auch eine starke innere Kraft geben, sich wieder in seine gewohnte Gefühlswelt als

»Habenichts« zurückzubefördern. Wenn Sie durch einen Zufall ungewohnt viel Geld in die Hand bzw. auf das Konto bekommen haben, kann es tatsächlich sein, dass Sie – gegen Ihren Willen – daran arbeiten, es wieder loszuwerden. Dieser Trend ist fast zwangsläufig, so lange Sie Ihre alten Gewohnheiten beibehalten. Wenn Sie reich werden oder nach einer Erbschaft, einem Lottogewinn oder einem – »trotz« aller Gewohnheiten – geglückten Geschäft das neue Niveau halten wollen, ist deshalb die einzige Frage, die Sie vor dem alten Geldmangel schützt: Wie kann ich es schaffen, im Umgang mit Geld alle alten Gewohnheiten zu sehen und zu überprüfen? Wer kann dabei helfen, dass ich mir sinnvollere Gewohnheiten antrainiere?

Reichtum ist doppelt erblich

Beachten Sie dabei auch Ihre familiäre Vorbelastung. Nicht nur das Geld oder die Schulden auf dem Konto sind erblich. Noch wichtiger ist, dass auch die Gewohnheiten, die reich machen oder ein Vermögen erhalten können, in gewisser Weise erblich sind. Leider gilt das auch für die Fähigkeit, Geld aus dem Fenster zu werfen. Haben Sie sich schon mal überlegt, ob Sie zu dem Umgang mit Geld erzogen worden sind? Oder ist dieses Thema in Ihrer Kindheit und Jugend gar kein Thema gewesen? Ging es darum, immer nur so wenig wie möglich auszugeben, oder wurde Ihnen auch erklärt, wie man es vermehren kann? Haben Ihre Eltern schon mit der Einstellung gelebt, dass man nur durch Heirat oder Raub reich werden kann, und deshalb dieses Ziel auch gar nicht ernsthaft angesteuert? Waren sie überzeugt davon, dass Arme und Schwache die wertvolleren Menschen sind, und kam ihnen Geld deshalb verdächtig vor?

Es gibt eine Fülle von Einflüssen auf Ihr Finanzverhalten, die Sie nie vollständig zurückverfolgt haben. Sie alle gehören zu dem Erbe, das sich als Gewohnheit heute in Ihnen auslebt. Diese Gewohnheiten sind nicht nur typisch für Sie selbst. Sie sind wahrscheinlich auch bei Ihren Vorfahren schon vorgekommen.

Heute sind Ihnen Ihre Gewohnheiten selbst-verständlich, und genau darin besteht die Falle. Immer, wenn Sie Ihr Geld ausgeben wie gewohnt, ohne über andere, neue Möglichkeiten nachzudenken, sind Sie schon in Ihrem alten Gleis.

Wie arbeiten Sie am Erhalt Ihres gewohnten Geldmangels?

Es kann sein, dass alles, was Sie selbstverständlich – wie immer – tun, dem Erhalt Ihres gewohnten Geldmangels dient. Sie denken: »Wieso komme ich nicht voran? Wieso schaffen es andere, Geld anzusammeln, und bei mir ist immer Ebbe in der Kasse?« Doch wer kommt schon darauf, dass er täglich genau für den Zustand sorgt, der ihn so verzweifelt macht? Wenn Sie sich fragen: »Wieso kann ich nicht, was andere doch auch können«, lautet die einfache Antwort: Kein anderer Mensch ist in der gleichen Zeit bei den gleichen Bezugspersonen aufgewachsen; kein anderer Mensch hat deshalb die gleichen Gewohnheiten wie Sie! Das gilt sogar für Ihre Geschwister, die meist eine andere Rolle in der Familie und mit anderen Gefühlen gefüllte Beziehungen zu Ihren Eltern hatten. Sollten Sie sich also jetzt wieder fragen: »Wieso schaffe ich nicht, was andere schaffen«, dann beobachten Sie einmal, ob Ihre Gewohnheiten vielleicht zielgerichtet daran arbeiten, dass alles so bleibt, wie es bisher in Ihrem Leben war. Deshalb klappt es nur in den seltensten Fällen, dass jemand durch einen plötzlichen Glücksfall zu bleibendem Reichtum kommt. Meist sorgt er automatisch dafür, dass sich bald seine altbekannte Situation wieder einstellt. Doch in der Erkenntnis, dass die Gewohnheiten viel wichtiger sind als Glücksfälle, steckt auch eine Hoffnung: Sie brauchen nicht mehr auf den Glücksfall zu warten. Sie sind nicht von fremden Mächten abhängig. Wenn es Ihnen gelingt, durch veränderte

Gewohnheiten den bisherigen Trend umzukehren, ist das der größte Glücksfall, der Ihnen passieren kann.

Die Börsianer und die Sucht nach Verlust

Ich kann der Versuchung nicht widerstehen, noch ein paar Vermutungen zu äußern über das riesige Feld der kollektiven Gewohnheiten, die unsere wirtschaftlichen und politischen Abläufe bestimmen. Diese kollektiven Gewohnheiten sorgen für die Aufrechterhaltung von gesellschaftlicher Armut und gesellschaftlichem Reichtum. Eines der Felder, auf denen wir das Spiel kollektiver Gewohnheiten im Umgang mit Geld wunderbar beobachten können, ist die Börse.

Dabei stellen wir überrascht fest: Wir können auch ein Gebilde wie die Börse als einen Organismus betrachten, für den die gleichen Annahmen gelten wie für den einzelnen Menschen: Gewohnheiten, die sich einmal gebildet haben, wiederholen sich. Erfahrungen, die sich hinreichend oft wiederholt haben, werden zu Regeln, die immer wieder eintreffen. Die Ergebnisse, die sich täglich zeigen, entsprechen nicht den Wünschen der Teilnehmer, sondern es sind am Ende die bekannten Gefühle, die sich durchsetzen.

Auch an der Börse machen wir die paradoxe Beobachtung, dass zu viel Gutes unsicher und ängstlich macht. Wir beobachten, dass es ein »Zuviel« an Gewinn gibt, wenn es um die Menge des gemeinsamen Gewinns geht. Wir können sehen, dass ein hoher Gewinn für Einzelne nur dann keine kollektiven Befürchtungen auslöst, wenn er durch Verluste für andere wieder ausgeglichen wird.

All dies sind Vorgänge, die wir aus der Betrachtung unserer individuellen Gewohnheiten kennen. Wer sich für das Geschehen an den Finanzmärkten und der Börse interessiert, konnte gerade in der letzten Zeit die so genannte »Blase der New Economy« verfolgen. Sie bestand aus einem bisher nie erlebten Anstieg der Kurse, der bei allen Fachleuten deshalb Ängste auslöste, weil es etwas Vergleichbares noch nicht gegeben hatte. Je höher die Kurse stiegen; je ungewohnter sich der Gewinn anfühlte, desto größer wurde die Unsicherheit der Beteiligten. Schließlich kippten sie die Schatzkiste mit dem Gewinn um, und es stellten sich Verluste ein, welche die vorhergehenden ungewöhnlichen Gewinne mehr als ausglichen. Daraufhin nahm die Spannung und Angst ab.

Viele der Beteiligten nahmen diese Verluste deshalb mit erstaunlichem Gleichmut hin. Dass sie nicht alarmiert waren und Himmel und Hölle zur Rettung ihrer Groschen in Bewegung setzten, könnte daran liegen, dass diese Verluste ihrer stillen Erwartung entsprachen, denn: Was war passiert? Es hatte sich wieder bewiesen: Wir bleiben in der finanziellen Weltordnung, die wir gewohnt sind. Die bekannten Gesetze der Finanzwelt funktionieren noch. Die Bäume wachsen nicht in den Himmel. Warum also soll ich mich wundern?

Dieser Beweis war jedoch nicht durch ein Naturgesetz erbracht worden. Es war einzig das Spiel menschlicher Gewohnheiten, das hier ungehindert Regie geführt hatte. Niemand sollte deshalb behaupten, dass das Auf und Ab im Wirtschaftsleben sachlich untermauert ist. Die rechnerischen Grundlagen, nach denen zum Beispiel Aktienhändler den fairen Wert einer Aktie festlegen, sind oft himmelweit von den Beträgen entfernt, die an der Börse für dieses Papier gezahlt werden. Auch der Anstieg des Wertes, der diese »Blase« auszeichnete, ist bei einzelnen Anteilscheinen immer wieder – ohne Gegenreaktion – zu beobachten.

Doch solange »zu viel Gutes« durch genügend Negatives ausgeglichen werden kann, fühlt man sich nicht unsicher. Nur, wenn das Negative ausbleibt, steigt mit dem Gewinn die Angst, und die Börsenarbeiter führen diesen Ausgleich unter beliebigen Begründungen herbei, damit sich das gewohnte Maß an

Verlust wieder einstellt. Auf ein Schlagwort gebracht, kann es heißen: Ungewohnter Gewinn erzeugt die Sucht nach Verlust.

Hier wie im gesamten wirtschaftlichen und politischen Leben lässt sich immer wieder beobachten: Viele arbeiten daran, ihr gewohntes Maß an Unzufriedenheit, Stress, Schmerz und Verlust zu erhalten. Doch sie können nicht sehen, was sie tun. Sie sind ihr Leben lang überzeugt, das Gegenteil dessen anzustreben, was sie als Ergebnis täglich bestaunen können. Die Marionettenfäden der Gewohnheiten, die ihr Leben steuern, bleiben für sie unsichtbar.

Glückskiller 3: Wir wollen zufrieden in uns ruhen – doch wir erleben die gewohnte Unzufriedenheit

Nicht nur mit den Entscheidungen, die wir treffen, folgen wir unseren Gewohnheiten, sondern auch mit den Stimmungen, die in unserem Leben immer wiederkehren.

Nehmen wir zum Beispiel das Phänomen, dass wir Westeuropäer häufig mitten in unserem Überfluss unzufrieden und miesepetrig durch die Welt laufen. Wenn Sie das Glück haben, Hausbesitzer zu sein, habe ich ein passendes Beispiel dafür: Haben Sie zu Hause ein Stück Rasen, das Sie immer wieder mähen müssen? Dann passiert Ihnen mit den Grashalmen das Gleiche wie mit Ihrer Unzufriedenheit. Es dauert eine gewisse Zeit, und dann ist der Rasen wieder so hoch wie vorher. Doch was Sie in Ihrem Garten akzeptieren, können Sie bei sich selbst schlecht ertragen.

Nur: Warum wundert Sie das ständige Wiederauftauchen Ihrer Unzufriedenheit?

Warum wundert Sie bei dem Rasen nicht, dass er wieder wächst? Weil er ein lebendiger Organismus ist, der auf Selbsterhaltung programmiert ist? Genau: Deshalb nimmt er seine ursprüngliche Form wieder an, nachdem er gestutzt worden ist. Doch auch Sie sind ein lebendiger Organismus, der mit allen seinen Teilen auf Selbsterhalt programmiert ist. Warum sollten sich Ihre Gefühle nicht in der einmal eingelebten Höhe wieder einstellen, wenn sie eine Zeit lang gestutzt worden sind?

Wozu brauchen Sie Ihre Unzufriedenheit?

Vielleicht klingt dieser Vergleich zuerst abenteuerlich. Doch für Ihre Selbsterhaltung spielen Ihre Gefühle eine wichtige Rolle, und Unzufriedenheit ist eines der wichtigsten von ihnen:

Nur sie regt uns zur Verbesserung unseres Verhaltens an.

Nur sie drängt uns, unangemessene, krank machende Lebensverhältnisse zu verlassen und uns auf die Suche nach etwas Besserem zu begeben. Es ist deshalb wichtig, dass wir von unseren ersten Lebenstagen an mit Unzufriedenheit zu tun bekommen, gerade weil sie kein schönes Gefühl ist.

Das darf sie auch nicht sein. Sie soll ja bewirken, dass Sie die Anlässe, die zu ihr geführt haben, möglichst ausschalten.

Ich will zwei Arten von Unzufriedenheit genauer betrachten:

Die erste Art ist die eigene Unzufriedenheit. Wir tragen sie an die Umwelt heran, wenn uns das Leben unzufrieden macht: Diese Unzufriedenheit entwickelt sich in uns, wenn unsere Lebensumstände nicht zufrieden stellend sind. Wir leiden, wenn wir die körperlichen oder seelischen Nährstoffe nicht finden, die für uns lebensnotwendig sind. Wir müssen unzufrieden werden, wenn lebenswichtige Bedürfnisse nicht befriedigt werden. Das bedeutet:

Die anderen sollten etwas verändern

Diese Unzufriedenheit werden wir abzustellen versuchen, indem wir sie unserer Umwelt von klein auf deutlich zeigen.

60

Wir sagen unseren Bezugspersonen damit: Verändere etwas!

Wenn diese Botschaft dazu führt, dass sich unser Leben verbessert, bildet sich der Mut und die Gewohnheit, falsche Zustände abzustellen und danach zufrieden zu leben.

Misslingt dieser Versuch jedoch immer wieder, so hat das schwer wiegende Folgen. Dann setzt sich das Gefühl, nicht das Richtige oder nicht genug zu bekommen, in uns fest. Wir können es später nicht mehr aus uns entfernen, weil die ursprüngliche Situation, die wir verändern wollten, schon lange nicht mehr existiert. Wir können den Erfolg, der die richtige Gewohnheit gebracht hätte, nicht mehr nachholen und gewöhnen uns an die Kombination, unzufrieden zu sein und nichts verändern zu können, und das heißt:

Unzufriedenheit wird ein untrennbarer Teil des Lebensgefühls.

Wir brauchen uns jetzt nicht mehr zu wundern, dass in unserem Leben immer wieder das gleiche »unerklärliche« Gefühl von Unzufriedenheit auftaucht. Es kommt zustande, weil wir automatisch – ohne es zu sehen – immer wieder Dinge tun, die dieses gewohnte Gefühl erhalten.

Es ist leider für viele von uns alltäglich, dass wir einerseits aktiv Dinge tun, die uns unzufrieden machen, und andererseits von einem zufriedenen, glücklichen Leben träumen. Gegen diese Gewohnheit können wir erst etwas unternehmen, wenn wir erkennen, wie wir dabei selbst Regie führen. Das gilt auch für die zweite Art; die fremde Unzufriedenheit: Sie zeigt sich in Momenten, in denen Sie spüren:

Sie selbst sollten etwas verändern

Immer wieder haben wir mit Situationen zu kämpfen, in denen Menschen, die für uns lebenswichtig sind, unzufrieden mit uns werden. Diese Unzufriedenheit werten wir als Zeichen, dass wir etwas falsch gemacht haben, und wir werden versuchen, uns anders zu verhalten. Gelingt es uns, zufriedene Mienen zu erzeugen und Lob zu bekommen, werden wir die Unzufriedenheit der anderen bald vergessen.

Ganz anders sieht es aus, wenn unser »Bessermachen« nichts ändert. Wenn ich machen kann, was ich will, und die Unzufriedenheit der anderen hört nicht auf, dann geht mir dieses Gefühl irgendwann in Fleisch und Blut über. Ich muss weiterleben. Ich kann mich nicht endlos damit beschäftigen, eine unlösbare Aufgabe zu lösen. Ich muss mein Bewusstsein irgendwann auf das Neue konzentrieren, das zu lernen ist.

Ich werde mich also an Beides gewöhnen: Ich lebe, und dazu gehört, dass mein Gegenüber mit meinen Aktionen unzufrieden ist.

So ist die Ordnung der Welt, die ich erfahre, und deshalb ist die Welt für mich irgendwann nur so »in Ordnung«. Dieses Gefühl wird wie all meine anderen Gewohnheiten automatisch für seine Wiederholung sorgen. Ich werde mich deshalb, weitab von meinen gedachten Absichten, immer wieder so verhalten, dass mir das vertraute Gefühl aus der Umgebung begegnet: Ich löse Unzufriedenheit aus, und zwar aktiv und regelmäßig.

Dabei frage ich mich unablässig: »Warum passiert mir das bloß immer wieder?« Es gibt keinen Weg, diese Gewohnheit schnell zu verändern. Denn häufig kennen wir kaum etwas, was sich an die Stelle des bisherigen Gefühls setzen ließe. Fragen Sie sich deshalb einmal ganz ehrlich:

Kennen Sie Zufriedenheit?

Vor einem halben Jahr unterhielt ich mich mit dem Sohn einer befreundeten Familie, der gerade ein Praktikum in Nigeria hinter sich gebracht hatte. Seine Eltern hatten sich oft darüber beschwert, dass er ein schwieriges, forderndes Wesen habe und an allem »rummeckerte«.

»Er ist chronisch unzufrieden«, hatte mir sein Vater immer wieder erzählt, »was ich auch versuche, zum Schluss kommt er mit einer neuen Forderung, die ich nicht erfüllen kann.«

Ich hatte mich oft mit ihm unterhalten, denn ich mochte seine intelligente, kritische Beobachtungsgabe. Doch es war offensichtlich gewesen, dass er selbst unter der andauernden Unzufriedenheit litt. Er fühlte sich oft unglücklich und hatte das Gefühl, dass sein Blick magisch angezogen wurde von allem, das ihn störte.

Nun kam er aus Nigeria zurück, und offensichtlich hatte sich sein Blickwinkel geändert. »Wir haben da in einer Hütte gelebt, ohne fließendes Wasser und Klimaanlage. Nachts schwirrten die Mücken um unsere Köpfe, und an einschlafen war nur zu denken, wenn man total erschöpft war. Doch das alles war nicht schlimm im Vergleich zu den Bedingungen, unter denen die Menschen in unserem Dorf ständig zu leben hatten. Viele litten unter Krankheiten, die man hier innerhalb von zwei Wochen geheilt hätte, und sie mussten trotz mieser Ernährung den ganzen Tag bei sengender Sonne auf ihren Feldern arbeiten. Aber wenn sie zusammensaßen, lachten sie und waren glücklich.«

Bei seiner Rückkehr hatte er eine überraschende Erfahrung gemacht: Er hatte Dinge bemerkt, die er vorher überhaupt nicht gesehen hatte. Schon am Flughafen war ihm aufgefallen, dass die ganze Welt, in die er zurückkam, viel leiser und reibungsloser funktionierte. Zu Hause war ihm deutlich geworden, wie viel Zeit und Liebe seine Eltern in seinen Lebensstandard und Ausbildung investiert hatten. Er sah, wie hoch sein Stellenwert in der Familie dadurch war, dass er nicht eins von zehn, sondern eins von zwei Kindern war. Es gab noch viele weitere Beobachtungen, die seine innere Einstellung veränderten, und nicht nur er selbst, sondern auch seine Eltern waren glücklich über diese

Wandlung. »Diese Veränderung wird wohl nicht von Dauer sein«, sagte ich ihnen und stieß damit nicht gerade auf große Gegenliebe. »Doch wenn sich die alten Gewohnheiten wieder einstellen, braucht er wieder Tapetenwechsel.«

Was war passiert? Nun, ich sage Ihnen nichts Neues, wenn ich behaupte, dass man selbst über sein Glücksgefühl entscheiden kann: Vergleicht man sich mit jemandem, dem es besser geht, macht man sich unglücklich. Sucht man sich jemanden aus, dem es schlechter geht, fühlt man sich glücklich. Glück ist eben auch eine Frage des eigenen Blickwinkels.

Doch hier war es anders. Unser Afrika-Reisender hatte vorher einfach nur gesehen, was er gewohnt war. Er wuchs auf in einer Welt, in der man üblicherweise von den Dingen sprach, die nicht funktionierten und über die man sich ärgerte. Seine Eltern mochten keine »Gefühlsduselei« und freuten sich nicht erkennbar über Schönes, das sie in der Natur oder in ihrem Alltag genießen durften. So sah er, was ihn unzufrieden machte, und war nicht gewohnt, die schönen Dinge des Lebens genauer zu betrachten und sich von ihnen begeistern zu lassen. Doch als er nach Afrika kam, erlebten diese Gewohnheiten ihren Gau. Es gab dort noch viel mehr, das man unmöglich finden und über das man sich endlos ärgern konnte, doch die Leute waren gar nicht so unzufrieden. Sie freuten sich über Dinge, denen er niemals den geringsten Wert beigemessen hätte, und teilten seine Gefühle nicht, wenn er sich ärgerte. Er konnte sich nur dann mit ihnen verständigen, wenn er ihre Gewohnheiten zu teilen begann, und so löste sich nach und nach die Klammer, die die alten Gewohnheiten um seine Augen gelegt hatten.

Als er dann zurückkam, konnte er Dinge sehen, die vorher einfach außerhalb seiner gewohnten Wahrnehmung lagen. Jetzt funktionierte die Automatik nicht mehr, die vorher die »selbstverständlichen« Dinge ausblendete, bevor sie sein Denken erreichten. Was er nie zuvor gesehen hatte, erreichte jetzt sein Bewusstsein. Er spürte, dass er mit seinen neuen Sehgewohnheiten glücklicher war als zuvor. Ich glaube, man kann dieses Beispiel verallgemeinern. Unzufriedenheit ist zwar wichtig. Sie ist die Kraft, die Veränderungen schafft. Sie ist für den technischen Fortschritt der Welt ebenso unverzichtbar wie für das Zusammenleben der Menschen. Damit hängt auch zusammen, dass in dem Teil der Welt, der den technischen Fortschritt am intensivsten vorantreibt, auch am meisten Ehrgeiz und damit Unzufriedenheit anzutreffen ist. Doch wenn sie zu einer Gewohnheit wird, schadet sie der Lebensqualität der Betroffenen.

Grundlegende Unzufriedenheit lässt sich nur aufrechterhalten, wenn man stets die Hälfte der Welt ausblendet. Sie kann nur überleben, wenn man das Schöne, das in fast jeder Situation zu tage tritt, konsequent ignorieren kann. So entscheidet oft nicht meine reale Situation darüber, ob ich unzufrieden bin oder nicht, sondern die Gewohnheit, mit der ich mein Umfeld betrachte. Ich kann diese Gewohnheit immer wieder unterbrechen, indem ich in eine Umgebung gehe, in der die Menschen ganz anders leben. Wenn ich aber wieder zu Hause bin, wird sich nach einiger Zeit auch meine alte Unzufriedenheit wieder einstellen. Dies ist einer der Gründe für die Unruhe, die Globetrotter erfasst und dazu bringt, sich immer wieder nach der Ferne zu sehnen.

Sind Sie neugierig?

Nur wer bereit ist, sich auch für das, was er nicht sieht, zu interessieren, schafft sich die Möglichkeit, seine Gewohnheiten zu verändern. Interessieren Sie sich deshalb für die fehlende Seite Ihrer Wahrnehmung. Suchen Sie nach Anregungen von anderen – um immer wieder die Dinge zu finden, die Sie von sich aus nicht bemerkt hätten.

Seien Sie kritisch gegenüber Ihren Beobachtungen, die – Sie – sich immer wieder-holen. Es kann sein, dass sie nur die Aufgabe erfüllen, Ihre Unzufriedenheit zu füttern. Vielleicht ist die Unzufriedenheit ja berechtigt. Vielleicht haben Sie aber auch die – ungewohnte – Hälfte der Welt einfach übersehen, weil Sie es so gelernt haben. Wir haben uns jetzt damit beschäftigt, wie wir unsere Unzufriedenheit mit der Welt immer wieder erneuern können. Doch es gibt auch die zweite Fähigkeit:

So machen wir andere mit uns unzufrieden

Ich habe in meiner beruflichen Praxis viele Leute getroffen, die an Abwertungen gewohnt waren. »Du bist ein Versager, du wirst es nie schaffen, du bist ein Tollpatsch, immer machst du alles kaputt« – sind noch harmlose Aussagen. Für viele Erwachsene steht irgendwann fest: Wenn ihre Kinder etwas anfangen, wird sowieso nichts daraus. Doch diese Zuschreibungen gibt es nicht nur bei den Eltern. Irgendwann übernimmt jedes Kind einen Teil der Meinung, mit der es täglich von außen betrachtet wird. Das kann niemand vermeiden, denn bei den meisten Aktionen können wir nur an der Reaktion der Umwelt ablesen, ob wir einen Erfolg gelandet haben. Deshalb gräbt sich irgendwann ein: Ist die Umwelt mit uns unzufrieden, dann wird der Misserfolg irgendwann zu einem Teil unseres Selbstbildes. Nach vielen Misserfolgen glauben wir nicht mehr: »Ich habe einen Misserfolg«, sondern wir fühlen: »Ich bin ein Misserfolg.«

Wenn wir nie gelernt haben, wie wir andere Menschen mit uns zufrieden machen können, wie sollen wir es dann jemals erreichen? Erinnern wir uns: Was wir nicht zu sehen gewohnt sind, existiert für uns auch nicht. So kann es sein, dass wir gar keine Möglichkeit sehen können, andere mit uns zufrieden zu machen.

Nun wissen Sie selbst, wie schwer Vorurteile auszurotten sind. Das gilt ganz besonders in engen menschlichen Beziehungen, in denen sich der Betroffene die Vorurteile seiner Eltern oder seines Partners irgendwann zu Eigen macht. Je länger meine Eltern also der Meinung sind, ich könne nichts zu Stande bringen, desto weniger Möglichkeit habe ich, ihnen das Gegenteil zu beweisen. Das liegt auch daran, dass sie mir irgendwann gar nicht mehr zeigen, wie ich doch noch erfolgreich sein könnte. Dadurch gibt es viele günstige Verhaltensweisen, die ich gar nicht »drauf habe«. Ich glaube, dass ich die Erwartungen der anderen nicht erfüllen kann; das ist schon schlimm genug. Doch hinzu kommt noch: Mir fehlt auch jedes Wissen darüber, wie ich mich verhalten müsste, um einen Erfolg zu erreichen.

Stellen Sie sich vor, ein Kind wächst in einem Haushalt auf, in dem die Erwachsenen keine entspannten Beziehungen haben. Es beobachtet, wie sich Vater und Mutter permanent gegenseitig kritisieren und mit spitzen Bemerkungen verletzen. Wenn es sich einzumischen versucht, hört es sofort: »Halt du doch den Mund. Du machst alles nur noch schlimmer.« Nachdem das Kind dieses Geschehen jahrelang miterlebt hat, ist es auf die Situation eingestellt. In ihm sind jetzt drei wichtige Grundlagen fest gefügt, in denen sein Verhalten wurzelt.

1. Es weiß: Wenn sich ein Mann und eine Frau streiten, sage ich immer das Falsche und werde angeschnauzt.
2. Es hat keinerlei Kenntnis darüber, wie man einen solchen Streit vermeidet, schnell beilegt oder fair entscheidet.
   Doch was noch schlimmer ist:
3. Es hat nichts darüber gelernt, wie man einen Partner glücklich machen kann.

Diese Grundlagen sind jetzt Eckpfeiler seiner Welt. Sie sind die bekannte Ordnung seines Lebens, und deshalb ist sein Leben, wie schon oben gesagt, nur dann »in Ordnung«, wenn sich das alte Lebensgefühl immer wiederholen kann. Konkret gesagt, kann das heißen: Dieser Mensch wird sich so verhalten, dass die anderen Beteiligten schon nach kurzer Zeit sagen: »Hör auf, du machst alles nur noch schlimmer.« Und er wird kaum eine Möglichkeit nutzen können, einen anderen Menschen wirklich glücklich zu machen, weil er einfach keine solche Möglichkeit kennt. Wir können ahnen, was ihm fehlt im Vergleich zu einem gleichaltrigen Kind, das mitbekommt, wie die Erwachsenen, bei denen es lebt, sich in den Arm nehmen, sich kleine Geschenke mitbringen oder so miteinander sprechen, dass sie sich verstanden fühlen.

Fehlende Gewohnheiten sind ein fehlendes Stück Leben

Vielleicht haben Sie das Glück, viele Verhaltensweisen »mit der Muttermilch« aufgesogen zu haben, die Sie beliebt und erfolgreich machen. Doch sehr viele Menschen haben dieses Glück leider nicht. Sie gehen durch das Leben und erleben immer wieder Reaktionen, die sie aus ihrer Vergangenheit kennen. Sie werden abgelehnt, belächelt oder ignoriert. Die Früchte ihrer Arbeit finden keinen Erfolg, selbst wenn sie sich bis aufs Äußerste angestrengt haben. Ergebnis: Sie erleben immer wiederkehrende Phasen von Unzufriedenheit. Erst wenn sie bereit sind, die beherrschende Kraft ihrer Gewohnheiten anzuerkennen und den Wunsch spüren, aktiv etwas daran zu ändern, können sich ihnen langsam die Augen öffnen. Dann können sie beginnen, Ursache und Wirkung zusammenzubringen und die Gefühle der Unzufriedenheit angemessen zu begrüßen mit dem Satz: »Was zu beweisen war.«

Es gibt Gewohnheiten mit Unzufriedenheitsgarantie

1. Unerfüllbare Forderungen: Kennen Sie auch Menschen, die am Schluss einer Begegnung immer eine unerfüllbare Forderung stellen? Passiert es Ihnen auch, dass Sie versuchen, einem Freund, Ihrem Partner, oder einem Kind etwas zu schenken, und am Schluss sind Sie beide unzufriedener als vorher? Der andere hat zwar etwas bekommen, aber er entlässt Sie nicht mit dem Gefühl, dass Sie etwas Gutes getan haben. Er gibt Ihnen zum Schluss noch das Gefühl, dass Sie zu wenig Gutes getan haben.

Ärgern Sie sich nicht. Seien Sie auch nicht traurig, dass Ihre guten Absichten verkannt wurden. Sie haben es nicht mit einem böswilligen Partner zu tun. Es ist jemand, der sich durch eine unbemerkte Gewohnheit immer wieder selbst mit Unzufriedenheit versorgt. Er sieht nicht, dass die Gewohnheit, den Kontakt zu anderen Menschen möglichst mit einer unerfüllbaren Forderung abzuschließen, ihn immer wieder mit dem bekannten Gefühl versorgt: »Ich bin nicht zufrieden. Ich kann mich nicht entspannen und genießen, was ich bekommen habe. Ich muss weiterstreben und kämpfen, bis ich ein (unerreichbares) Ideal erreicht habe.« Jeder von uns hat schon mit Menschen zu tun gehabt, die einen starken Antrieb haben, sich sofort wieder unzufrieden zu machen, wenn sie etwas erreicht oder bekommen haben. Wenn sie das nicht selbst sehen und ablegen möchten, können wir daran nichts ändern. Wir können aber entdecken, wenn wir einen Menschen vor uns haben, der diese Gewohnheit mit sich herumträgt. Wir können sein Verhalten voraussagen, und wir können uns selbst fragen, ob wir Spuren dieser Marotte aufweisen.

Falls es so ist, müssen wir etwas tun. Die Gewohnheit, unerfüllbare Erwartungen an andere heranzutragen, ist nämlich ein sehr häufiger Grund für berufliches und privates Scheitern. Sie führt nicht nur dazu, dass wir innerhalb unseres Berufes oder innerhalb unserer Beziehung niemals vollkommen glücklich sein können. Sie führt auch dazu, dass wir reihenweise andere Menschen zur Verzweiflung bringen. Falls Sie jetzt entdecken, dass Sie genau diese Gewohnheit in sich tragen: Wundern Sie sich nicht, dass viele Menschen bisher eher einen Bogen um Sie gemacht haben. Gerade diejenigen, die es gut mit Ihnen meinen, sind besonders betroffen, wenn sie den Dank für ihre Gefühle und Geschenke immer mit einem Stachel versehen zurückbekommen.

Auch die Kollegen, die Ihnen beruflich helfen oder ab und zu einen Gefallen tun möchten, werden dies bald bleiben lassen. Sie bekommen nicht zurück, was sie gegeben haben, sondern spüren ein Fass ohne Boden auf der anderen Seite, das sie immer frustriert zurücklässt. Sie spüren die Sucht nach Unzufriedenheit, einen Appetit, der sich nicht stillen lässt. Irgendwann werden sie deshalb aus purem Selbsterhalt aufhören, Ihnen etwas zu schenken. Und sie werden die Erfahrung machen: Wenn sie Ihnen nichts Gutes tun wollen, kommen sie besser zurecht.

2. *Versteckte Erwartungen:* Es gibt noch viele andere Wege, durch die man sich seine eigene Unzufriedenheit immer wieder auf dem Umweg über Gesprächspartner holen kann. Dazu gehört auch die Angewohnheit, nicht zu sagen, was man von den anderen wirklich möchte. Vielleicht haben Sie auch schon festgestellt, dass Leute, die anderen sagen können, was sie sich wünschen, zufriedener leben als diejenigen, die zu höflich dafür sind. Wenn man es von der anderen Seite betrachtet, kann man auch sagen: Nicht zu sagen, was ich mir wünsche, ist eine Gewohnheit, die mir vielleicht antrainiert wurde von Eltern, denen ein Kind ohne Forderungen angenehmer war. Es hat Ihre Umwelt vielleicht nicht besonders interessiert, ob Sie daraufhin unzufrieden waren. Heute ist diese Gewohnheit ein gutes Mittel, um sich mit Unzufriedenheit zu füttern. Stellen Sie sich vor, Sie sind mit der Erfahrung aufgewachsen: »Was ich mir wünsche, bekomme ich nicht.« Vielleicht war diese Erfahrung so häufig, dass sie sich in Ihrem Inneren als Gewohnheit eingenistet hat. Jetzt laufen Sie durch das Leben und sind unmerklich dabei, die Aufgabe zu erfüllen, die heißt:

*Wie erreiche ich, dass meine Wünsche bestimmt
nicht wahr werden?*

Diese Formulierung ist natürlich übertrieben, doch viele unserer Zeitgenossen haben ihre Sehnsüchte – und arbeiten täglich
mit dem Ergebnis, dass die lange gehegten Träume nicht wahr
werden. Die übertriebene Formulierung hilft uns, eine kleine
Sammlung der Methoden zusammenzustellen, mit denen man
seine Unzufriedenheit immer wieder-holen kann. So halte ich
es für ein ausgezeichnetes Mittel, seinem Gegenüber nicht zu
sagen, was man von ihm erwartet, aber eine ganz feste Vorstellung davon zu haben, was er tun müsste. Die Chance, sich
damit unzufrieden zu machen, liegt bei 90 Prozent, denn wer
kann schon wirklich Gedanken lesen?

Es gibt auch Hobbythemen, die sich für jeden Unzufrie-
denheitsgewohnten immer anbieten. Gehen Sie Ihren Freun-
des- und Bekanntenkreis durch, und Sie werden finden, dass
viele Menschen solch ein lebenslanges, lieb gewordenes Thema
haben. Während den einen grundsätzlich irgendetwas am
Restaurantessen stört, hat der andere vielleicht seinen Vermie-
ter, Chef, die Regierung oder das Wetter erwählt. Sprechen
Sie ihn einmal darauf an, dass sich sein Verhalten z. B. im
Restaurant schon vorhersagen lässt, und er wird Sie erstaunt
ansehen. Wenn er die Geschichte seiner Gewohnheiten zurückverfolgt, findet er in der Ahnenreihe jedoch vielleicht Ver-
wandte, die das gleiche Thema hatten. So wie ich meine eigene Unzufriedenheit erhalten kann, kann ich natürlich auch das
Gefühl immer wieder-holen, dass ich es keinem recht machen
kann.

Bisher haben wir einige Szenarien aufgestellt, die wir nutzen
können, wenn wir unser gewohntes Maß an eigener Unzufriedenheit wieder auffüllen müssen. Wir haben aber schon weiter
oben davon gesprochen, dass es auch umgekehrt sein kann: Wir

können uns aus Gewohnheit so verhalten, dass die anderen mit uns unzufrieden werden. Es mag vollkommen verrückt klingen, doch:

Lob kann Angst machen

Es kann tatsächlich sein, dass uns unbehaglich wird, wenn wir Lob und Zufriedenheit ernten. Diese Unruhe erfasst uns bei allem, was unsere Lebenserfahrung in Frage stellt. Das ist leicht zu verstehen: Wenn Sie daran gewöhnt sind, für Ihre Mühe Kritik und Abwertung einzustecken, versetzt Sie jedes Lob in eine Erwartungsspannung. Sie werden unruhig und unsicher, weil die Situation für Sie nicht ihren gewohnten Abschluss gefunden hat. Sie beginnen zu warten, wann jetzt die Kritik und Abwertung kommt, und je länger sie ausbleibt, desto stärker wird Ihre Unsicherheit.

Es ist für Sie tatsächlich entspannender, wenn gleich die erwartete ablehnende Reaktion kommt. Dann können Sie die Situation innerlich abhaken und sind frei für das nächste Thema. Ihre innere Sicherheit besteht aus Gewohnheiten. Anders gesagt: Ihre Gewohnheiten bieten Ihnen Sicherheit. Diese Sicherheit stellt sich ein, wenn Ihre Erwartungen eingetroffen sind. Vielleicht lässt sich die oben genannte Situation mit folgendem Beispiel verdeutlichen:

Angenommen, Sie fahren mit dem Auto den üblichen Weg zur Arbeit, und Sie wissen aus Erfahrung: Fast jeden Tag kontrolliert die Polizei die Geschwindigkeit auf der Stadtautobahn. Es ist immer nur die eine Kontrolle, aber Sie wissen nicht, wo sie steht. Dann werden Sie spüren: Je länger der Verkehr ungestört fließt, je besser es also läuft, desto größer wird Ihre Anspannung. Wenn die Verkehrskontrolle schon auf dem ersten Kilometer steht, sind Sie danach entspannt und können die Fahrt genießen. Doch wenn es die ganze Strecke über schnell geht und Sie keinen Kontrollposten entdecken können, bleiben Sie unruhig.

Es ist also verständlich, wenn Sie umso entspannter sind, je direkter die Reaktionen eintreffen, an die Sie gewöhnt sind. Wenn Sie nun feststellen, dass Ihnen häufiger Unzufriedenheit entgegengebracht wird als anderen Menschen, dann sollten Sie sich zu allererst fragen, ob Ihre eigenen Gewohnheiten dafür sorgen. Versuchen Sie, mit Vertrauten darüber zu sprechen, ob Sie selbst zu diesen Reaktionen beitragen. Finden Sie heraus, an welcher Stelle eine Gewohnheit unmerklich Ihren Plänen und Zielen entgegenarbeitet. Lösen Sie das Gefühl der Selbstverständlichkeit von dieser Gewohnheit und versuchen Sie, sie wie von außen mit anderen Augen zu sehen. Es gibt unendlich viele solcher schief laufender Verhaltensweisen, über deren Wirkung man sich selbst falsche Vorstellungen macht. Denken Sie einmal an den weit verbreiteten Impuls, zu allem, was man sieht und hört, etwas Witziges zu sagen. Es ist verständlich, wenn man die Lacher gern auf seiner Seite hat. Viele Zeitgenossen versuchen jedoch gnadenlos witzig zu sein, selbst wenn in den letzten zehn Jahren niemand mehr über ihre Scherze gelacht hat. Dass kein Mensch lacht, liegt häufig daran, dass die lustig gemeinte Bemerkung einen der Anwesenden zum Gegenstand hat. Während dann alle Anwesenden mühsam ihren Ärger über die völlig unpassende Äußerung unterdrücken, findet der Akteur selbst seine Bemerkung total witzig.

Es würde sein Leben verändern, wenn er herausfinden könnte, wie er diese Gewohnheit verändern kann. Dazu müsste er jedoch erst einmal verstehen, dass die Ablehnung der anderen nicht an deren mangelndem Humor liegt, sondern an seiner eigenen Gewohnheit. Er könnte dann feststellen, wozu diese Gewohnheit immer wieder dient, und sich überlegen, ob er auch ohne die von ihm selbst wieder-(ge)holte Ablehnung entspannt leben kann.

Unzufriedenheit bringt Krankheit

Kein Mensch hat dauerhaft die Lebensumstände, in denen er sich ohne Unterbrechung gesund, geliebt und optimal versorgt fühlen kann. Niemand lebt so, dass immer alles perfekt für ihn geregelt ist. Deshalb erlebt jeder von uns fruchtbare Unzufriedenheit; einen Impuls, aus dem heraus die wichtigsten und schönsten Entwicklungen im Leben entstehen. Diesen Impuls ernst zu nehmen, ist eine zentrale Lebensaufgabe. Es ist entscheidend für unsere Gesundheit und unsere Entwicklung, dass wir aus unserer Unzufriedenheit etwas machen. Das beginnt damit, dass wir ansprechen, womit wir nicht zufrieden sind, und es endet damit, dass wir ein neues Umfeld suchen, wenn wir das alte nicht ändern können. Vielleicht kennen Sie den berühmten Satz:

»Ich wünsche mir die Kraft, Veränderbares zu verändern, Unveränderliches zu akzeptieren, und die Klugheit, beides zu unterscheiden!«

Es gibt viele Dinge, die wir nicht verändern können und mit denen wir uns arrangieren müssen. Wir sind nicht die Lenker der Welt, sondern ihr Produkt. Doch wir können nicht leben, wenn wir dauerhaft das Gefühl haben: »Ich bin nicht am richtigen Platz, und ich finde nicht die richtigen Menschen für mich.« Nachdem wir geklärt haben, welchen Beitrag zu diesem Gefühl unsere eigenen Angewohnheiten haben, müssen wir etwas unternehmen, denn: Unzufriedenheit, das ständige Gefühl, dass etwas Wichtiges fehlt, führt zu anhaltender seelischer Spannung. Wir alle leben also immer wieder mit innerer Spannung, und selbstverständlich führt seelische Spannung auch zu körperlichen Spannungen. Von der Muskulatur über die Hormonproduktion bis zur Immunabwehr hängen alle Bereiche unserer Gesundheit miteinander zusammen. Deshalb gilt: anhaltende Unzufriedenheit macht krank.

Umgekehrt führt seelische Entspannung zu körperlicher Entspannung, die im gesamten Organismus für reibungslose, natürliche Abläufe sorgt. Seelische Entspannung kommt dauerhaft nur durch Zufriedenheit zu Stande. Befriedigende Lebensumstände sind also die Voraussetzung für Gesundheit. Doch was sind befriedigende Lebensumstände? Wie krank machend sind zum Beispiel Beziehungen?

Beziehungen: Sind sie gesund oder lebensgefährlich?

Ich meine: Wir brauchen Lebensumstände, die uns außer den materiellen Grundlagen das Gefühl bieten, dass wir für die Menschen, die uns etwas bedeuten, ebenfalls wichtig sind.

Das tief verankerte Gefühl: »Es ist gut, dass ich auf der Welt bin, meine Umgebung schenkt mir Zeit und Aufmerksamkeit, berührt und liebt mich«, ist die Bedingung für Zufriedenheit.

Damit ist dieses Gefühl auch eine wesentliche Grundlage für meine körperliche Gesundheit.

Auf eine Kurzform gebracht, heißt das: Wenn ich zufrieden bin und das Gefühl habe: »Es ist gut, dass ich da bin, ich bin wertvoll«, arbeitet meine ganze Natur daran, mich zu erhalten.

Meine Immunabwehr, meine Motivation gesund zu leben; alles in mir trägt dazu bei, die körperliche und seelische Gesundheit immer wieder zu erneuern. Wenn ich jedoch so mit Menschen zusammenlebe, dass sie mir das Gefühl geben: »Du bist fehl am Platz, eigentlich störst du«, dann lebe ich bald mit dem Grundgefühl: »Was soll ich hier? Wozu bin ich auf der Welt? Ich bin eigentlich unerwünscht und wertlos.«

Dieses Gefühl ist lebensgefährlich! Nicht nur, weil ich dann mein eigenes Leben und vielleicht auch das Leben anderer Menschen gering schätze. Ich muss vielmehr damit rechnen, dass nicht nur meine Seele, sondern auch mein Körper in den verschiedensten Organen diese Botschaft versteht. Das kann dazu führen, dass ich dann selbst – ohne es zu sehen – daran arbeite, mich von der Bildfläche verschwinden zu lassen.

Deshalb sehen wir, dass zerstörerische Krankheiten stärker ausbrechen, wenn Beziehungsprobleme oder berufliche Misserfolge eintreten. Wann immer ich mich von der Umwelt abgewertet fühle, steigt meine unmerkliche Bereitschaft, mich selbst zu vernichten. Ich erinnere mich an den typischen Fall einer vierzigjährigen Krankenschwester, die in der Praxis eines befreundeten Arztes arbeitete und mit ihrem fröhlichen und hilfsbereiten Wesen alle Kollegen verzauberte.

Ihre Mutter war an Krebs gestorben, und die Ärzte hatten ihr gesagt, dass sie ein erbliches Risiko in sich trage. Doch sie hatte vier Jahrzehnte verstanden, gesund zu leben und mit ihrer optimistischen Lebenshaltung alle positiven Kräfte in sich aktiv zu halten. Eines Tages begann sie jedoch, trauriger auszusehen. Sie hatte inzwischen geheiratet und ein Kind bekommen. Nach den ersten glücklichen Jahren stellten sich nun immer mehr Ehekonflikte ein. Doch sie wurde nicht wütend und dachte daran, wegzugehen. Sie fühlte sich ungeliebt und konnte nicht verstehen, wieso ihre Liebe und Hilfsbereitschaft nicht geachtet wurden. Gerade weil diese Gefühle so stark waren, schaffte sie es nicht, die Beziehung zu verlassen, und wurde immer mutloser. »Was soll ich denn machen; ich kann doch in meinem Alter nicht völlig von vorn anfangen«, sagte sie immer häufiger zu Kolleginnen, »eigentlich ist mein Leben schon gelaufen.« Wenige Monate nach diesen Äußerungen brach der gleiche Krebs bei ihr aus, den schon ihre Mutter hatte, und innerhalb eines halben Jahres starb sie.

Es ist sträflich, die lebensgefährliche Wirkung anhaltender Unzufriedenheit gerade beim Auftreten so genannter Autoimmunerkrankungen – von Neurodermitis bis zu Krebs – zu ignorieren. Doch nicht nur für den Arzt ist es wichtig, gerade für Sie selbst kann es lebensrettend sein, wenn Sie wissen: Unzufriedenheit, aus der ich keine Veränderungen ableite, erhöht mein Krankheitsrisiko.

Unzufriedenheit macht Unfälle wahrscheinlicher

Dieses Risiko erstreckt sich auch auf Unfälle. Alles, was die Wertschätzung für Ihr eigenes Leben belastet, erhöht eine stille Bereitschaft, dieses Leben zu vernichten. Jeder Unfallforscher könnte Ihnen auf Anhieb Fälle erzählen, die sich nur auf eine Weise erklären lassen: Dem Fahrer kann sein eigenes Leben nicht viel wert gewesen sein. Das gilt nicht nur für Raser, die nicht genügend Anerkennung im Alltag erfahren und deshalb ihrer Umwelt deutlich machen: »Wir unternehmen lebensgefährliche Aktionen, damit ihr uns endlich toll findet.« Es passieren – außer geplanten Selbstmorden – im Straßenverkehr auch immer wieder Unfälle, die darauf hindeuten, dass den Fahrern ziemlich egal war, ob sie ihr Ziel erreichten. Sie fuhren achtlos, unkonzentriert und ohne jede Vorsicht. Der Wunsch, auf sich aufzupassen, fehlte offenbar vollkommen. Vielleicht war ihnen sogar lieber, nicht anzukommen.

Besonders interessant ist, dass einem Unfall häufig eine Situation oder ein Gefühl vorausgegangen ist, von dem die Beteiligten später sagen: »Ich kannte das Gefühl. Ich wusste – ich spürte – es würde etwas passieren.« Es gab also wohl ein Vorgefühl, eine schlummernde innere Bereitschaft, sich zu schädigen.

Hausarbeit, die gefährlichste aller Tätigkeiten, wird noch gefährlicher, wenn sie in einer Stimmung von Unzufriedenheit geleistet wird. Darauf weisen inzwischen selbst Versicherungsgesellschaften hin. Wer bei der Hausarbeit sauer auf die Verursacher des Chaos ist; wer weiß, dass es am Ende keine Anerkennung, sondern sowieso nur Gemecker geben wird, hat weder die Entspannung noch die Konzentration, um vorsichtig zu Werke zu gehen. Wenn dann etwas passiert, wiederholt sich vielleicht die bekannte Erfahrung: Der Unfall war die einzige Möglichkeit, die Zuneigung und Aufmerksamkeit seiner Umwelt wieder zu fühlen.

Unzufriedenheit verursacht psychische Krankheiten

Das gilt auch für psychische Krankheiten. Für viele Menschen sind psychische Erkrankungen noch immer etwas Geheimnisvolles, Unerklärliches. Sie sind irgendwie unheimlich, und deshalb haben die meisten Menschen viel größere Angst vor einer psychischen Krankheit als davor, körperlich krank zu werden. Dieser Mythos der seelischen Krankheit ist nicht zuletzt das bzw. der »Verdienst« von Ärzten und Psychotherapeuten. Selbstverständlich sind psychische Krankheiten im weitesten Sinn auch körperliche Erkrankungen, denn jeder seelische Vorgang im Menschen, jedes gesprochene Wort, jeder Gedanke spielt sich mit den Werkzeugen des Körpers ab. Es fließen elektrische Ströme, chemische Substanzen werden transportiert und vieles mehr. Anderseits kann man körperliche Krankheiten nicht von den seelischen Vorgängen trennen.

Wenn Sie körperliche Krankheiten zurückverfolgen, stehen an ihrem Anfang häufig Entscheidungen, die den Menschen irgendwie in die Nähe der Krankheit geführt haben.

Wie meine ich das?

Nehmen wir an, Sie ärgern sich am Arbeitsplatz so, dass Sie ein Magengeschwür bekommen. Ob Sie es nun wollen, oder nicht, Fakt ist: Den Arbeitsplatz haben Sie sich gewählt, und Sie entscheiden sich aktiv dafür, dort zu bleiben. Verstehen Sie mich nicht falsch: Ich nehme an, dass Ihre Entscheidung völlig richtig ist. Vielleicht könnten Sie sonst Ihre Familie nicht ernähren, für die Sie sich irgendwann entschieden haben. Wenn

Sie einen Moment anhalten und sehen, wo Sie stehen, werden Sie jedoch sagen müssen: Ich stehe hier, weil ich mich an den verschiedensten Gabelungen meines Lebens so und nicht anders entschieden habe. So ist es mit den meisten körperlichen Krankheiten:

Vielleicht haben Sie eine Erkältung, weil Sie sich an einem kühlen Sommerabend gegen einen Pullover entschieden haben. Vielleicht ist Ihr Krebsrisiko erhöht, weil Sie sich täglich wieder für das Rauchen entscheiden. Vielleicht haben Sie sich auch das Bein gebrochen, nachdem Sie sich zu einer Fahrradtour entschlossen haben. Es kann auch sein, dass Sie unter hohem Blutdruck und Diabetes leiden, weil Sie sich immer wieder für den wohlschmeckenden Gänsebraten und gegen das Müsli entscheiden. Körperliche Krankheiten sind also fast immer direkt oder indirekt mit Entscheidungen verbunden, die Sie treffen. Mit dieser Aussage ist keine Wertung verbunden. Ich nehme an, dass viele Entscheidungen, die vor körperlichen Krankheiten oder Unfällen stehen, völlig richtig sind. Doch es wird schnell deutlich, dass jede Krankheit etwas mit Ihrem Bewusstsein, Ihren Wünschen und Entscheidungen zu tun hat.

Auch wie eine Krankheit verläuft, ist von Entscheidungen und Zielen abhängig. Sie entscheiden, wann Sie zum Arzt gehen. Sie entscheiden auch, ob Sie dem Arzt glauben, was er Ihnen erzählt, und Sie bestimmen, ob Sie Medikamente und Gymnastik in Anspruch nehmen.

Doch eines ist klar: Entscheidungen ordnen wir nicht unter die körperlichen, sondern unter die seelischen Vorgänge. Es gibt deshalb kaum rein körperliche Ursachen für körperliche Krankheiten. Es ist also unsinnig, eine Grenze zwischen körperlichen und seelischen Krankheiten ziehen zu wollen.

Ziehen wir den psychischen Krankheiten deshalb ihr nebulöses Mäntelchen aus. Was dann bleibt, ist häufig viel einfacher zu erklären als körperliche Krankheiten:

Der Beginn einer psychischen Erkrankung ist sehr häufig eine Unzufriedenheit. Diese Unzufriedenheit trat vielleicht schon früh im Leben auf, und ihre Ursache kann alles gewesen sein, was Menschen unzufrieden und unglücklich macht. Zu dieser Unzufriedenheit trat eine weitere wichtige Zutat, nämlich die Unmöglichkeit, das Übel abzustellen. Nun stellen Sie sich vor, dass Ihr Organismus – wie immer, wenn Sie unzufrieden werden – Energie bereitstellt, damit Sie die Situation ändern können. Doch egal, was Sie tun, die Situation ändert sich nicht. Die Folge ist klar: Sie tragen eine unauflösbare Spannung mit sich herum; es existiert kein Lebensgefühl, das Ihnen Entspannung und damit Gesundheit schenken kann.

Was das für Ihr alltägliches Leben bedeutet, lässt sich leicht ausmalen:

1. Sie reagieren auf Reize nervöser, ängstlicher oder gereizter, als Sie ohne das innere Spannungspotenzial reagieren würden.

2. Es kann Phasen geben, in denen Sie wie ein Hamster im Laufrad rotieren, weil nach wie vor der Impuls in Ihnen wohnt, irgendetwas zu verändern. Diese Phasen können unterbrochen werden von Resignation und Passivität aufgrund Ihrer Erschöpfung und Ihres fehlenden Erfolges.

3. Sie tragen in sich eine Tendenz, die gleichen Gefühle der Unzufriedenheit und ihre Folgehandlungen Ihr ganzes Leben lang zu wieder-holen.

Ich möchte versuchen, etwas näher zu erklären, was ich mit diesen Schlagworten meine:

Ich glaube, Unzufriedenheit ist immer gekoppelt an die Bereitstellung seelischer und körperlicher Energie, damit ich aktiv werden und etwas verändern kann. Wenn ich diese Energie nutze, um meine Lebensumstände zu ändern, versiegen die Spannungsquellen, und ich erhalte meine Gesundheit.

Das geht jedoch nicht, wenn ich von klein auf Unzufriedenheit gewohnt bin. Wenn ich einen langen Zeitraum erlebt habe, in dem ich an meinen unglücklichen Lebensverhältnissen nichts ändern konnte, wird die Unzufriedenheit ein Teil meines Lebens, der sich, wie schon weiter oben geschildert, immer wiederholt.

Neurotische und psychotische Symptome, Süchte und psychosomatische Krankheiten haben deshalb oft den gleichen Nährboden: das Gefühl der Unzufriedenheit. Was dann aus dieser Unzufriedenheit wird, hängt davon ab, ob ich sie ändern kann. Finde ich Wege, sie zu vermindern oder abzustellen, dann ist die Entstehung psychischer Erkrankungen in meinem weiteren Leben nicht sehr wahrscheinlich.

Fühle ich mich jedoch ohnmächtig und allein, so werde ich das Gefühl der Unzufriedenheit nicht abbauen können. So können sich Gewohnheiten bilden, die dazu führen, dass ein Mensch

- in einer Prüfungssituation immer wieder versagt und damit Unzufriedenheit erzeugt, oder
- den Kontakt mit dem anderen Geschlecht immer dann abbricht, wenn das Gefühl »droht«, geliebt und glücklich zu werden.

Die zur Veränderung bereitgestellte seelische und körperliche Energie bleibt in ihm, und sie wird die gewohnten Gefühle immer wieder bestätigen. Doch sie wirkt sich damit auch körperlich aus. Sie kann genauso seine Organe schädigen, wie sie auch seinen Gesichtsausdruck, seine Haltung und sein Verhalten prägen wird. Ich glaube, die ganze Palette so genannter neurotischer Erkrankungen hat etwas mit Unzufriedenheit zu tun, die immer wieder hergestellt wird, damit jeder Mensch »er selbst« bleibt.

Diese Betrachtungsweise führt dazu, dass wir an seelischen Krankheiten viel leichter etwas ändern können als an vielen körperlichen Leiden. Wir können dazu unseren Willen, unsere Intelligenz und unseren Mut nutzen; wir haben es also selbst in der Hand und sind nicht Chemikalien oder ärztlichen Handgriffen ausgeliefert, die wir nicht verstehen.

Das erste Mittel, das bei seelischen Erkrankungen hilft, ist deshalb immer: Ich muss lernen, Situationen zu verändern, die mich unzufrieden machen. Ich muss den Mut entwickeln, zuerst zu fühlen und dann zu sagen, was mir nicht entspricht, und dann selbst den Weg gehen bis zu dem Punkt, an dem ich nach meiner Vorstellung zufrieden leben kann. Das ist zwar viel leichter gesagt als getan, aber es ist überhaupt nicht geheimnisvoll oder besonders gefährlich. An jedem Punkt meines Lebens, an dem ich mich zurücklehnen kann und sagen: »Das hast du dir gewünscht, und du hast es jetzt erreicht«, fühle ich Entspannung. Sie ist die Quelle seelischer und körperlicher Gesundheit. Je mehr solche Situationen ich mir erarbeite, umso weiter entfernt bin ich von seelischer Krankheit. Diese Situationen brauchen erst einmal nichts Großartiges zu sein. Es kann schon zufrieden machen, wenn ich genau das esse, was ich mir gewünscht habe, oder in meiner Wohnung genau die Dinge finde, die ich dort stehen haben will.

Glückskiller 4: Wir haben eine Angst besiegt – doch wir holen uns sofort eine neue

Angst macht sicher

In vielen Situationen des Lebens empfinden wir nicht nur Unzufriedenheit, sondern auch Angst. Gerade wenn es um psychische Krankheiten geht, spielt sie eine große Rolle.

Doch ich habe eine Einstellung zu Angst, die Sie vielleicht überraschen wird. Ich bin überzeugt: Angst macht sicher. Sie ist der Unzufriedenheit ganz ähnlich. Beide Gefühle sind nichts anderes als Lieferanten für die Energie, die wir brauchen, um etwas zu verändern, das uns nicht gefällt oder sogar gefährdet.

Wir sollten also diese zu Unrecht missverstandenen Gefühle willkommen heißen, wenn sie erscheinen, um uns zu helfen. Wir sollten sie ohne Zögern nutzen, umso kraftvoll wie möglich unser Leben zu gestalten und zu sichern. Unzufriedenheit und Angst sind die wichtigsten Garantien für Glück und Sicherheit. Ohne sie wäre nicht nur unsere Chance auf Glück, sondern auch immer wieder das gesamte Leben in Gefahr.

Glückskiller 5: Wir wollen das Glück in der Liebe – doch wir inszenieren das bekannte Unglück

Als ich 16 war, begann ich, auf Partys zu gehen. Häufig begleitete mich mein Klassenkamerad Henry. Er sah gut aus und war ein witziger Unterhalter. Die Mädchen verdrehten die Augen nach ihm. Doch immer wieder ging er allein nach Hause. Eines Tages saß er wieder mit ein paar Jungs in einer Ecke, und ich konnte ihn von gegenüber beobachten. Nicht weit von ihm stand ein hübsches Mädchen, das die ganze Zeit zu ihm hinüberspähte. Schließlich trafen sich ihre Augen, und sie lächelte. Dann stand sie auf und ging hinaus. Nach einigen Minuten kam sie wieder herein. Das Spiel wiederholte sich noch mehrmals, bis es mir schließlich zu bunt wurde. Ich ging zu ihm hinüber und lotste ihn außer Hörweite der anderen. »Sag mal, merkst du nicht, dass die sich für dich interessiert?«, fragt ich ihn »Wer?«, antwortete er verblüfft.

»Bist du blind?«, ich konnte es nicht glauben. »Du hast doch selbst zurückgelächelt.« Doch er wusste wirklich nicht, wovon ich sprach. Sie war inzwischen wieder hinausgegangen. »Sie wartet auf dich, du Langweiler«, trieb ich ihn an. »Sieh zu, dass du raus kommst!« Nach einer halben Stunde kamen beide zurück. Sie sahen leicht aufgelöst aus. Offenbar hatte er es doch noch begriffen.

Ich verstand damals nicht, was mit ihm los war. Dabei hätte ich es wissen können. Er hatte keine Erinnerung mehr an seine Mutter, die seinen Vater verlassen hatte, als er zwei Jahre alt war. Er war allein bei seinem Vater aufgewachsen, und wohl einfach nicht gewohnt, instinktiv die Zuneigung einer Frau zu erkennen. So etwas gehörte nicht zu seinem Erfahrungsschatz, und offenbar besaß er keine Automatik, die darauf ansprang.

Als ich ihn kürzlich wieder traf, erzählte er mir, dass seine heutige Frau ein Jahr lang heimlich in ihn verliebt war. Sie musste erst sehr deutlich werden, bevor er etwas davon bemerkte.

Was unsere Eltern nicht kannten, bemerken wir nicht

Wenn es um Partnerschaft geht, sollten wir uns von vornherein eingestehen: Die Menge erfolgsträchtiger Gewohnheiten, über die wir verfügen, wenn die Liebe kommt, ist denkbar gering. Meist ist es nur eine einzige Partnerschaft, die wir wirklich von innen kennen, nämlich die Partnerschaft unserer Eltern. Die Chance, dass wir aus dieser einen Beziehung alle nötigen Bausteine zum Glück mitnehmen, ist sehr klein.

Machen wir uns deshalb klar:

1. Die Fülle der Möglichkeiten, die wir aus mangelnder Erfahrung nicht sehen können, ist sehr groß.
2. Wenn wir dann eine Beziehung eingehen, können wir fast sicher sein: Was unser Partner gelernt hat, kennen wir nicht aus unserem eigenen Leben.

Deshalb trifft es in vielen Beziehungen den Kern, wenn die Partner mit der felsenfesten Überzeugung herumlaufen, der andere sei »von einem anderen Stern« und könne sie nicht verstehen. Ihre Gewohnheiten, ihre Gefühle, ihre Sprache stammen aus verschiedenen Erlebniswelten. Doch leider ist diese einfache

Wahrheit häufig nicht klar. Ich erwarte, dass der andere genauso fühlt und denkt wie ich selbst, und wenn er oder sie das nicht tut, reagiere ich enttäuscht. Diese Erwartung ist jedoch genauso unsinnig, wie wenn ich auf den Menschen warten würde, der genauso aussieht wie ich selbst. Erst wenn mir klar ist, dass zwei Menschen nicht die gleichen Gewohnheiten und Gefühle in sich tragen können, kann ich die Wirklichkeit anerkennen. Ich weiß dann, dass eine Beziehung nur unter einer Voraussetzung gelingen kann: Es muss das ehrliche Bemühen da sein, das, was der eine fühlt und denkt, in die Gefühlswelt und Sprache des anderen zu übersetzen. Das ist ungefähr so schwierig, wie wenn mir ein Chinese den Geschmack von Schlangen so erklären soll, dass ich ihn auf der Zunge fühlen kann, oder wenn ich einem Texaner erklären soll, wie sich »Gemütlichkeit« anfühlt.

Je mehr ich verstanden habe, dass wir aus zwei Welten stammen, desto klarer muss mir sein, dass ich in Bezug auf meinen Partner, seine Gefühle und Gewohnheiten, niemals »recht haben« kann. Es wäre absurd, ihm jemals zu sagen, dass er »falsch« fühlt oder reagiert. Wenn ich mich dazu versteige, beweise ich nur mir selbst, dass ich über meine Privat-Welt nicht mehr hinausgucken kann.

Genau dies passiert jedoch in den meisten Beziehungen. Es hat damit zu tun, dass Sie und ich nicht erlebt haben, dass unsere Eltern oder andere Menschen sich um unsere Welt bemüht und zu übersetzen versucht haben.

In Wirklichkeit versteht mich keiner

Die meisten von uns können sich daher gar nicht vorstellen, dass dieses Übersetzen nötig ist und glauben auch nicht, dass es funktionieren kann. Sie wachsen auf mit dem felsenfesten Gefühl: »In Wirklichkeit versteht mich keiner!«

Häufig ist diese Überzeugung so tief, dass der Partner später keine Chance hat, das Gegenteil zu beweisen. Der Grund: Das Gefühl »keiner versteht mich« ist eine Gewohnheit, die sich immer wieder ihre Berechtigung beweisen will. Wer nie die Erfahrung gemacht hat, dass ihn ein anderer Mensch wirklich verstanden und akzeptiert hat, kann das ungewohnte Gefühl »mein Gegenüber versteht mich gut« nicht erkennen. Er wird nicht bemerken, dass der andere ihn tatsächlich versteht.

Stattdessen wird er Beweise dafür suchen, dass sein altes Gefühl stimmt, und dem Partner nachweisen: »Du kannst mich gar nicht verstehen!« Da er selbst darüber entscheidet, wann er sich verstanden fühlt, sitzt der Partner in der Falle. Es gibt erst dann eine Lösung für beide, wenn sie akzeptieren: »Wir sind verschiedene Welten. Wir können uns nur verstehen, wenn wir uns beide darum bemühen.«

Ich will alles, bloß keine neuen Gefühle

So wie das Gefühl, nicht verstanden zu werden, tragen wir viele Gefühle aus unserer Vergangenheit in die Zukunft. Es gibt in jeder Beziehung positive Eigenschaften des Partners oder der Partnerin, die wir nicht sehen können, weil wir sie »von Haus aus« nicht gewohnt sind. Doch statt nach diesen unerwarteten Geschenken zu suchen, halten wir automatisch unsere Gefühlswelt konstant. Es kann sogar so weit kommen, dass wir die Mängel, die uns bei Mutter oder Vater begegneten, auch einem verblüfften Partner vorwerfen, der sie überhaupt nicht hat.

Wenn wir einen Menschen neu kennen lernen, sollten wir uns deshalb erst einmal eingestehen, dass wir keine Ahnung von ihm haben. Je länger wir es schaffen, ihn wie ein Weltwunder zu bestaunen, desto höher ist die Chance, ihm wirklich gerecht zu werden. Dieses Staunen erfordert jedoch Energie, und deshalb werden wir irgendwann damit aufhören. Wir rutschen wieder in unsere alten Sehgewohnheiten und werden unsere Vergangenheit wieder zu unserer Zukunft machen, wenn wir uns nicht immer wieder neu aufrappeln. Als ob wir damit noch nicht genug Beziehungsgift in uns trügen, kommt noch ein zweiter Mangel hinzu:

Ich verhindere mein Glück und merke es nicht

Meine Tante war eine ungewöhnliche Frau. Sie verstand wie kaum ein anderer Mensch, jedem das Gefühl zu geben, dass er wichtig und wertvoll sei. Ich habe von ihr niemals eine abwertende Bemerkung gegenüber einem anderen Menschen oder dem anderen Geschlecht gehört. Als mir dies das erste Mal auffiel, war ich vielleicht 11 Jahre alt. Ich glaube, es fiel mir deshalb so auf, weil ich so viel Positives einfach nicht gewohnt war. Ob in der Schule, in meiner Clique, oder bei den Älteren, mit denen wir zusammen waren: Immer war es an der Tagesordnung, über alle anderen abwertende Witze oder Sprüche zu machen; am liebsten natürlich über das andere Geschlecht.

Die Suche nach Fehlern der anderen, in denen man herumstochern konnte, war ein allseits beliebter Wettstreit. Sie war so selbstverständlich, dass niemand von uns darüber nachdachte.

Heute glaube ich:

Die meisten Menschen nehmen ähnliche Gewohnheiten mit in ihre Partnerschaft. Vielleicht sind Sie daran gewöhnt, dass Ihre Mutter am Vater oder an Männern allgemein kein gutes Haar ließ. »Typisch Mann« ist vielleicht noch die harmloseste Verallgemeinerung. Vielleicht haben Sie auch übernommen, was der Vater über Frauen und Technik oder Frauen am Steuer zum Besten gab. Besonders die alltägliche Kommunikation zwischen Frauen und Männern ist geprägt von gegenseitigen Verallgemeinerungen und Abwertungen, die niemandem gerecht werden.

Doch sie sind nur die Spitze des Eisbergs. Jeder von uns nimmt einen Vorrat an Gewohnheiten mit in seine Partnerschaft, der sehr viel tiefer geht. Sie reichen von sehr subtilen Berührungen, die wir als Kinder mitbekommen haben, bis zu dem Tonfall, in dem wir dem anderen auf eine Frage antworten. Für uns sind unsere Gewohnheiten selbstverständlich. Doch wir müssen immer damit rechnen, dass unsere Selbstverständlichkeiten einem anderen Menschen völlig unverständlich sind. Dieses Wissen ist eine Lebensversicherung für jede Partnerschaft: Es kann immer passieren, dass Sie etwas tun, das für Sie harmlos und selbstverständlich ist, während Ihr Partner sich dadurch angegriffen fühlt. Wir haben die Entwicklung des anderen nicht mitgemacht und können nicht in ihn hineinsehen.

Wir können deshalb nicht immer vorhersehen, ob eine unserer Gewohnheiten Schaden anrichtet oder nicht. Doch wenn wir wissen, dass niemand ohne seine Gewohnheiten aufwachsen kann, können wir unserem Partner nicht vorwerfen: »Du hast andere Gewohnheiten als ich!«

Wir begreifen dann, dass Missverständnisse unvermeidlich sind, und können nach und nach daran gehen, sie abzuändern.

Das Beste ist: das Unglück, das ich kenne

Es gibt eine offizielle und eine wirkliche Grundlage jeder Partnerschaft. Die offizielle Version heißt: Ich werde für dich da sein, alles für dich tun und mich nach deinen Bedürfnissen richten. Doch in Wirklichkeit geht kaum jemand eine Partnerschaft ein, weil er sich für den anderen verändern will.

Die versteckte Aussage in allen Liebesschwüren heißt deshalb: Ich möchte in Zukunft eine Beziehung und vielleicht eine

Familie haben. Darin werde ich automatisch versuchen, die Gefühlswelt meiner Vergangenheit wieder aufzubauen.

Natürlich träumt jeder davon, das große, bisher nicht gekannte Glück zu finden. Doch wir werden nicht von unseren Wünschen gesteuert, sondern von unseren Gewohnheiten. Ich bin, wie ich bin, und zu mir gehört mein gewohntes Verhalten und meine gewohnte Gefühlswelt. Ich kann mich nicht nach Wunsch verändern, denn ich müsste jede Gewohnheit auseinander nehmen und neu lernen. Das ist nicht möglich. Viel besser ist ein Partner, bei dem ich bleiben kann, wie ich bin. Wenn ich also mit einem anderen Menschen zusammenlebe, muss ich von folgender Basis ausgehen:

1. Der andere hat andere Gewohnheiten als ich. Er wird – manchmal sogar gegen seinen eigenen Willen – versuchen, unser Zusammenleben so zu formen, dass er seine alten Gefühle wieder findet.
2. Ich selbst werde das Gleiche tun, und: Ich werde auch die negativen Gefühle, die ich an mir kenne, wieder hervorrufen.

Nehmen wir zum Beispiel Ingrid M. Sie wuchs in den sechziger Jahren in einer deutschen Kleinstadt auf. Ihr Vater war Maurer, und ihre Mutter kassierte in einem Supermarkt. Ingrid hatte keine Geschwister, und häufig war sie allein zu Hause. Sie war ein intelligentes, empfindsames Kind und litt sehr darunter, dass ihre Eltern keine Zeit für sie hatten. Doch sie mussten arbeiten, das war nicht zu ändern, und so wurde das Gefühl, allein zu sein, ihr ständiger Begleiter. Trotzdem schaffte sie die Schule, begann ein Studium und lernte dort ihren späteren Mann kennen. Nachdem sie zusammengezogen waren, begann es jedoch zu kriseln. Günther, ihr Ehemann, war inzwischen Lehrer geworden, ebenso wie sie selbst. Sie konnten fast jeden Nachmittag zusammen sein. Sobald Günther jedoch allein aus dem Haus ging, fühlte sie sich schlecht. Bald warf sie ihm regelmäßig vor, sie zu Hause allein zu lassen. Das führte dazu, dass er tatsächlich immer länger von zu Hause fortblieb. Schließlich trennten sie sich.

Was wäre geworden, wenn die beiden schon am Anfang über ihre Gewohnheiten gesprochen hätten? Was wäre vermieden worden, wenn Ingrid hätte sagen können: »Hör mal, ich habe immer mit dem Gefühl der Einsamkeit gelebt. Wir müssen damit rechnen, dass dieses Gefühl auch in unserem Zusammenleben wieder auftauchen will, selbst wenn es jetzt gar keinen Anlass hat.«

Ich denke, beide hätten dann eine echte Chance gehabt, beim Auftauchen des Gefühls zu sagen: »Wir wissen, woher es kommt. Es stammt nicht aus unserer gemeinsamen Zeit. Doch wir können gemeinsam versuchen, etwas dagegen zu tun.« Wann immer es zu Konflikten mit dem Partner kommt, sollten wir uns zuerst sagen: »Selbst wenn wir uns die größte Mühe geben, alle störenden Eigenschaften abzustellen: Unsere Gewohnheiten arbeiten daran, jedem die alte Welt zu erschaffen, in der er sich auskennt. Keiner kann die Gefühle, die in ihm gespeichert sind, mit dem Willen ausschalten. Unser Bewusstsein kann nicht verhindern, dass sie sich wiederholen. Wir können deshalb nicht erwarten, dass sich der andere verändert. Wir können uns aber besser verstehen lernen.«

Es ist für beide Partner eine große Erleichterung, wenn sie verstehen, dass jeder Mensch alte Gefühle wiederholt. Jetzt ist es viel leichter, gelassen zu bleiben, wenn der oder die Liebste plötzlich die besten Absichten missdeutet und zur beleidigten Leberwurst wird. Wenn sie akzeptieren, dass die Gewohnheiten ihr altbekanntes Maß an Schmerz anstreben, können sie auch gemeinsam begreifen, weshalb nach einer langen, friedvollen Zeit der nächste Streit ungewohnt dramatisch verläuft.

Doch das Beste: Sie können vorher darüber reden, welche Mängel, Ängste und negative Gefühle sie gewohnt sind. Es ist ein großer Unterschied, ob Sie z. B. Ihre friedliche Partnerin so lange reizen, bis sie schreit und dann sagen: »Du bist genau wie meine Mutter«, oder ob Sie sagen: »Meine Mutter hat mich immer angeschrien. Rechne damit, dass ich dich auch dazu provoziere.«

So können Sie schon vorher dafür sorgen, dass Ihre Gegenwart nicht von vergangenen Gefühlen verdorben wird, denn: Dass Sie automatische Wiederholungen erleben werden, ist sicher. Vergessen Sie nicht:

Überleben heißt: Bekanntes finden

Vielleicht suchen wir die reine Liebe, hohe moralische Ziele oder das Paradies auf Erden. Den Alltag bewältigen wir aber nur, wenn in unserem Zusammenleben genügend Bekanntes auftaucht, das wir automatisch beherrschen.

Diese beherrschende Stellung des Bekannten in unserem Leben dient unserer Sicherheit:

Als Kleinkind durchleben wir heftige Verwirrungen und Furchtsituationen. Wir treffen unablässig auf Dinge, die wir noch nie gesehen haben, auf Geräusche, die wir noch nie gehört haben, und auf Oberflächen, die wir noch nie gefühlt haben.

Ein Baby ist ständig in echter Lebensgefahr, und es fühlt diese Gefahr sehr intensiv. Doch es entgeht dem sicheren Tod, weil es sich an einer bekannten Person festklammert, sie wieder erkennt und anlächelt, um versorgt und geliebt zu werden. Wenn das Unbekannte überwiegt, fangen Kleinkinder sofort an zu schreien und nach etwas zu suchen, das sie schützen kann. Erst wenn sie etwas Bekanntes fühlen, die Berührung der Eltern, ihre Stimme und ihre Nähe, können sie sich aus der Furcht lösen und das Neue erforschen.

Die Welt ist für uns ein Wirbelsturm ungeordneter Eindrücke, in dem wir erst Ordnung haben, wenn jede einzelne Wahrnehmung mit dem Stempel »bekannt« versehen ist. So können wir irgendwann etwas als »Stuhl«, als »Tisch«, als »Hund«, als »Katze« oder als »Auto« erkennen und wissen, was wir damit zu tun haben.

Was uns bekannt ist, liegt uns damit automatisch näher als das Unbekannte, selbst wenn es nicht das Beste für uns ist.

Das gilt auch für unsere Gefühle. Unsere Lebenspraxis strebt nicht nach den besten Gefühlen. Sie sucht immer wieder die bekannten Gefühle. Dazu gehören auch die gewohnten Unzufriedenheiten und das gewohnte Maß an Trauer oder Stress. Neben aller Liebe, neben allen neuen Gefühlen, werden sich auch diese Gewohnheiten wieder einstellen. Wir brauchen unsere alten Ängste und Sorgen, denn Ängste und innere Alarmsirenen sichern unser Leben. Für das Zusammenleben mit anderen Menschen bedeutet das:

Sei nicht zu gut zu mir!

Kaum ein Mensch verträgt auf die Dauer, von einem neuen Partner vollkommen anders behandelt zu werden als von allen Menschen zuvor. Diese Behandlung widerspricht dem Gefühl, mit dem der Angesprochene zu leben gewohnt ist. Um sich wieder zu finden, wird er den anderen provozieren, bis er so behandelt wird, wie er es kennt:

Als ich vor etwa zwei Jahren meinen Freund Rolf das letzte Mal sah, war er gerade ziemlich niedergeschlagen. Er hatte eine Trennung zu verkraften, die er nicht verstehen konnte. Wieso war die Beziehung gescheitert, obwohl er seiner Liebsten immer den Himmel auf Erden bereitet hatte? Er hatte sich extra vorgenommen, ihr zu beweisen, dass nicht alle Männer so abwertend und verletzend seien wie ihr Vater, mit dem er zusammenarbeitete. Er hatte das Frühstück ans Bett gebracht, ihr jeden Wunsch von den Augen abgelesen, und alles getan, um sie glücklich zu sehen.

Er hatte so manchen Konflikt mit »du hast Recht, Liebling« beendet und geduldig vor der Umkleidekabine gesessen, wenn sie die Kleider aussuchte, die er scheußlich fand. Doch sie konnte seine Liebe nicht annehmen. Sie wurde immer unzufriedener und stritt immer häufiger mit ihm. Eines Tages beleidigte sie ihn so, dass er schließlich ging.

Vielleicht wären sie noch zusammen, wenn sie vorher gelernt hätten, mit ihren Gewohnheiten zu rechnen. Dann hätte sie ihm sagen können: »Ich bin es gewohnt, dass ich immer wieder abgewertet und verletzt werde. Du musst damit rechnen, dass ich das wieder provoziere. Wenn ich zu lange nur gelobt und verwöhnt werde, werde ich unruhig und misstrauisch. Gib mir Zeit, mich umzugewöhnen!«

Rolf sah mich ziemlich erstaunt an, als ich ihm erzählte, dass er sie vielleicht missverstanden hatte. »Ich weiß gar nicht, ob sie dich loswerden wollte«, sagte ich ihm. »Es wäre den Versuch wert gewesen, dich zu wehren, anstatt wegzugehen. Dann hättet ihr vielleicht eine gemeinsame Ebene gefunden, und ihr hättet nach und nach eure Gewohnheiten aneinander anpassen können.«

Es ist selbstverständlich, dass wir die Verletzungen und Schmerzen, die wir in unserer Gefühlswelt eingelagert haben, auch in die Partnerschaft einbringen. Das Ziel unserer Gewohnheiten ist dann, den Partner dazu zu bringen, uns die alten Schmerzen und Verletzungen wieder zuzufügen. Wann immer das gelingt, können wir wieder in unserer bekannten Welt leben, in der wir uns immer noch am mühelosesten zurechtfinden.

Diese Regel prägt auch die Gesetze gemeinsamer Harmonie:

Erinnern Sie sich an Momente in Ihrer Partnerschaft, in der Sie nach einer langen Phase der Harmonie sich selbst oder den Partner übermütig, scherzhaft provozierend oder stichelnd erlebt haben?

Es gibt die Gefahr ungewohnter Harmonie

Sie beruht auf der Besonderheit, dass die Skala des Gutgehens nicht nach oben offen ist. Es gibt ein »zu gut«, eine Wendemarke, ab der man dafür sorgt, dass es bald wieder schlechter geht. Sie nähert sich, sobald das innere Spannungsniveau stärker als gewohnt absinkt.

Etwas Unvermeidliches, das zwei Menschen in eine Beziehung einbringen, sind ihre seelischen Spannungspegel. Jeder, der sein eigenes Leben betrachtet, weiß, dass zu seiner Gefühlswelt eine bestimmte seelische Anspannung gehört. Diese innere Spannung entscheidet zum Beispiel darüber, wie ehrgeizig oder aktiv er ist, und wie viel Ruhe und Harmonie er aushalten kann. In einer Beziehung treffen nun zwei Spannungsquellen aufeinander, und es ergibt sich ein charakteristisches Maß an Stress, auf das sich das gemeinsame Leben einpendelt.

Wir träumen zwar davon, dass in einer Partnerschaft möglichst viel Harmonie und wenig Stress herrsche. Unsere Gewohnheiten führen jedoch dazu, dass »zu viel« Harmonie Gegenreaktionen hervorruft. Dieser Blickwinkel lässt auch ein altbekanntes Bild, das den Stressausgleich in einer Beziehung gut charakterisiert, in einem völlig neuen Licht erscheinen:

Vielleicht kennen Sie es: das Modell des Schiffes, in dem die Partner sitzen. Fängt der eine Partner an zu schaukeln und droht damit, das Schiff umzukippen, so stabilisiert der andere und bewegt sich ausgleichend, um ein Kentern zu verhindern.

So, wie wir dieses Bild bisher verstanden haben, beschreibt es folgenden Vorgang: Wenn ein Partner die Beziehung gefährdet, verstärken sich die Aktivitäten des anderen, um sie zu retten. Dabei können die Rollen von Mal zu Mal wechseln.

»Zwei in einem Boot«, dieses Bild eignet sich jedoch sehr gut, um auch das Gegenteil zu verdeutlichen. Stellen Sie sich das Ganze einmal umgekehrt vor: Wenn das Boot wieder stabilisiert ist und ruhig liegt, dann ist damit gleichzeitig die Voraussetzung dafür geschaffen, dass irgendwann einer der Partner zu schaukeln beginnt. Dies wird passieren, sobald die Ruhe ungewöhnlich lange dauert oder harmonischer ist als sonst. Das heißt: Wenn die Harmonie ungewöhnlich groß wird, wächst die Versuchung, den gewohnten Spannungspegel wiederherzustellen.

Diese Beobachtung macht man immer wieder in Paartherapien: Wenn durch die Beratungen der Streit zwischen den Partnern seltener geworden ist, kann er dann, wenn er auftritt, an Heftigkeit zunehmen. Es ist der Versuch, ein gewohntes Maß an Spannung erst einmal beizubehalten.

So ungewohnt es klingt, es ist einfach logisch: Wenn in einer Partnerschaft der Stressgehalt zu sinken beginnt, muss man damit rechnen, dass einer der Partner Stress erzeugen wird. Das Ziel ist, die gewohnte Spannung, das bekannte, sichere Gefühl für sich selbst und den anderen wiederherzustellen. Wie viele Situationen, die uns bisher den Kopf schütteln ließen, erscheinen logisch und folgerichtig, wenn wir von der Grundlage ausgehen: In einer Partnerschaft werden nicht nur Glück bringende Ziele und Träume angestrebt, sondern eben auch die alten Stressgewohnheiten, die zwei Menschen mit einbringen. Welche Tragödien lassen sich vermeiden, wenn von vornherein beide wissen:

1. Wir sind beide unseren Gewohnheiten ausgeliefert und werden versuchen, unsere gewohnten Gefühle – eben auch Ängste und Aggressionen – in der Partnerschaft wieder zu produzieren.

2. Damit wir in unserer bekannten Gefühlswelt leben können, müssen wir »Aufhänger« für sie schaffen; Anlässe, die alte Gefühle wieder auslösen können.

Finde ich nichts im Verhalten des anderen, werde ich den Auslöser, den mein Misstrauen oder meine Trauer braucht, einfach in sein Verhalten hineininterpretieren.

Ich muss also damit rechnen, dass ich Worte oder Aktionen des Partners umdeute, damit ich meine gewohnten Stimmungen auslösen kann: Die Enttäuschung, das Gefühl, nicht verstanden zu werden, oder den Schmerz der Einsamkeit. Diese Versuche führen den unvorbereiteten Partner in eine ausweglose Situation: Sie oder er bekommt schlechte Absichten unterstellt für etwas, das gut gemeint war. Eine größere Katastrophe lässt sich in der Partnerschaft kaum vorstellen, denn: Wer es gut meint und von dem Partner schlechte Absichten unterstellt bekommt, wird irgendwann seine Offenheit verlieren und misstrauisch werden. Misstrauen ist der Tod der Liebe. Doch durch die Macht der Gewohnheiten sind solche Situationen vorprogrammiert. Nur wenn ich weiß, dass meine Stressgewohnheiten immer wieder aufleben werden, und wenn wir beide wissen, mit welchen Gewohnheiten wir bei dem anderen zu rechnen haben, können wir uns vor diesen Katastrophen schützen. Dann ist möglich, dass ich mich in einem Moment, in dem ich das liebevolle Verhalten meines Partners umdeute, wieder fange und sage: »Ich kenne mein altes Gefühl. Es kann sein, dass ich dich eben als Auslöser missbraucht habe.«

Diese Inszenierungen führen in jeder menschlichen Gemeinschaft zur ständigen Produktion von Missverständnissen. Beide Partner sind überzeugt, dass sie im Recht sind. Doch diese Überzeugung liegt daran, dass jeder seinen Sehgewohnheiten folgt und das, was er bemerkt, in eine ihm bekannte Schublade packt. Dabei kommt heraus, dass die Kommunikationspartner voneinander denken: »Egal, was ich tue, der andere wird es immer so verdrehen, dass er seine Ängste, sein Misstrauen, seine Aggressivität oder sein Einsamkeitsgefühl behalten kann.«

Erst das Wissen um den Hintergrund dieser Wahrnehmungsverdrehungen eröffnet einen Weg, die häufig unlösbar erscheinenden Probleme endlich zu lösen.

Wir wissen, dass Menschen ihre Partner häufig so aussuchen, dass sie möglichst viel »Bekanntes« aus prägenden Beziehungen aufweisen. Trotzdem kann es sein, dass ein neuer Partner die gewohnten Anlässe für meine typischen Verhaltensweisen einfach nicht bietet, so dass ich sie in sein Verhalten und seine Absichten hineindeuten muss. Wenn beide Partner auf diese Versuche nicht vorbereitet sind, haben diese vollkommen normalen, willentlich kaum zu vermeidenden »Anlass-Such-Aktionen« zerstörerische Auswirkungen auf die Partnerschaft.

Es muss deshalb darum gehen, die gewachsenen Gewohnheiten möglichst bewusst in die Partnerschaft mit einzubeziehen.

Es ist gut, vorher genau darüber Bescheid zu wissen, womit man zu rechnen hat, und sich offen darüber auszutauschen:

- Welche prägenden Reaktionsweisen hat jeder von uns zu dem Verhalten des Elternteils gebildet, der das gleiche Geschlecht wie der jetzige Partner hat?
- Welche gewohnten Gefühle und Selbstzuschreibungen wird sich jeder von uns »wieder holen« müssen?
- Welchen Schmerz wird er suchen, weil er sich irgendwann auf ihn einstellen, an ihn gewöhnen musste?
- Welche Unglücks-, Angst- oder Trauergefühle gehören zu dem Leben und dem Selbstgefühl, das sich bei jedem von uns eingeschliffen hat und deshalb immer wieder Anlässe zum Auftauchen suchen oder konstruieren muss?

Wenn Sie die Wirklichkeit suchen, denken Sie daran: Nicht Ihre Absichten, Ihre Vorhaben oder Begründungen sind wichtig. Das Ergebnis ist das, was Ihnen Hinweise auf die Zukunft gibt, denn: An der Frucht erkennt man den Baum. Das Ziel jeder Partnerschaft ist Glück. Doch es hilft vielleicht mancher Beziehung, wenn man etwas überspitzt formuliert:

Unser Ziel soll sein, immer etwas mehr Glück auszuhalten, ohne sicherheitshalber gegenzusteuern. Das Ziel soll sein,

Schmerzgewohnheiten und negative Selbstbestätigungen zu erkennen und langsam auf sie verzichten zu können, und wenn es eine lange Zeit ungewohnt glücklich zwischen uns zuging, soll das Ziel sein, auf einen zu erwartenden Rückschwung gut vorbereitet zu sein.

Die Gewöhnung an Nicht-Partnerschaften

Natürlich sollten wir die Macht der Gewohnheit nicht nur innerhalb der partnerschaftlichen Schiffsschaukel beleuchten.

Ebenso, wie es immer mit Gewohnheiten und Ähnlichkeiten zu tun haben kann, wenn wir uns zu einem Menschen hingezogen fühlen und eine Partnerschaft eingehen, können auch hinter vielen Trennungsgründen oder fehlgeschlagenen Partnersuchen einfach machtvolle gewohnte Gefühle stecken, die mit dem Scheitern der Partnerschaft wieder ihren Magnetismus beweisen. Hat jemand bereits mehrere erfolglose Partnerschaften hinter sich, stellt sich die Frage, ob das gewohnte Gefühl, das sich immer wieder einstellen soll, etwas wie: »Ich bin am Ende doch allein« heißt, oder ob das sichere Gefühl bewiesen werden muss, letztendlich von keinem geliebt zu werden. Sind solche mächtigen Gefühle im Gewohnheitssystem eines Menschen enthalten, werden sie auch versuchen, sich wieder zu bestätigen. Diese Gefühle sind ein Stück Sicherheit, denn der Beweis für ihre Berechtigung bedeutet gleichzeitig: »Mein Leben muss sich nicht ändern. Ich kann so weiter funktionieren, wie es sich bisher als lebenserhaltend erwiesen hat.«

Es ist gut, sich zu fragen: Welches Gefühl bestätige ich mir, wenn ich die Beziehung zu einem neuen Partner abbreche? Ist es ein Gefühl von Macht, von Unabhängigkeit, Entscheidungsfähigkeit? Ist es das Gefühl, letztendlich nicht verstanden zu werden? Ist es das Gefühl, eher unattraktiv zu sein, so dass sich eigentlich niemand bereit finden wird, mit mir sein Leben zu teilen?

Wer über diese Fragen spricht, erkennt bald, wie stark jede der Gewohnheiten, die ich in mir herumtrage, auf die Menschen meiner Umgebung wirkt. Von meiner Entscheidung, eine Beziehung zu beenden, bin ich nicht allein betroffen. Vielmehr muss ich verantworten, dass meine Gewohnheiten nach außen wirken und dort mit über Glück oder Unglück anderer Menschen entscheiden:

Es war, als würden wir uns schon lange kennen

Wir nehmen schon seit langer Zeit an, dass die immerwährende Suche nach Bekanntem auch Auswirkungen auf die Wahl des Partners haben kann. Während wir alles, das uns fremd und unvertraut ist, erst einmal aus der Ferne beobachten, um es einschätzen zu können, gehen wir auf alles Bekannte, vor dem wir auch früher nicht weglaufen mussten, automatisch zu. Wenn also in einer Gruppe von Menschen jemand ist, der in seinem Aussehen oder Benehmen, im Klang seiner Stimme oder in seiner Gestik etwas Bekanntes hat, werden wir mit diesem Menschen schneller Kontakt aufnehmen als mit den andern. Irgendetwas an ihm erinnert uns an eine vertraute Person. Das entspannt uns. Wir brauchen nicht erst lange zu überlegen, wie wir vielleicht einen Kontakt aufbauen könnten; wir nehmen ihn mit irgendeiner gewohnten Floskel auf.

Wer denkt schon daran, dass genau diese Fahrt in einer alten Spur dazu führen kann, dass sich auch unsere alten Konflikte und unangenehmen Gefühle leichter wieder einstellen? Wer weiß schon, dass er auf diese Art zielsicher nach den Dramen und Katastrophen greifen kann, aus denen er eigentlich unbedingt heraus wollte? Unsere Gewohnheiten haben schon entschieden, bevor wir etwas davon merken können, und so schliddern wir immer wieder in Beziehungen, gegen die wir uns mit unserer Willenskraft eigentlich wehren.

Diese Beziehungen können ein Leben lang andauern. Es kann sein, dass die Willenskraft einfach nicht genügt, um uns aus einem vertrauten Sumpf herauszuziehen. Das gilt besonders dann, wenn niemand von außen mithilft. Dann sind wir angewiesen auf unseren eigenen Mut, der gebremst wird von der unbeantworteten Frage: »Was kommt danach?« Dann fangen wir an, uns nach jedem vertraut-unangenehmen Gefühl die positiven Seiten aufzuzählen, die unser Unbehagen neutralisieren sollen. So kommt es, dass wir immer wieder Paare erleben, die miteinander todunglücklich sind, sich gegenseitig verachten oder ein ganzes Leben lang miteinander streiten. So lange das Unglück vertraut und die Frage nach dem Danach unbeantwortet ist, werden sie zusammenbleiben.

Ihnen, liebe LeserInnen, kann das jedoch nicht mehr passieren. Was Sie eben gelesen haben, können Sie nicht wieder aus sich herauslöschen. Wann immer Sie einer alten Gewohnheit folgen und Ihre gewohnten Unzufriedenheiten und Unglücksgefühle in der Partnerschaft empfinden, werden Sie sich ab jetzt fragen müssen: Habe ich einen vertrauten Stress gesucht? Habe ich einen vertrauten Partner dafür gesucht? Welchen uralten Gewohnheiten von mir kommt dieser Partner entgegen?

Diese Fragen können vieles verändern. Es kann Ihnen plötzlich klar werden, dass Sie den anderen genau wegen der Eigenschaften gesucht haben, für die Sie ihm jetzt Vorwürfe machen. Sie merken vielleicht, dass es nicht das erste Mal ist, dass Sie einem Menschen diese Dinge vorwerfen, und dass er oder sie nicht der erste Mensch ist, bei dem Sie sich über genau diese Eigenschaften ärgern. Die Antworten auf solche Fragen werden Sie vielleicht den Menschen an Ihrer Seite neu entdecken lassen.

3. KAPITEL

Die Sucht, als Gruppe, Unternehmen, Nation unzufrieden und unglücklich zu sein

In diesem Kapitel erfahren Sie

- wieso in unserer Gesellschaft viel mehr Ängste existieren, als heute nötig wären

- woher es kommt, dass Arbeit auch heute noch der Selbstbeschädigung dient

- wie sich menschenfeindliche kriegerische Rituale in die Wirtschaft verlagert haben

- wie schädlich es ist, dass wir das Schlimmste erwarten, anstatt das Beste zu erarbeiten

- wie Ihr Leben reicher wird, wenn Sie den Tag vor dem Abend loben

- womit Sie rechnen müssen, wenn Sie einem eingespielten Team oder Unternehmen abgewöhnen wollen, seinen Erfolg zu verhindern

Suchtmittel 1: Unsere Gesellschaft produziert viel mehr Ängste, als heute nötig wären

Was für Partnerschaften gilt, gilt auch für größere Gemeinschaften:

Wir sind auf ein bestimmtes Maß an Schweiß, Blut und Tränen durch unsere Gewohnheiten eingestellt, und zwar sowohl jeder Einzelne als auch jede Gemeinschaft. Ob es sich bei der Gemeinschaft um eine Familie, eine Firma oder um eine Nation handelt, macht dabei keinen Unterschied. Wir leben zusammen, unsere Gewohnheiten pegeln sich aufeinander ein, und wir unternehmen Dinge, mit denen sie sich bestätigen. Das gilt für unser privates Leben ebenso wie für unsere Kultur. Wir leben bewusst unsere Traditionen, und gleichzeitig erreichen wir, dass unser gewohntes Maß an Schmerz, Unglück und Konflikt sich erhält.

Haben Sie sich auch schon einmal gefragt, wieso beim Blick in die Zeitung die schrecklichste Meldung an vorderster Stelle steht? Ist Ihnen bei der täglichen Lawine von »Nachrichten«, mit der wir zugeschüttet werden, auch schon einmal die Frage in den Sinn gekommen: Wenn alles so schrecklich ist, warum leben all die Menschen um mich herum überhaupt noch? Haben Sie auch schon einmal darüber nachgedacht, warum unsere Kinder im Kasperltheater das ganze Stück über gelangweilt reden, aber plötzlich gespannt nach vorne gucken, wenn der Kasperl den Seppel verhaut?

Zeitung, Nachrichten und Kasperltheater haben eines gemeinsam: Sie verdienen Geld durch die Tatsache, dass nichts den Menschen so aktiviert wie die Angst vor Unglück und Tod. Schon die Höhlenmaler der Steinzeit haben Tiere, die ihnen Angst machten, täglich vor ihre Augen geholt. Im Jahre 1974 veröffentlichte der Geologe und Paläontologe Hans Georg Wunderlich sein Werk »Die Steinzeit ist noch nicht zu Ende« mit dem Untertitel: »Eine Archäologie der menschlichen Seele.« In der Einleitung dazu schreibt er zum Ansatz seiner Arbeit: »Annähernd zwei Millionen Jahre dauerte die steinzeitliche ›Kindheit‹ des Menschen, in welcher er Konfliktsituationen und außergewöhnliche Eindrücke nach Art psychologischer Archetypen gespeichert hat. Das sind rund 60 000 Generationen von Steinzeitahnen, deren geistiges und psychisches Erbe der Mensch von heute unbewusst zu tragen hat, ob ihm dies nun recht ist oder nicht. Was bedeuten angesichts einer solch langen Reihe von Steinzeitahnen die nur 5000 Jahre seit Beginn der Bronzezeit im mediterranen Kulturraum! Alle kulturellen Anstrengungen dieser 150 bis 200 nachsteinzeitlichen Generationen haben nicht vermocht, das steinzeitliche Erbe völlig zu bewältigen. Wir alle tragen noch heute an einer schweren Bürde: Die Nachsteinzeit war zu kurz, um unser kollektives Unterbewusstsein von steinzeitlichem Gedankengut zu befreien.«

Fernsehen, Radio und Zeitungen tun heute mit ihren Unglücksmeldungen nichts anderes als die Höhlenmaler der Steinzeit. Sie bedienen unsere Sucht nach Angst, die aus dem Sicherheitsbedürfnis gespeist wird. Dabei gilt allzu häufig der fatale Grundsatz: Je mehr Angst sie in die Gesellschaft pumpen können, umso höher ist ihr Gewinn. Unsere Aufmerksamkeit wird magnetisch von dem Schrecklichen, Todbringenden angezogen, denn schon in der Steinzeit haben die Menschen nach dem Prinzip der Stressimpfung funktioniert: Nur die Gefahren, die wir im Blick haben und dann als Impfspuren in uns tragen, können wir bekämpfen. So paradox es klingt, aber daraus ergibt sich zwangsläufig: Nur wenn wir Gefahren sehen und fühlen, fühlen wir uns verteidigungsfähig. Es entspricht der Realität, wenn man formuliert: Unser Sicherheitsbedürfnis führt zu einer Sucht nach Gefahr-Informationen. Von dieser Sucht leben alle Nachrichtenredaktionen der Welt. Auch hier gilt wieder: Angst macht sicher.

Es gibt eine Sucht nach Angst im Europa
des 21. Jahrhunderts

Heute ist diese Sicherheitsgarantie der Steinzeit jedoch eine Katastrophe. Es ist wahrscheinlich nicht zu gewagt, zu sagen: Die Katastrophen, über die täglich berichtet wird, sind schon schlimm genug. Doch eine viel größere, völlig unentdeckte Katastrophe ist unsere Sucht nach Angst. Dies ist die eigentliche Katastrophe, die dafür sorgt, dass sich die Gesellschaften nicht weiterentwickeln, die Wirtschaft keine neuen Grenzen überwindet und die menschlichen Beziehungen nicht im Mittelpunkt des Interesses stehen. Schon durch die simple Tatsache, dass die Räume und Zeiten, die in unseren Medien für Information zur Verfügung stehen, für unsere Ängste aufgebraucht werden, ist ein unsagbarer Verlust an Chancen. Wir bräuchten sehr viel mehr Raum in den Medien, um unser Vorstellungsvermögen mit Bildern der Zukunftschancen zu füllen, die in unseren Gesellschaften schlummern.

Hoffentlich werden wir in einigen Jahren den Kopf darüber schütteln, welch unnötiges Maß an Unfällen, Missverstehen, alltäglicher Angst, Aggressivität, Gewalt und emotionaler Vergewaltigung wir heute als selbstverständlich hinnehmen, oder besser gesagt, aktiv in die Welt setzen.

Bis heute fällt uns das nur in wenigen »lichten« Momenten auf, in denen etwas besonders Dramatisches passiert. Vielleicht erinnern Sie sich: Es gab einmal das Massaker von Erfurt. Inzwischen ist der Eindruck dieser Kristallisation von Gewalt wieder verblasst. Doch nach dem Massaker von Erfurt bestellte der Bundeskanzler die Leiter der Fernsehanstalten zu sich, um über

Gewalt im Fernsehen zu diskutieren. Dies war solch ein lichter Moment. Es war eine Situation, vergleichbar mit einem Bergsteiger, der wegen Sauerstoffmangels benebelt am Abgrund kraxelt und plötzlich für eine Sekunde begreift, was er tut.

Eine Gesellschaft tauchte für einen Moment auf aus der Selbstverständlichkeit, mit der wir Gewalt im Fernsehen wie im täglichen Leben hinnehmen. Wir sahen für einen Moment, was wir sonst nicht bemerken, obwohl es eigentlich unübersehbar ist: Die Tatsache, dass jede Darstellung im Fernsehen und in anderen Medien »mentales Training« ist. Das, was Sportler seit Jahren nutzen, um ihre Hemmungen vor Hochleistungen abzubauen und sie fast automatisch auszuführen, gilt selbstverständlich auch für Gewalt im Alltag. Wer regelmäßig sieht, was er vielleicht einmal für unmöglich hielt, kann sich plötzlich vorstellen, dass es geht. Jetzt kann er versuchen, es nachzumachen, und Leistungsgrenzen überwinden, die ihn vorher gehindert haben. So gibt es bei uns Institutionen, die ganz selbstverständlich helfen, Hemmungen gegenüber Gewalt abzutrainieren. Wir sind an dieses mentale Dauertraining gewöhnt, und diese Wirkung der Medien wird wie jede schädliche individuelle Gewohnheit immer weniger auffallen. Deshalb haben wir noch gar nicht angefangen, uns klar zu machen, dass wir mit der gleichen Technik jede soziale und berufliche Fähigkeit in unserer Gesellschaft ebenso fördern könnten.

Auch im Straßenverkehr nehmen wir eine Zahl von Opfern als selbstverständlich hin. Wir sind an sie gewöhnt, und das verhindert, dass unser Entsetzen über dieses Armutszeugnis der Zivilisation immer wieder fühlbar wird. Stellt man die Frage, ob sich auch ganze Kulturen immer wieder mit einem typischen Maß an Schmerz versorgen, dann wird Folgendes deutlich:

Jede Gruppe, jede Firma, jede Institution und jede Nation toleriert, nein: erhält eine typische Menge an Schmerzopfern in ihrem alltäglichen Leben.

Sei es, dass sie durch Polizei, Militär, Justiz, durch die Gestaltung des Straßenverkehrs oder durch die ganz normale Art der Menschen, Meinungsverschiedenheiten zu regeln, verursacht werden; ein spezifisches Maß von Leid, Blut und Tränen ist für jeden Zusammenschluss von Menschen, also auch für jede Nation »normal«. Es ist ein – durch mysteriöse »Zufälle« – immer wieder gleiches Maß an Leid, und es fällt natürlich nicht vom Himmel, sondern wird immer wieder aktiv produziert.

Dieses typische »Schmerzbedürfnis« ist von Gruppe zu Gruppe, von Kultur zu Kultur stark unterschiedlich und hängt als Gewohnheit immer von der Geschichte einer Gruppe und der Gewöhnung ihrer Mitglieder an Leid, Tod und Verderben ab.

Es ist sicher nicht abwegig, das, was wir am einzelnen Menschen festgestellt haben, auch auf sein Gemeinschaftsverhalten zu übertragen und zu sagen: Jede Partnerschaft, jede Familie, jede Firma und jede Nation neigt dazu, ständig Gewohnheiten zu wiederholen, die ein typisches »nationales« Maß von Schmerz, Leid und Trauer aufrechterhalten.

Fällt nicht schon bei der Betrachtung der Musik und Dichtung verschiedener Völker auf, dass die einen sehr viel mehr Schmerz, Schwermut und Leid abbilden als die anderen? Welche Aufgabe für einen interessierten Historiker, sich die Geschichte der Völker und ihrer Kriege einmal unter diesem Aspekt vorzunehmen. Wie spannend ist es, nachzusehen, ob die typischen Eigenschaften, die sich Deutsche, Franzosen, Chinesen oder Araber zuschreiben, nichts anderes sind als kollektive Gewohnheiten! Wenn man als Deutscher nach Afrika kommt, stellt man schnell fest, dass dort die Uhren anders gehen. Doch innerhalb der dortigen Bevölkerung ist das kein Thema, genau wie bei individuellen Gewohnheiten, die ihrem Träger gar nicht auffallen. Diese Gewohnheiten wollen sich erhalten, auch wenn sie selbstbeschädigend für den Einzelnen oder ein ganzes Volk sind.

So ist es, um nur ein Beispiel zu nennen, für uns Deutsche eher unrealistisch gewesen, nach dem untergegangenen Naziregime anzunehmen, dass dieses Gedankengut mit seinem Fremd- und Selbstvernichtungspotenzial nicht wieder auftauchen kann. Eine kulturelle Einheit, eine Nation, kann sich nicht viel anders verhalten, als es die menschliche Natur vorgibt.

Es gibt möglicherweise auch in der »deutschen Seele« für uns schwer erkennbare grundlegende Gewohnheiten, die sich in der Realität immer wieder-holen wollen, und deren Existenz mit einem verlorenen Krieg nicht ausgelöscht ist.

Wie viel geringer wäre beim erneuten Auftauchen braunen Gedankengutes das Entsetzen und die Hilflosigkeit gewesen, wenn das Wissen um die Wieder-Holungs-Kraft jahrhundertealter Grundgefühle nationaler Kultur vorhanden wäre! Wie viel einfacher wäre der Umgang mit braunen Wieder-Holern gewesen, wenn aus diesem Wissen heraus vorbeugend Regelungen geschaffen worden wären, auf deren Basis man dann sagen konnte:

»Da seid ihr ja; wir haben schon mit euch gerechnet und wissen, wie wir euch beim Erkennen der Gegenwart helfen können!«

Tugend schafft Schmerz

Vieles, was wir unter dem Begriff »Tugend« führen, hat in der Wirklichkeit häufig mit dem Erhalt von Schmerz im täglichen Leben einer Gruppe zu tun. Ob es bei dem Militär darum geht, Hunger und Kälte auszuhalten oder Todesverachtung zu zeigen, ob es in einer Firma darum geht, sich »durchzuboxen«, sein Privatleben zu opfern, Härte gegen sich selbst und andere an den Tag zu legen: Häufig wird immer noch derjenige belohnt, der möglichst ohne Rücksicht auf Schäden bei sich selbst agiert.

Diese Haltung, die in unserer Gesellschaft an vielen Stellen so selbstverständlich ist, dass wir uns kaum etwas anderes vorstellen können, ist menschenfeindlich. Es lohnt sich deshalb, einmal darüber nachzudenken, ob dieses selbstverständliche Akzeptieren menschlicher Schäden durch unsere Gesellschaft nicht Ausdruck eines uralten Gewohnheitssystems ist, eines an vielen Stellen der Gesellschaft aus ihrer glänzenden Fassade triefenden Schmerzbedürfnisses, das uns seit Jahrtausenden an echtem menschlichen Fortschritt hindert.

Wer kann mir den Sinn von menschlicher Arbeit erklären, wenn sie nicht dazu führt, dass diejenigen, die sie leisten,

• ihre Ernährung und Gesundheit verbessern,
• mehr Zeit zur Selbstbestimmung bekommen,
• mehr Gelegenheiten erreichen, das zu tun, was sie wirklich gerne tun,
• immer mehr Raum zum Pflegen der persönlichen Beziehungen haben, so dass nicht die Steigerung des Bruttosozialproduktes, sondern
• die Steigerung der Lebensqualität im Mittelpunkt steht?

Wer kann mir die Ziele einer Weiterentwicklung unserer Wirtschaft plausibel machen, wenn sie nicht dazu führt, dass für den Einzelnen so viel Glück und so wenig Zwang wie möglich entsteht?

Wer kann sich noch belügen und von »Fortschritt« sprechen, wenn Fremdbestimmung, Stress und Zwänge stetig steigen, und als »Belohnung« dafür die Autos, mit denen von Termin zu Termin gehetzt werden muss, schneller werden?

Wie kommt es, dass sich die weit überwiegende Mehrzahl der gesellschaftlich Verantwortlichen viel mehr Gedanken über die Ankurbelung des Konsums machen als darum, wie das Leben in der Gemeinschaft für ihre Mitglieder, denen all das doch schließlich dienen soll, lebenswerter und menschlich reicher wird?

Wem dient es, wenn Globalisierung unseren Stress und unsere Krankheiten auf die ganze Welt verteilen wird, anstatt Lebenswert und Lebensqualität zu verbreiten?

Auch hier scheint es mir leichter, die Triebfedern dieser Entwicklung zu erklären, wenn wir sie nicht als Nebenwirkungen ansehen, sondern als aktiv gelebte Gewohnheiten unserer Gesellschaft. So gesehen, kann man formulieren:

Unsere Wirtschaft und Gesellschaft hat auch das Ziel, Kampf, das Ertragen von Schmerz und die Fähigkeit, sich zu quälen, zu einem Teil unseres Alltags zu machen. Drehen wir die glänzende Medaille einmal um, und wir erkennen: Ein Ziel unserer Arbeit und Politik ist die aktive Aufrechterhaltung von Stress, Kampf und Selbstschädigung. Früher dienten diese Gewohnheiten dazu, der Natur oder anderen Menschen die Nahrung und die Utensilien des täglichen Lebens abzuringen.

Heute ist die Liste der Produkte endlos, die tatsächlich niemand braucht, um zufrieden zu leben. Trotzdem arbeiten viele Menschen unter großem Einsatz an solchen Produkten; sie leisten ein mühevolles, sinnloses Arbeitsleben. Damit sie dafür Geld bekommen, müssen ihre Tätigkeiten in einem formalen Rahmen Anzeichen von Zwang, Stress, Unlust oder Selbstschädigung haben; damit steigt ihre Chance, als Arbeit anerkannt und entlohnt zu werden. Unsere industrialisierte Gesellschaft wäre problemlos in der Lage, all ihre Mitglieder zu ernähren und ihnen ein Dach über dem Kopf zu bieten, auch wenn nur ein Bruchteil des allgegenwärtigen Stress und seiner Folgen gefordert und gefördert würde. Doch dieses Wissen existiert noch nicht öffentlich. Stattdessen unterliegen wir den alten Gewohnheiten und versorgen uns, ohne nachzudenken, mit dem Maß an Kampf und Schmerz, das seit Jahrhunderten zu unserer Kultur gehört. Nicht wenige von uns sind sogar stolz darauf, diesem Irrtum zu erliegen und für eine Karriere zu leben, die die natürlichen Glücksbedürfnisse des Menschen überhaupt nicht im Blick hat, sondern sich nur auf Kampf um Konsum richtet. In diesem Zusammenhang begegnet uns auch das Phänomen der »Workaholics«.

Suchtmittel 2: Die Sucht, sich durch Arbeit zu schädigen

Arbeitssucht ist eine in Europa weit verbreitete Gewohnheit. Der Bonner Psychologe Stefan Poppelreuter, der sich intensiv mit dem Thema Arbeitssucht beschäftigt hat, schreibt dazu: »Arbeitssucht geht mit einer Vielzahl von Merkmalen, Verhaltensweisen einher, die den Herzinfarkt fördern. Arbeitssüchtige nehmen sich keine Zeit, in Ruhe oder ausgewogen zu essen. Die mangelhafte Ernährung kann dazu führen, dass der Cholesterinspiegel gestört wird. Das wiederum begünstigt den Herzinfarkt. Oder sie praktizieren einen exzessiven Zigaretten-, Kaffee- oder Alkoholkonsum.« Es sind immer mehrere Faktoren, die beim Herzinfarkt zusammenwirken, wobei die Arbeitssucht bestimmte Risikofaktoren aber einfach begünstigt. »Während bei anderen Süchten stimmungsverändernde Stoffe wie Alkohol, Heroin, Tabletten u. ä. dem Körper zugeführt werden müssen«, schreibt Barbara Schleicher, »scheinen Workaholics auch allein von der Tätigkeitskomponente abhängig sein zu können. Bestes Beispiel ist die 33-jährige Ursula: ›Worauf ich so süchtig war? Es war der Termindruck, der mir ein Gefühl, high zu sein, gegeben hat. Ich war stolz darauf, dass ich doppelt und dreifach so viel leisten konnte wie andere und abends auch noch fortgehen konnte. Allerdings war ich oftmals ohne äußeren Anlaß hektisch und hatte einen Herzkasperl. Dann kam der Tag, an dem ich mir eingestehen musste, dass mich das vorgelegte, arbeitssüchtige Tempo irgendwann umbringen würde.‹«
Ursulas Herzflattern wird von körpereigenen Wunderdrogen

– den so genannten Psychedelika – hervorgerufen. In Stress-Situationen produziert der menschliche Körper nämlich Adrenaline, Dopamine und Endorphine, die auf Herz, Kreislauf und Zentralnervensystem stimulierend wirken. Von diesem berauschenden Kick bekommt so mancher nicht genug, weshalb er sich täglich aufs Neue in den Arbeitsstress werfen muss. Damit könnte eine Suchtkarriere vorprogrammiert sein. Ähnlich wie Alkoholiker entwickeln auch Workaholics, sobald eine Gewöhnung an die tägliche Dosis eintritt, das unbändige Verlangen nach einer Dosiserhöhung, um high zu bleiben. Um einen euphorisierenden Zustand zu erreichen, müssen Workaholics allerdings immer hochtouriger schuften, sonst drohen Entzugserscheinungen wie Lustlosigkeit, Müdigkeit und Depression. Auf die Dauer haben die durch Psychedelika ausgelösten Aktivitätsschübe negative Auswirkungen auf Körper, Geist und Seele. Es kommt zu Bluthochdruck, Herzbeschwerden, Schlafstörungen, Konzentrations- und Gedächtnisschwäche, Angstzuständen usw. Diese Alarmsignale werden von waschechten Arbeitstieren wiederum mit Leistungsmaximierung kompensiert. Als langfristige Folgeschäden können sich ein vorzeitiger Alterungsprozess, schwere Depressionen, Burnout-Syndrom, Herzinfarkt oder ein Schlaganfall einstellen. In Japan lautet die Diagnose bei Tod durch Überarbeitung: Karoshi. Dass man in unseren Breiten bislang noch keinen treffenden Fachausdruck gefunden hat, lässt auf das mangelnde gesellschaftliche Problembewusstsein hinsichtlich der Arbeitssucht schließen.

Mittlerweile ist bekannt, dass Suchtursachen bis in die früheste Kindheit zurückreichen. Viele Workaholics stammen aus suchtkranken Familien, in denen zu viel gearbeitet oder getrunken wurde. Der 46-jährige Erich, der heute als leitender Angestellter eines großen Konzerns tätig ist, kann sich noch gut an seine Kinderstube erinnern. Sein Vater hatte einen Handwerksbetrieb, in dem er rund um die Uhr geschuftet hat. Logisch, dass dabei Zärtlichkeit, Zuwendung, Anerkennung und Liebe für die Kinder auf der Strecke blieben. Nur bei schulischen Spitzenleistungen konnte der Sohn mit väterlichem Lob rechnen. Erich wurde frühzeitig darauf getrimmt, im elterlichen Betrieb mitzuarbeiten. Insbesondere im Sommer, während seine Schulfreunde die Ferien unbeschwert genießen konnten, wurde seine Mithilfe erwartet, die freilich gut honoriert wurde. Trotz erbrachter Leistungen konnte er den überhöhten Erwartungshaltungen der Eltern selten gerecht werden. Die Wutausbrüche seines autoritären Vaters sind ihm ebenso in lebendiger Erinnerung wie die mahnenden Worte: »Wer nicht arbeitet, soll auch nicht essen.«

Das arbeitssüchtige Familienklima spornte einerseits zu höchsten Leistungen an, schürte anderseits Versagensängste, aus denen eine tiefe Unsicherheit, ein schwach ausgebildetes Selbstwertgefühl und eine gestörte Eigenwahrnehmung resultierten. Erich ist sich heute sicher, dass in der Kindheit der Grundstein für seine spätere Arbeitssucht gelegt wurde. Seinen Vater, der rastlos geschuftet hat und sich nie erlaubte krank zu sein, raffte der Herzinfarkt bereits als 50-jährigen hin. Erich hingegen schloss, von klein an auf Leistung programmiert, sein Studium innerhalb kürzester Zeit mit Bravour ab. In den folgenden Berufsjahren schlitterte er immer tiefer in die Arbeitssucht. Als Angestellter eines Konzerns kam er wöchentlich auf 10 bis 20 Überstunden. Oftmals nahm er seine Arbeitsunterlagen – zum Leidwesen seiner Familie – mit ins Wochenende. Der hohe Arbeitsdruck führte immer häufiger zu Migräneanfällen sowie zu Schmerzen im Schulter-Nacken-Rücken-Bereich. Nach einigen Berufsjahren stellten sich auch Schlafstörungen ein: »Nachts konnte ich kein Ende finden mit der Arbeit. Dauernd drehte sich alles im Kopf herum. Das hat mich um den Schlaf gebracht, dementsprechend gerädert war ich morgens.«

Der Arbeitsdruck, dem sich Erich ausgesetzt fühlte, war

hausgemacht, hing also direkt mit seiner Arbeitssucht zusammen. In das Krankheitsbild passte auch, dass er seinem Chef die Autorität zubilligte, die früher sein Vater hatte: »Damit ich mir seinen Zorn nicht zuziehe, habe ich halt mehr gearbeitet.« Die Beantwortung der Frage, wie denn der Vorgesetzte auf seinen unermüdlichen Arbeitseinsatz reagiert hat, fällt Erich leicht: »Der hat diesbezüglich nie eine Bemerkung gemacht. Leute, die viele Überstunden machen, sind groß angeschrieben. Von Arbeitgeberseite wird nicht erkannt, dass ein derartiges Drüberarbeiten eine unheimliche Fehlerquelle bedeutet. Gelegentlich Überstunden zu machen, ist sicher nicht das Problem ..., aber ununterbrochen mehr zu arbeiten und zu glauben effizient zu sein – das ist ein Irrglaube.«

Langfristig ging Erichs unermüdlicher Arbeitseinsatz zu Lasten des Familienlebens und seiner Sozialkontakte. »Heute bin ich darüber entsetzt, wie abwesend ich damals war. Wenn ich meinen Kindern Märchen vorgelesen habe, dann ist mir nach zwei Sätzen das Buch aus der Hand gefallen, weil ich vor Müdigkeit eingenickt bin, so wie früher mein Vater.«

Man kann davon ausgehen, dass die Kaste der Arbeitssüchtigen die oberen Büroetagen fest in ihren Händen hat – mit fatalen Auswirkungen auf die unmittelbaren Kollegen. Schließlich verlangen arbeitssüchtige Chefs von ihren Mitarbeitern einen ähnlich hals- bzw. herzbrecherischen Arbeitsstil. Meist haben sie einen Hang zu chaotischer Arbeitsorganisation, sind eher autoritär als kooperativ, legen ein gesteigertes Kontrollbedürfnis an den Tag und weisen oftmals einen hohen Grad an Vergesslichkeit auf. Stellen wir in diesem Zusammenhang ruhig die These auf, dass eine Wirkung unserer Arbeit und Politik die aktive Aufrechterhaltung von Stress, Kampf und Selbstschädigung sein soll. Das war sinnvoll in einer Zeit, in der man ständig mit der Keule in der Hand herumlaufen und sowohl Beutetiere als auch Feinde erschlagen musste.

Doch: Wir sind aus Gewohnheit blind für ein Leben, das sich inzwischen verändert hat und viel menschlichere Verhaltensweisen fordern und fördern könnte.

Deshalb bleibt unser Alltag, wie er vor tausend Jahren war: Es bleibt notwendig, sich selbst und anderen Schmerzen zuzufügen und Kampfreflexe zu üben. Wer mithalten will, muss bereit sein zur Selbstbeschädigung. Er muss »etwas aushalten«, unempfindlich oder achtlos den gesundheitlichen Folgeschäden seiner Arbeit gegenüberstehen, und bereit sein, die gleichen Schmerzen, die er selbst erlitten hat, an andere weiterzugeben.

Arbeit als Mittel zum Schmerz

Betrachten wir uns einmal das Wort »Arbeit«:

Von der Wurzel »orbu« = Knecht (Hoffmeister, S. 73) herrührend, kennzeichnet »arebeit« die »Mühsal des Verwaisten« (Mackensen, S. 45), des Unmündigen.

Die ersten Formen von Arbeit hatten sehr viel mit dem Zwang zum Überleben oder gar mit Strafe und Vernichtung zu tun und sehr wenig mit Lebensqualität. Ein lebenswertes Leben, das hatten die anderen, die nicht in Sklaverei oder Knechtschaft lebten und deshalb nicht arbeiten mussten. Wir haben uns von diesem Verständnis der Arbeit noch nicht gelöst. Wir alle finden nach wie vor akzeptabel, dass Arbeit gegen unsere Gesundheit, Lebensfreude und Freiwilligkeit gerichtet ist. Für die Mehrheit von uns ist immer noch selbstverständlich, das Leben in zwei widerstreitende Bereiche einzuteilen:

Der eine heißt Freizeit; in ihm finden wir all die Dinge, die wir eigentlich tun möchten.

Der andere heißt Arbeit; er enthält Unlust, Zwang, Stress, und kann uns mit einer ganzen Palette seelischer und körperlicher Schmerzen eindecken. Dieser Beiklang von Arbeit sollte keine Zukunft haben, wenn wir unsere Lebensräume weniger schmerzvoll und menschlicher gestalten wollen.

Es dient niemandem, wenn technischer Fortschritt und Globalisierung unser Leben nicht schöner machen, sondern Stress und Krankheiten noch verstärken.

Es führt nicht zu einer erstrebenswerten Zukunft, wenn wir darum wetteifern, wer mehr arbeiten, mehr Stress aushalten und mehr Produkte herstellen kann, auf die niemand gewartet hat.

Stattdessen sollte das Ziel einer menschlichen Kultur vor allem sein, alle Arten von Zwang, Selbstbeschädigung, Stress, seelischen und körperlichen Schmerzen auf ihren Sinn zu überprüfen und möglichst zu vermindern. Sieht man sich jedoch an, wie fremd dieser Gedanke den »Leistungsträgern« einer Gesellschaft ist, die man als Psychotherapeut früher oder später wegen ihrer psychosomatischen Störungen in Behandlung hat, dann drängt sich der Gedanke auf:

Die Konstruktion unseres Arbeitslebens braucht den Geschmack von Zwang, Selbstbeschädigung und kriegerischen Ritualen. Diese Gefühle sind ein unausgesprochenes Ziel von Arbeit, mindestens gleichwertig mit Effektivität und menschlich sinnvollen Ergebnissen.

Geht es nicht darum, zu beweisen, dass man als Erster kommt und als Letzter geht? Darf man aufsteigen, wenn man nicht spät abends völlig erschöpft sein Büro zuschließt, weil alles, was danach kommen könnte, sowieso nebensächlich ist?

Ist nicht der Beste derjenige, der Stress und verletzungsträchtige Umfelder geradezu liebt und so cool ist, dass er alle menschlichen Verwundungen von sich abprallen lassen kann wie Prinz Eisenherz die Pfeile der Gegner?

Gibt es irgendwo eine Wirtschaftsordnung, die tatsächlich verstanden hat, dass Kooperation weiter führt als Kampf?

Zu diesem unsinnigen Maß an Stress passt: Wer am meisten Schmerz gewohnt ist, kommt in vielen Kulturen am weitesten.

Zu unserer Gesellschaft gehört der perverse Umstand, dass schmerzhaftere Erziehungsmethoden oder ein entbehrungsreiches, mühseliges Leben als Kind späteren beruflichen Erfolg bescheren können. Dadurch bekommt eine entbehrungsreiche, harte Kindheit eine menschenfeindliche Art von nachträglicher Berechtigung.

An vielen Stellen der Gesellschaft zeigt sich auch: Wer in eine Gruppe aufgenommen werden will, muss häufig gleich am Anfang nachweisen, dass er mindestens die gleiche Leidensfähigkeit – eben die gleiche Bereitschaft, sich zu schädigen – hat wie die anderen Gruppenmitglieder. Das ist nichts Neues, denn:

Die Menschen haben sich schon immer selbst beschädigt.

Auf der Suche nach den Wurzeln dieser Gewohnheit können wir wesentlich weiter zurückgehen als zu den harmlosen Tom Sawyer und Huck Finn, die sich erst die Finger aufschneiden und Blutsbrüderschaft schließen mussten, bevor sie zusammengehörten. Wir finden dieses Verhalten schon bei den ursprünglichsten Naturvölkern, bei denen die Heranwachsenden erst eine Schmerzprüfung machen müssen, um nach diesem Initiationsritus zu den Erwachsenen zu gehören.

In diesen Ritualen hat die Höhe der Schmerzgewöhnung etwas mit dem Maß an Sicherheit zu tun. Es geht darum, mehr Schmerz aushalten zu lernen als potenzielle Feinde, um verteidigungsfähig gegen alle zu sein, die von außen angreifen und Schmerzen zufügen können. Je mehr Entbehrungen und Schmerzen man aushalten kann, umso sicherer ist man, die Schmerzen zu überleben, die von Feinden oder einer gefährlichen Natur zugefügt werden könnten.

Etwas überspitzt gesagt: Wer sein eigener bester Feind ist, hat die besten Siegchancen.

Es gibt ein Autoimmunsystem von Gruppen

So, wie der Einzelne ein seelisches System hat, das seine Gewohnheiten im Leben hält und Neues überprüft, hat auch jede Familie, Firma oder Nation ihr spezielles Autoimmunsystem. Kulturelle Gruppen wie Nationen halten ständige innere Schmerzprüfungen am Leben. Aus den Traditionen, die Härte, Selbstverleugnung und Unempfindlichkeit gegen Schmerzen fordern, entsteht dann das Gefühl, vor dem feindlichen Leben ringsherum geschützt zu sein. Die Schmerzen müssen keine körperlichen Schmerzen sein. Doch es müssen Verhaltensweisen und Gefühle sein, die nicht angenehm sind. Leider führen die Entbehrungen oder Schmerzen, die eine Gruppe ihren Mitgliedern verordnet, jedoch zu zwei Problemen, die der Menschheit arg zu schaffen machen:

Das erste Problem: Aus dem hohen Schmerzbedürfnis innerhalb einer Kultur, in der die Mitglieder an das Aushalten vieler Unannehmlichkeiten gewöhnt werden, entsteht eine hohe Bereitschaft, anderen Kulturen die gleichen Schmerzen zuzufügen. Die gefährlichsten Völker der Geschichte waren deshalb immer diejenigen, in deren inneren Beziehungen ein hohes Maß von Zwang, Stress und Disziplin, also eine starke Schmerzgewohnheit herrschte. Wer einmal ein deutsches Schulbuch aus der Zeit vor dem Zweiten Weltkrieg in der Hand hatte, weiß, wovon ich spreche. Die Erziehungsideale in Nazi-Deutschland und ihre verheerenden Folgen zeugen ebenso von einer hohen Schmerztradition wie die Lebensweise der Spartaner oder anderer Kriegsvölker.

Das zweite Problem besteht darin, dass sich das Schmerzbedürfnis in vielen Kulturen verselbständigt hat. Es gibt genügend Schutz vor feindlicher Natur, und viele Völker haben keinen ständig drohenden Nachbar mehr neben sich. Trotzdem gibt es immer noch eine ständige Suche nach geeigneten Feinden, die

die eigenen Schmerzbedürfnisse und das eigene Gewohnheitssystem mit Treibstoff versorgen sollen. Das führt zu der Situation, die heute unser Leben in Mitteleuropa kennzeichnet:

Der Krieg verlagert sich in die Wirtschaft

Wenn wir annehmen, dass jede Kultur ihr Maß an Schmerz in
sich immer wieder-holt, müssen wir uns natürlich fragen, wie
diese Wiederholungen in Friedenszeiten aussehen.

Woher kann der Druck kommen, der uns zwingt, hart gegen
uns selbst, bereit zur Schädigung unserer Gesundheit und immer auf der Hut vor anderen zu sein, die uns das Wasser abgra-
ben wollen? Es ist offensichtlich: Diese Tugenden und Traditionen verlagern sich in kriegsfernen Wohlstandsgesellschaften
auf die Wirtschaft. Kriegerische Tugenden und Rituale werden
ein Mechanismus zur Steigerung des Bruttosozialproduktes,
kreisen in sich selbst und versorgen die Gesellschaft mit Druck,
Angst und Stress. So gesehen, ist der einzige Unterschied zwischen den Naturvölkern und uns, dass das Schmerzritual bei den
Naturvölkern auf einen bestimmten Zeitraum begrenzt ist,
während es bei uns für das gesamte Arbeitsleben anhalten muss.

Zu den Wieder-holungen der kriegerischen Schmerzrituale
kommt, dass wir heute aus Gewohnheit nicht bemerken, wie
wir entscheidende Mängel in unserem Verhalten aktiv weiter
beleben:

Wir leben mit einer unterentwickelten Fähigkeit, über Konflikte und Gefühle zu sprechen. Dadurch schaffen wir im priva-
ten wie im öffentlichen Bereich täglich Missverständnisse, die
allein auf der Tatsache beruhen, dass der eine nicht weiß, was
der andere meint. Es gibt da zum Beispiel die Gewohnheit, dem
anderen Menschen nicht zu sagen, was man sich von ihm
wünscht. Es folgt die Erwartung, dass er allerdings genau das,
was man sich wünscht, tun möge. Wenn er nicht tut, was man

ihm nicht gesagt hat, verhält er sich absolut folgerichtig. Der Verursacher dieser Situation ist aber stark enttäuscht. Jeder Konflikt, der mit dem Gefühl »was will der andere eigentlich von mir« beginnt, ist ein Zeichen unserer mangelhaften Verständigungsgewohnheiten.

1. Uns fehlt der Mut, unsere Sehnsüchte offen als Ziele zu definieren. Wünschen Sie sich, inmitten von Menschen zu leben, die respektvoll mit Ihnen umgehen und darauf achten, dass alle auch bei Konflikten seelisch und körperlich gesund bleiben? Möchten Sie anerkannt werden und ein lebenswertes Leben führen, ohne ständigem Leistungsdruck und der dauernden Drohung von Missachtung ausgesetzt zu sein, falls Sie sich nicht genug gequält haben? Möchten Sie eine Reise beginnen, ohne daran denken zu müssen, dass Sie durch technisches Versagen oder menschliche Dummheit getötet werden können? Natürlich halten Sie solche Forderungen für Utopien. Aber das hängt nur damit zusammen, dass Sie das Maß an Krankheit, Unglück und Leid gewohnt sind, das bei uns herrscht. Ich bin mir hingegen sicher, dass wir ganz anders leben könnten, wenn wir unsere aktiven Gewohnheiten erkennen und neue Ziele formulieren würden. Beispiele dafür finden Sie überall in der Welt. Es genügt, den Autoverkehr in der Türkei und in Schweden zu vergleichen, um zu sagen: Unendlich viel Leid und Unglück ist einfach nicht nötig, wenn man beginnt, ernsthaft an seiner Vermeidung zu arbeiten.

2. Wir legen eine Missachtung unserer Talente und Möglichkeiten an den Tag, die uns eines Tages vollkommen unverständlich erscheinen muss. Viele Menschen in unserer Wirtschaft verschwenden ihr Leben an die Herstellung von Produkten, die kein Mensch wirklich braucht. Was noch absurder ist: Wenn ein Mensch keinen Platz findet, an dem er Produkte wie das fünfhundertzwanzigste Parfum produzieren oder die fünfundachtzigste Marke Toilettenpaier bewerben würde,

wird er als Arbeitsloser in eine Sinnkrise gestürzt und schlechter versorgt. Lohnt es sich nicht viel mehr, über neue Berufe und Inhalte nachzudenken, mit denen sich die Menschen menschliche Sehnsüchte erfüllen können? In unserer Welt voller Automaten, die uns ernähren und ein Dach über dem Kopf schaffen: Wäre es nicht wirklich an der Zeit, an die Aufgaben zu gehen, die unsere Welt sicherer, ärmer an Missverstehen, lebenswerter, liebenswerter und gesünder machen?

Wir sollten deshalb kompromisslos daran arbeiten, unsere Sehnsüchte zu formulieren und dafür sorgen, dass jeder an seinem Platz für eine Welt arbeitet, in der nicht nur Freiheit, sondern auch ein sicheres Leben in menschlicher Geborgenheit zum Standard wird. Wir arbeiten zwar mit Genuss an der Beherrschung der Natur durch immer mehr Technik. Aber wir vermeiden nur zu gern jede Arbeit, die das Erkennen eigener Konstruktionsfehler mit sich bringen würde. Doch die Anerkennung der menschlichen Konstruktionsfehler wird auch wirtschaftlich wichtig werden:

Es wird immer diejenige menschliche Gruppe die meiste Lebensqualität bieten, in der man am offensten über die eigenen Schwächen spricht und an ihnen arbeitet. Solch eine Gruppe kann eine Familie sein. Aber auch eine Firma kann an Attraktivität und Effektivität stark zunehmen, wenn die Mitarbeiter offen über ihre menschlichen Konstruktionsfehler und Gewohnheiten sprechen, anstatt unüberlegte Kriegsgewohnheiten zu zelebrieren. Werden daraus die richtigen Folgerungen gezogen, so kann das einen Turboeffekt auf den Erfolg des Unternehmens bewirken. Zumindest wird es aber möglich sein, Schmerztraditionen zu erkennen und durch sinnvolle Tätigkeiten zu ersetzen.

Diese Arbeit steckt in unserer Wirtschaft und Kultur noch in den Kinderschuhen. Wir kämpfen noch auf allen Ebenen darum, kulturelle Gewohnheiten sichtbar zu machen, die uns Blut, Schweiß und Tränen bescheren. Oder genauer gesagt: Wir kämpfen darum, dass die Rückseite unseres Verhaltens endlich sichtbar wird.

Wir beschäftigen uns zwar damit, viel Mühe und Intelligenz in Automation zu stecken. Doch die Zeit und der Gewinn, den wir damit frei bekommen, geht meist für Spielzeug drauf, das unsere Sehnsüchte nicht lange befriedigt und führt nicht zu einem Abbau von Schmerzgewöhnung.

Selbstbestimmung, Geborgenheit, Glück und Zufriedenheit muss deshalb ein öffentliches Thema und das Ziel unserer Arbeitswelt werden, damit unsere Leistung uns nicht nur einen materiellen, sondern auch den menschlichen Ertrag bringt, der unser Leben lebenswert macht.

Suchtmittel 3: Wir lassen keine Gelegenheit aus, Unheil zu erwarten

Es gibt eine grundsätzliche Angst vor Fröhlichkeit und Ausgelassenheit. »Wer weiß, was noch passiert« ist eine viel häufiger anzutreffende Grundhaltung als »in der Zukunft wird es besser sein.« Das ist – vergleichbar mit der Schmerzimpfung – eine Unheilsimpfung, die unsere Kultur uns allen empfiehlt. Sie funktioniert genauso wie die individuelle Schmerzimpfung. Wir tragen immer eine kleine Dosis Unglück mit uns herum, wir sind sozusagen vorbeugend unglücklich. Damit wollen wir vermeiden, dass alle möglichen Unglücke überraschend kommen und uns sozusagen kalt erwischen. Wir wollen auf der Hut sein, immer in der Lage, uns zu verteidigen, und dazu müssen wir schon vorbeugend kleine Dosen Unglück in uns tragen, um auf alles vorbereitet zu sein. Etwas übertrieben gesagt: Wenn wir ein Unglück fürchten, bei dem man sterben kann, machen wir uns schon vorbeugend ein bisschen tot. Doch, genau wie bei der Schmerzimpfung, inszenieren wir damit einen Teil des Unglücks selbst. Wir tragen das Gefühl in uns, es sei ständig eine drohende Gefahr am Horizont, und dieses Gefühl sucht sich seine Bestätigung. Das beginnt bei der Wahrnehmung, die nach Anzeichen für Bedrohung Ausschau hält. Wer Anzeichen für Gefahren sucht, wird mit Sicherheit Bestätigungen dafür finden, dass sein Misstrauen gerechtfertigt war. Das liegt einfach daran, dass wir in einer Welt leben, in der ständig beides existiert:

Es gibt ständig Gefahren, die uns bedrohen, und es gibt immer und überall Chancen, die wir nutzen können. Denken Sie daran, wie sich Konflikte zwischen Paaren entwickeln. Wie häufig wird ein gut gemeintes Verhalten in eine Bedrohung umgedeutet, damit man das eigene Gefühl aufrecht halten kann, missverstanden, schlecht behandelt zu werden und zu Recht Angst zu haben.

Das funktioniert auch zwischen verschiedenen Kulturen und Völkern. Ein Volk, das in seiner Tradition viele Kriege mit seinen Nachbarn gewöhnt war, wird die Spirale vom Frieden bis zum Krieg leicht wieder in Gang setzen können; eine Spirale, die mit dem Argwohn gegenüber den Nachbarn beginnt.

Wenn wir das Verhältnis verschiedener Nationen miteinander betrachten, dann stellen wir fest: Politiker in der ganzen Welt warnen immer wieder davor, in der Wachsamkeit anderer Staaten gegenüber nachzulassen. Und es sind meist genau diese Politiker, die dann einen Konflikt mit den Nachbarn beginnen.

Der Unterschied zwischen individuellen Gewohnheiten, die sich ihre Bestätigung suchen, und den Gewohnheiten ganzer Völker besteht nur darin, dass es hier um »Traditionen« oder »Tugenden« geht, die gepflegt und erhalten werden sollen.

Hier haben wir eine sehr gefährliche Variante kollektiver Schmerzimpfung vor uns. Doch nicht alle Unheilserwartungen sind gefährlich. Meist verderben sie den Menschen, die sich an sie gewöhnt haben, nur die Lebensfreude. Deshalb:

Freuen Sie sich zu früh!

Die scheinbare Sicherheit, die man dadurch gewinnt, dass man sich nicht zu früh freut, sondern immer eher mit dem Negativen rechnet, nutzt im Alltag natürlich nichts. Das liegt daran, dass die erwarteten Unglücke meist eben nicht eintreten, denn sonst wären wir alle wohl schon längst nicht mehr am Leben. So kann der Vorsatz, uns vor einem Flug in die Ferien nicht zu früh zu freuen, sondern erst, wenn wir sicher gelandet sind, uns den ersten Teil des Urlaubes schon vermiesen. Er führt dazu, dass wir den Flug nicht genießen können, und wird uns, falls wir tatsächlich abstürzen, nicht viel genützt haben.

Wenn Sie es aber umgekehrt machen, können Sie nur gewinnen: Seien Sie sicher, dass Sie heil ankommen werden und überhaupt nicht abstürzen können. Machen Sie sich klar, dass Sie mit dieser Haltung nur gewinnen können, und dass sie außerdem die Realität viel besser erkannt haben. Wenn Sie dann heil angekommen sind, was ja tatsächlich so gut wie sicher ist, haben Sie schon ein paar schöne Stunden hinter sich. Sollten Sie jedoch abstürzen, leiden Sie nicht mehr als der Pessimist neben Ihnen. Sie haben jedoch Ihr Leben viel intensiver genossen.

Ich will mich hier ganz gezielt dafür aussprechen, dass Sie die realistischere, optimistische Haltung einüben. Wenn Sie es irgendwann schaffen, Ihren Optimismus zur Gewohnheit zu machen, wird das sehr weitgehende Folgen haben. Sie beginnen damit, dass Ihnen nicht das ins Auge fällt, was Sie von Unternehmungen abhält und Ihren Lebensmut beeinträchtigt. Im Gegenteil, es wird Ihnen das auffallen, was Sie zur Weiterentwicklung und zu Unternehmungen ermutigt. Wenn sich dadurch Ihre Stimmung bessern und Ihr Wirkungskreis erweitern wird, werden Sie sich selbst immer weniger bremsen müssen, damit Ihre Stimmung nicht über die Gewohnheitsgrenze steigt. Sie werden Ihre Grenzen dahin verschieben, wohin ihr Optimismus reicht.

Loben Sie den Tag vor dem Abend!

»Du sollst den Tag nicht vor dem Abend loben.« Jede Kultur kennt Botschaften wie diese. Ihre Aufgabe ist, Ihnen die Laune zu verderben und dafür zu sorgen, dass Sie den ganzen Tag nach möglichen Unglücken Ausschau halten. Diese Stimmungslage entspricht alten europäischen Traditionen, die nicht zuletzt aus dem Christentum ihre Nahrung ziehen. Doch das Christentum, wie alle Religionen, entstand aus dem Versuch, eine unberechenbare und unverständliche Natur und Umwelt zu erklären. In der Entstehungszeit unserer Religionen konnte ständig etwas völlig Unerwartetes entstehen, das sich die Menschen nicht erklären konnten. Heute haben wir jedoch zum Beispiel die Wetterkunde, die uns Blitz und Donner zuverlässig erklären und sogar vorhersagen kann. Wir brauchen nicht mehr ständig damit zu rechnen, dass ein strafender Gott uns plötzlich Blitze und Donnergetöse schickt. Das gilt im übertragenen Sinn für viele Situationen des Alltags, und wir könnten eigentlich sehr viel entspannter leben als die Menschen vor zweitausend Jahren. Doch Unheilserwartung ist schwer auszurotten, denn: Man weiß ja nie ... Wenn Sie etwas für Ihre Lebensqualität tun wollen, lösen Sie sich möglichst von dieser Stimmung. Sie sollten nicht warten, bis der Tag vorbei ist, um ihn zu loben und zu genießen. Sie sollten jede Sekunde dafür nutzen und sich auf den Rest des Tages freuen, der noch schöner werden kann. Dies ist zumindest genauso wahrscheinlich wie sein Gegenteil. Und je mehr Sie Ihre Gewohnheiten verändern und das Positive erwarten, desto mehr werden sich diese Gewohnheiten selbst bestätigen. Tragen Sie Ihren Optimismus in die Gruppen und Teams, in denen Sie sind, und versuchen Sie, die dort herrschenden Schmerzgewohnheiten aufzulösen.

Rechnen Sie jedoch nicht mit schnellen Erfolgen. Das Sicherheitsbedürfnis macht Schmerzgewohnheiten hartnäckig.

Wenn Sie ein Unternehmen verändern wollen ...

... indem Sie dort Misserfolgs- und Schmerzgewohnheiten auflösen, brauchen Sie allerdings einen besonders langen Atem.

Heerscharen von Beratern sind damit beschäftigt, Unternehmen umzustrukturieren. Sie leben davon, dass es sehr schwierig ist, die Einstellung von Menschen zu verändern, die lange Zeit bestimmte Denk- und Arbeitsgewohnheiten hatten. Dabei ist es nicht erstaunlich, wenn mehrere Menschen genauso funktionieren, wie es ein Einzelner tut.

In einer Gruppe, in der viele Menschen zusammenarbeiten, müssen gemeinsame Gewohnheiten sogar viel schwerer zu verändern sein als bei einem Einzelnen. So, wie sich Stimmungen verstärken, wenn mehrere Menschen beisammen sind und gleich empfinden, ist es auch bei Gewohnheiten.

In Unternehmen gibt es deshalb eine Fülle von Gewohnheiten, die den Zusammenhalt, die Stimmung, den Erfolg und die Neugier oder Verbohrtheit der Mitarbeiter bestimmen. Das ist altbekannt.

Betrachten wir jedoch Teams und Unternehmen aus unserer speziellen Warte, müssen wir annehmen:

Es gibt in jedem Team und in jedem Unternehmen Gewohnheiten, die das Ziel haben, den Erfolg zu verhindern.

Das liegt einfach daran, dass nicht Maschinen zusammenarbeiten, sondern Menschen. Jeder dieser Menschen hat seine eigenen Erfolgsbegrenzer einprogrammiert und folgt seinen erfolgsverhindernden Gewohnheiten. Das Zusammenspiel all dieser Begrenzungs- und Verhinderungsgewohnheiten ergibt für jedes Team zwangsläufige Erfolgsgrenzen, die immer dann hemmen, wenn das Team auf dem Weg zu ungewohnten Erfolgen ist. Ebenso wie eine typische Stimmung für jeden Einzelnen, gibt es typische Erfolge und Nicht-Erfolge in Teams und Unternehmen.

Natürlich kann man den Erfolg eines Teams nicht dauerhaft steigern, wenn man nicht weiß, an welchem Punkt des Erfolgsgefühls jeder Mitarbeiter misstrauisch wird. Man kann auch nicht viel erreichen, wenn man für unmöglich erklärt, dass Erfolgsbremsen überhaupt existieren. Doch die Annahme, dass es für jeden Menschen einen Punkt gibt, an dem ihm die Dinge zu ungewohnt werden und er deswegen weniger Gas gibt, öffnet die Augen für viele Bremsvorgänge in alten, eingespielten Teams und Unternehmen. Will ich ein Unternehmen verändern, treffe ich immer auf solche Betriebsgewohnheiten.

An diesem Punkt muss ich mich vorübergehend von der Vorstellung trennen, dass alle Energie im Unternehmen in Richtung auf den Unternehmenserfolg eingesetzt wird. Ich nehme stattdessen an, dass ein großer Teil der Arbeit auch Bremsarbeit ist, die dem Sicherheitsgefühl dient. Sie hat eine wesentliche Aufgabe: Sie soll erreichen, dass das Unternehmen für alle erkennbar bleibt, dass Sie nach wie vor wissen, wo Sie sind, und sich nicht jeden Morgen wieder völlig neu orientieren müssen. Bevor ich darangehe, vorwärts strebende Energien zu verstärken, muss ich versuchen, die Bremsenergie sichtbar zu machen. Das bedeutet, dass ich mich zuerst einmal darauf konzentrieren muss, die täglichen Gewohnheiten kennen zu lernen, von denen die Mitarbeiter gesteuert werden. Wir werden die bremsenden Gewohnheiten finden, das weiß ich. Sie fallen schnell ins Auge, wenn man erst einmal weiß, wonach man sucht. Doch Sie müssen sich darüber klar sein: Gewohnheiten kommen immer wieder. Sie werden vielleicht in der Lage sein, die Höhe und Häufigkeit abzubauen, doch die Wellen werden immer wieder aufflackern. Dauerhaften Erfolg haben Sie erst, wenn Sie wissen: Diese Wellen langsam abebben zu lassen, darin wird die eigentliche Arbeit bestehen, wenn das Ziel ist, kollektive Schmerzgewohnheiten abzubauen.

4. KAPITEL

Die Sucht, krank zu sein

In diesem Kapitel erfahren Sie

- wie Schmerz zwischen Seele und Körper pendelt

- dass Krankheiten seelische Anspannung verringern können

- ob wir Krankheiten inszenieren

- wie unsere Gewohnheiten versuchen, Rückenschmerzen, Kopfschmerzen, Übergewicht, schlechte Träume oder Bluthochdruck hervorzurufen

- wie uns unser Bewusstsein und unsere Wahrnehmung beim Selbstbetrug hilft

- dass sich nicht das Gute in der Welt durchsetzt, sondern das, woran wir gewöhnt sind

These 1: Schmerz pendelt zwischen Seele und Körper

Kehren wir jetzt wieder zurück zu den Problemen, die wir als Einzelne haben, und beschäftigen uns mit körperlichen Krankheiten.

Wann immer wir über unangenehme, Schmerz erhaltende Gewohnheiten sprechen, müssen wir uns daran erinnern, dass diese Gewohnheiten unseren Schutz vor Gefahren und seelischen Verletzungen bewirken wollen. Das hat zur Folge, dass wir einmal gründlich gelernte Verhaltensweisen immer wieder inszenieren, um unsere Gefühlswelt stabil zu halten. Doch der Schutz kann nur funktionieren, wenn wir gleichzeitig unbekannte Handlungen bei uns selbst so schnell wie möglich wieder abstellen können. Ähnlich wie das körperliche Immunsystem, das darauf aus ist, unbekannte Lebewesen aus unserem Inneren zu entfernen, müssen wir dafür etwas haben, das ich »Ego-Immunsystem« nenne. Unser körperliches Immunsystem wird bei dem Auftauchen alles Neuen sofort aufmerksam und entscheidet dann über eine Abstoßungsreaktion.

Außerdem merkt es sich bekannte Störenfriede und entwickelt aus seiner Erfahrung Schlüssel, mit denen es einmal erlebte Eindringlinge schnell erkennen und vernichten kann.

Ebenso tragen wir ständig eine emotionale Immunabwehr, ein »Psycho-Immunsystem« mit uns herum, das ganz ähnlich arbeitet wie das körperliche Immunsystem:

Bei dem Auftauchen neuer, unbekannter Gefühle beginnt es, eine Abwehrreaktion einzuschalten. Es kann sein, dass wir davon gar nichts merken. Es kann aber ebenso passieren, dass wir diese Abwehr mitbekommen. Erinnern Sie sich an Situationen, in denen Sie starke Gefühle gepackt haben, und fast gleichzeitig kam der Zweifel? Haben Sie sich schon einmal verliebt und mitbekommen, wie Sie sofort gegen die Stärke der Gefühle angekämpft haben? Haben Sie schon einmal die Versuchung gefühlt, jemandem völlig zu vertrauen und Ihre Vorsicht aufzugeben? Vielleicht erinnern Sie sich, dass in dem gleichen Moment die Zweifel und Ängste eingesetzt haben und Ihr Misstrauen schließlich siegte.

Es lässt sich nicht leugnen: Wir bekommen es mit innerem Sperrfeuer zu tun, wenn wir neue Gefühle entwickeln. Doch auch in einem zweiten Punkt ähnelt das Psycho-Immunsystem der körperlichen Immunabwehr:

Jeder von uns hat aus allen Gefahren der Vergangenheit Schutzgefühle angesammelt. Wenn wir in eine Situation kommen, die irgendwie an Schmerzen und Verletzungen aus unserer Vergangenheit erinnert; wenn wir einen Menschen treffen, der Ähnlichkeit mit anderen hat, mit denen wir unangenehme Erfahrungen gemacht haben, dann gehen wir erst einmal einen Schritt zurück. So bewahrt jeder Mensch seelische Schlüssel in sich, die ihn vor unbekannten Situationen und ungesteuerten Reaktionen schützen sollen. Jetzt arbeitet das seelische Immunsystem daran, unablässig sicherzustellen und zu überprüfen, ob die Zusammensetzung der Gefühle genügend Impfstoffe für alle erwarteten Angriffe enthält. Dadurch, dass man nicht weiß, welche möglichen Überraschungen in der Umwelt gerade lauern, bleibt dem emotionalen Immunsystem nichts anderes übrig, als die negativen Gefühle, deren zerstörerische Wirkung es fürchtet, ständig in angemessener Dosis am Leben zu erhalten. Das funktioniert so:

Die seelische und körperliche Spannung in einer Familie, in der Kinder verbal oder körperlich verletzt werden, wird zu einem Teil ihres Lebens. Wenn sie mit ihrer Situation unglücklich und unzufrieden sind, aber daran nichts ändern können, bleibt ihnen gar nichts anderes übrig, als sich daran zu gewöhnen.

Gewöhnung heißt aber: Irgendwann spüre ich die Spannung nicht mehr. Ein Gefühl, das mir am Anfang sehr fremd und unangenehm war, weil es nicht aus mir heraus entstand, ist mir in Fleisch und Blut übergegangen.

Ich kann es nicht mehr von meinen eigenen Gefühlen trennen. Die Spannung ist ein Teil von mir, und ich finde mich irgendwann nur dann noch »normal«, wenn ich sie empfinde. Keine Frage: Diese Art von Spannung, Schmerz oder anderen unangenehmen Gefühlen ist ein Schutz. Sie ist lebensnotwendig, denn sie verhindert Gefühlsschocks, die den Menschen extrem belasten und gefährden. Der Schutz ist auch aus einem anderen Grund nötig: unbekannte Situationen rufen eigene, ungeprüfte Reaktionen hervor und können damit für alle Beteiligten große Schäden verursachen. Wir können uns also freuen, denn:

Aus Erfahrung wird man »klug«

Doch: Dieser Satz hat zwar den positiven Beiklang, der dem seelischen Immunsystem angemessen ist. Er müsste aus unserem Blickwinkel aber eher heißen: Aus Erfahrung sorgen wir dafür, dass sich unsere Schmerzen immer wiederholen, oder: Aus Erfahrung sorgen wir auch in der Zukunft für das Unglück, an das wir uns in der Vergangenheit gewöhnt haben. Wie könnten wir auf einer Grundlage leben, die wir nicht kennen? So versuchen wir, unsere Gefühle zu schützen, indem wir auf emotionale Enttäuschungen und Schocks vorbereitet bleiben:

Wir halten Reaktionen für all die Verletzungen »auf Lager«, unter denen wir in unserem Leben gelitten haben. Um dies zu schaffen, müssen wir in unserer Gefühlswelt für jede Enttäuschung und jeden Schock die passenden »Antikörper« bereithalten. Die fehlende Fähigkeit, Erinnerungen zu löschen, trifft uns hier mit ihrer ganzen Härte:

Wir nehmen eine Spur aller Gefühle, die von den vergangenen Katastrophen ausgelöst wurden, in das Fundament unseres Lebensgefühls auf, und behalten sie dort auf unabsehbare Zeit.

Tritt dann eine früher erlebte Verletzung tatsächlich wieder ein, sind wir auf sie automatisch vorbereitet, und der Schock findet nicht statt. Wir können auf den Angriff so reagieren, wie wir es gelernt haben, und unternehmen keine Überreaktion, die uns selbst gefährden könnte. Das Psycho-Immunsystem hat seine Schutzfunktion erfüllt; die Schmerzimpfung hat ihre Berechtigung erwiesen. Dieser Schutz ist jedoch nur garantiert, wenn alle »Antikörper«, nämlich die Spuren der unangenehmen Gefühle, frisch gehalten werden und in Bereitschaft bleiben. Um das zu erreichen, haben wir kein anderes Mittel als unser eigenes Verhalten: Wir suchen Schmerzanlässe.

Wir müssen also dafür sorgen, dass Anlässe entstehen, die die eingeimpften Gefühle immer wieder auffrischen und einsatzbereit erhalten. Damit wollen wir uns später noch genauer beschäftigen. Es lässt sich aber jetzt schon erkennen, dass wir offenbar ein Programm in uns tragen, das uns mit den schmerzhaften Gefühlen aus unserer Vergangenheit versorgt, um uns zu beschützen. Es gibt also im seelischen Immunsystem Gefühle, die definieren, wogegen ich mich wehren oder was ich vermeiden muss. Sie entstehen durch Erfahrung; durch »Schmerzimpfung«.

Nun sind wir an einem Punkt, an dem uns plötzlich dämmert: Seelischer Schmerz kann sich in körperliche Krankheiten verwandeln. Die Grundlage dieser Möglichkeit ist: Der Mensch hat nur ein Nervensystem, ein hormonelles System und einen Kreislauf, in dem alles mit allem zusammenhängt. Dadurch haben alle körperlichen Krankheiten, an denen Hormone, Blutkreislauf und Stoffwechsel beteiligt sind, etwas mit dem Nervensystem zu tun. All unsere Krankheiten haben also Verbindungen zu unserem gewohnten Lebensgefühl und der Wiederholungstendenz seiner Bestandteile. Diese Gefühle können natürlich schmerzhaft und voller Spannung sein und dadurch körperliche Krankheiten auslösen. Das Maß der Schmerzen, die für mich sozusagen normal sind und dafür sorgen, dass ich mich täglich wiedererkenne, kann aus seelischem wie aus körperlichem Leiden bestehen.

Wenn die gewohnte Spannung oder Schmerzhöhe abnimmt, kann ich mein gewohntes Lebensgefühl sowohl mit einer unangenehmen Krankheit als auch mit einer plötzlich auftauchenden Sorge wiederherstellen. Mein übliches Lebensgefühl kann auch aus beidem: aus seelischen und körperlichen Schmerzen zusammengesetzt sein.

Das führt zu einer sehr interessanten Konsequenz:

Stellen Sie sich vor, Sie seien an ein Lebensgefühl gewöhnt, in dem immer irgendeine unangenehme Komponente zu finden ist. Sie kennen keine längere Phase, in der Sie sich rundherum wohl gefühlt haben, irgendetwas trübte - sicherheitshalber - immer Ihr Glück. Sie können deshalb auch jetzt nicht davon ausgehen, dass in Ihrem Leben etwas geschieht, worüber Sie sich uneingeschränkt freuen:

Wenn tatsächlich einmal die Sonne scheint, die Arbeit fertig ist und Sie niemand ärgert, bekommen Sie garantiert Kopfschmerzen.

Wenn Ihnen jemand etwas schenkt, nach dem Sie sich lange gesehnt haben, fällt Ihnen bestimmt sofort etwas daran auf, das einen Umtausch nötig macht. Oder Sie haben endlich die quälenden Konflikte mit Ihrem Expartner, den Kindern und Ihrer neunmalklugen Mutter geglättet, da bricht plötzlich im Beruf jemand einen Streit vom Zaun, mit dem Sie noch nie Probleme hatten.

Also angenommen, Ihr Lebensgefühl funktioniert so, dass immer ein bestimmtes Maß an - scheinbar völlig unnötigem -

Stress und Schmerz vorhanden ist, dann verhalten sich seelische und körperliche Zutaten wie auf einer Waage: Es können die Sorgen und seelischen Unannehmlichkeiten überwiegen, und Sie sind körperlich gesund. Es können aber auch die körperlichen Schmerzen überwiegen, und Sie haben sonst eigentlich keine Sorgen. Wir haben ja gesagt, dass unsere Gewohnheiten immer für ein bekanntes Maß an Unannehmlichkeit sorgen. Dieses Maß ist nicht beliebig veränderbar. Es hält sich in seiner gewohnten Höhe, nicht mehr und nicht weniger.

Es könnte also zutreffen: Wenn die körperlichen Schmerzen steigen, nehmen die seelischen ab, und umgekehrt. Kommt Ihnen diese These zu gewagt vor? Macht es uns nicht viel mehr Sorgen, wenn wir körperlich krank werden? Fühlen wir uns nicht froh und frei, wenn wir gesund sind? Ich möchte nicht behaupten, dass sich gesunde Menschen grundsätzlich Sorgen machen und dass körperliche Krankheiten bei den meisten Betroffenen seelische Entspannung auslösen. Ich möchte daran erinnern, dass es um Gewohnheiten geht. Meine Behauptung heißt deshalb nur: Wer an ein persönliches Maß von Sorge, Unzufriedenheit und Schmerz gewöhnt ist, der kann diesen besonderen Effekt erleben: Wenn er körperliche Schmerzen erfährt, wird sein Kopf etwas weniger von Sorgen belastet, und wenn er intensiv mit seelischen Problemen beschäftig ist, macht der Körper weniger Probleme. Deshalb gibt es die erstaunliche Beobachtung:

Körperliche Spannungen und Krankheiten können
seelische Anspannung verringern

Es gibt sehr viele Krankheiten, die körperlich sichtbar werden, wenn der seelische Schmerztopf überläuft. Doch es lässt sich auch beobachten, dass die seelische Anspannung sinkt und z. B.

neurotische Symptome sich vermindern, wenn eine körperliche Krankheit auftritt. Das gilt sogar für Symptome aus dem psychotischen Bereich, die für unerträglich starke seelische Anspannung stehen. Besteht also eine Gewohnheit, die zur regelmäßigen Wiederholung eines bestimmten schmerzhaften Gefühls wie

- Unzufriedenheit
- Versagensängste oder
- Einsamkeit

führt, so kann man sich leicht vorstellen, dass für solche Gefühle genauso gut seelische wie körperliche Unannehmlichkeiten sorgen können. Es ist für den Zweck, diese Gefühle zu erhalten, sozusagen egal, ob sie durch seelische oder körperliche Schmerzen entstehen. Beides funktioniert, und die Gewohnheit ist erfüllt, wenn das gewohnte Gefühl erhalten und immer wieder erlebt werden kann.

Dieser Vorgang lässt sich am besten mit dem Begriff »Schmerzhomöostase« beschreiben. Homöostase bedeutet wörtlich »Aufrechterhaltung«, und sie ist eine der wichtigsten Aufgaben unseres Organismus.

Unser Körper ist unablässig damit beschäftigt, eine bestimmte Körpertemperatur, ein gleiches Maß an Blutzucker, bestimmten Hormonen, Mineralstoffen etc. aufrechtzuerhalten. Weil der Mensch keine voneinander getrennten Lebenskreise in sich trägt, hängen die körperlichen Vorgänge natürlich mit dem seelischen und zwischenmenschlichen Bereich zusammen. So kann kein Organismus seine Energie, seine Körpertemperatur oder seinen Zuckerhaushalt regeln, wenn der Mensch nicht weiß, wo er etwas zu essen bekommt. Er muss wissen, wo es das gibt, was er braucht, und muss sich so verhalten können, dass er es auch bekommt. Es kann auch niemand seinen Hormonhaushalt regeln, wenn er nicht mit seiner Sexualität umgehen und sich so benehmen kann, dass er Partner findet und ein ausgeglichenes Sexleben führt. So sind wir ganz schnell von körperlicher Gesundheit auf das Verhalten gekommen, das von Gewohnheiten und Gefühlen abhängt. Und weil die Gewohnheiten und Gefühle meist nur im Kontakt mit anderen Menschen befriedigt werden können, hat unser Innenleben natürlich auch starke Auswirkungen auf die Menschen in unserem Umfeld.

Es ließen sich noch unendlich viele Beispiele für dieses Zusammenspiel anführen, die einfach daher kommen, dass der Mensch zum Überleben auch auf seine Mitmenschen angewiesen ist.

Das fließende Gleichgewicht des Organismus, die Homöostase, muss also selbstverständlich für die gesamte Persönlichkeit, für alle gewohnten Gefühle und Fähigkeiten gelten. Da diese Homöostase unser Leben sichern soll, muss jeder von uns sein Leben mit dem Bemühen verbringen, das einmal eingespielte Gleichgewicht immer wiederherzustellen. Das gilt auch für die unangenehmen Gefühle und die körperliche Schmerzmenge, die zu jedem Einzelnen gehört. Doch wie kann man seine Schmerzmenge verändern? Ein seelischer Schmerz verschwindet nicht einfach. Wenn es keine Veränderung der Lebensumstände gibt, die stark und lang anhaltend genug ist, um eine Gewohnheit außer Kraft zu setzen, tritt er in irgendeiner Erscheinungsform wieder auf, möglicherweise als körperliche Krankheit.

These 2: Wir inszenieren Krankheiten

Wenn wir uns so betrachten, finden wir uns in einer neuen Rolle wieder. Es gehört schon etwas Überwindung dazu, sich diesen Schuh anzuziehen. Doch wir müssen sehen: Es ist möglich, dass wir über unsere Gewohnheiten immer wieder aktiv Situationen herbeiführen, in denen wir uns mit unserem persönlichen Maß an Krankheit versorgen können. Überzeichnet gesagt: Wir können uns gut mit Krankheiten versorgen, damit es uns nicht ungewohnt gut geht. Das funktioniert einerseits ganz direkt: Es ist allgemein bekannt, dass jeder selbst für eine Erkältung sorgen kann, wenn er sich im Winter zu dünn anzieht, oder dass man fußkrank wird, wenn man zu enge Schuhe trägt.

Wir können jedoch auch indirekt Krankheiten inszenieren, indem wir uns im Kontakt mit anderen Menschen immer wieder nach einer Gewohnheit verhalten, die uns letztlich krank macht. Sie können andere Menschen immer wieder so ansprechen, dass diese mit Aggression oder Verweigerung reagieren. Das Ergebnis kann sein, dass Sie ein Magengeschwür bekommen oder weiter unter chronischer Gastritis leiden. Sie können Ihren Partner oder Ihre Partnerin immer in dem Moment schlecht behandeln, in dem Sie den diskreten Beginn von Kopfschmerzen spüren, und können damit die Spannung zwischen Ihnen so steigern, dass Sie Ihre bekannte Migräne wieder bekommen.

Es ist eine spannende und lohnende Detektivarbeit, herauszufinden, wie unsere Gewohnheiten andere Menschen nutzen, um uns körperliche Krankheiten zu holen. Der Mensch ist eine Fehlkonstruktion, wenn es darum geht, mit der Natur umzugehen und ihre Vielfalt und ihr Zusammenspiel zu begreifen. Er ist auch eine Fehlkonstruktion, wenn es darum geht, mit Menschen umzugehen, dem Kompliziertesten, das die Natur entwickelt hat. Deshalb ist vieles, das unser Verhalten im Umgang mit anderen Menschen verbessern kann, ausgesprochen schwierig. Alles in uns sträubt sich dagegen, es zu lernen, und zwar nicht etwa, weil wir es nicht wollen. Nein, wir haben damit Probleme, weil wir nicht dazu konstruiert sind, das Neue, das uns besser täte, ohne großen Aufwand in uns einzupflanzen. Es regiert das Programm, das sich einmal als Gewohnheit festgesetzt hat. Die Gewohnheit steht gegen die Vernunft, die Einsicht und den Willen. Alles, was wir bewusst und geplant an unserem Verhalten verändern wollen, trifft auf natürliche Hürden, die es schwer umsetzbar machen. Geben Sie sich deshalb mildernde Umstände, wenn Sie Ihre Gewohnheiten optimieren wollen. Ihre Natur stellt sich diesem Vorhaben entgegen. Ihr Sicherheitsbedürfnis, das an allem festhalten will, was sich bis jetzt stabil eingespielt hat; Ihre Grundbedürfnisse und Instinkte, die einem jahrtausendealten Programm folgen, und Ihre biologische Konstruktion, die unüberwindliche Grenzen der Selbstkontrolle und Gehirnleistung setzt: Das sind Ihre Grundlagen, und es hat keinen Sinn, sie zu ignorieren. Wir können nur Erfolg haben, wenn wir die Grundlagen unserer Konstruktion nutzen, und das heißt: Wenn wir uns verändern wollen, müssen wir von den Vorzügen unserer Gewöhnungsfähigkeit profitieren. Wir können ja, anstatt uns darüber zu ärgern, auch Vorteile davon haben, dass häufiges und regelmäßiges Einüben bestimmte Verhaltensweisen irgendwann zu Gewohnheiten macht.

Krankheit kann Therapie sein

So kann die Schmerzhomöostase mit sich bringen, dass sich eine depressive Stimmung verbessert, wenn dem Betroffenen ein Unfall passiert oder er eine körperliche Krankheit erlebt. Das gilt selbst dann, wenn er diese Krankheit nur für sich erlebt, ohne dass sie sich objektiv feststellen lässt. Medizin und Psychologie kennen beispielsweise schon lange den Begriff der »larvierten«, also verkleideten Depression, die für nichts anderes steht als einen seelischen Spannungszustand mit Gefühlen von Sinnlosigkeit oder Trauer, der sich aber in einer körperlichen Krankheit äußert. Ich bin überzeugt, dass viel mehr Krankheiten und Schmerzszenarien, als wir bisher annehmen, in ihrem Kern seelische Spannungsgefühle sind.

In unserer heutigen Welt ergeben sich dadurch sogar persönliche Vorteile: Wenn meine Unzufriedenheit, Angst oder Antriebslosigkeit als körperliche Krankheit auftritt, kann ich:

1. sozusagen eine »echte Krankheit« vorweisen, die mich zum Leiden berechtigt und um mich herum Fürsorge auslöst,
2. kann ich weiterleben, ohne mir um die Lebensumstände Gedanken zu machen, in denen meine seelischen Schmerzen sich immer wiederholen.

Ich bekomme Erklärungen für meine Schmerzen, die sich auf das Funktionieren der Organe beschränken, und brauche deshalb, einfach gesagt, mein Leben nicht zu verändern.

Krankheitsursachen nur auf der körperlichen Seite zu suchen, ist vielleicht nicht sinnvoll, aber häufig angenehmer, als in ihnen auch eine Form von Unzufriedenheit oder seelischer Spannung zu sehen. Unzufriedenheit bedeutet, dass ich etwas in meinem Leben verändern müsste. Finde ich jedoch eine rein körperliche Krankheitsursache, dann kann ich die Ängste und den Aufwand, die jede Veränderung der Lebensumstände mit sich bringt, guten Gewissens vermeiden. Doch zum Glück kann ich selbst entscheiden, wie weit meine Suche nach den Ursachen einer körperlichen Krankheit führen soll. Wenn ich will, kann ich auch im Zusammenhang mit einer körperlichen Krankheit einfach darüber nachdenken, ob ich mit wichtigen Bedingungen meines Lebens unzufrieden bin. Hat mich der Mut dann immer noch nicht verlassen, kann ich anfangen, mir klar zu machen, was ich verändern müsste, um zufriedener zu leben. Wir könnten uns jetzt vielen körperlichen Krankheiten im Einzelnen widmen, um nach der in ihrem Kern liegenden Unzufriedenheit zu suchen und die Frage zu beantworten: Erzeugt unser Organismus selbst die Krankheit, um sich mit bekannten Gefühlen zu versorgen?

Ich glaube, viele der Krankheiten, die man heute als »psychosomatisch« ansieht, können bei genauerer Betrachtung eigentlich mit neuen Augen gesehen werden. Es sind die Leiden, bei denen die Herabsetzung der Abwehrbereitschaft gegen Infektionen, oder gar der körpereigene Angriff auf eigene Organe als krankheitsauslösend angesehen wird:

Wir alle wissen, dass die Aktivität unserer Immunabwehr über das Auftreten vieler Krankheiten entscheidet. Doch ist es richtig, zu sagen, dass die Herabsetzung der Immunabwehr des Körpers eine Art »Bereitschaft«, also eher etwas Passives ist?

Viel logischer erscheint mir die Annahme, dass der Körper die Immunabwehr, sei sie hoch oder niedrig, wie eine Gewohnheit auch aktiv steuert. Es gäbe dann – als Gewohnheit, die sich wiederholt, aktive Entscheidungen des Organismus für eine körperliche Krankheit.

Die Grundlage solcher Krankheiten kann mit Unzufriedenheit zu tun haben, und die grundlegende Botschaft des Menschen an sein System lautet: »Ich bin hier nicht richtig« oder »Niemand, der mir wichtig ist, einschließlich ich selbst, legt Wert auf mich.« Es ist nur konsequent, dass die Biologie eines Menschen, der so fühlt, automatisch daran arbeitet, sich zu zerstören.

Nach langer Zeit wurde ich an diesem Punkt der Gedankenkette wieder durch den Lärm um mich herum abgelenkt. Die Vögel zankten in dem dichten Bewuchs meiner Terrassenranken. Hatten sie vielleicht auch zu lange Frieden gehabt und mussten sich jetzt wieder ihren gewohnten Stress zuführen?

Wie gern hätte ich gewusst, worum es eigentlich ging. Welcher Genuss war es, ihre schillernden Federn bei dem Streit zu beobachten. Während der eine aufgeregt zwischen den zwei immer gleichen Ästen hin- und herflatterte, plusterte der andere sein blaugrün schimmerndes Gefieder gewaltig auf und schimpfte aus vollem Hals. Ich jedoch verhielt mich ruhig. »Lass doch einmal andere streiten«, dachte ich zufrieden. Doch ich wollte auch nicht aufstehen. Ich hätte sie sonst verscheucht, und, wer weiß, vielleicht wäre der Streit niemals befriedigend geregelt worden.

These 3: Unsere Gewohnheiten suchen Krankheiten

Die Sucht nach Rückenschmerzen

Wann immer wir ein unangenehmes Gefühl erleben, das – z. B. als Schmerz – auch durch eine körperliche Störung entstanden sein kann, machen wir uns automatisch auf die Suche nach seiner Ursache. Unsere erste Frage sollte jedoch nicht sein: »Warum bekomme ich das jetzt«, sondern vielmehr: »Wie viele der Faktoren kenne ich, die jetzt dazu beigetragen haben?«

Damit haben wir schon anerkannt, dass oft auch eine körperliche Krankheit aus mehreren Faktoren entsteht. Die nächste Frage müsste sein: »Welche Faktoren kommen von mir; welche kann ich also wieder verändern?«

Nach diesen zwei einfachen Schritten sind wir schon an einem Punkt, an dem die nächsten Fragen sich von selbst ergeben:

So können wir zuerst nachschauen, wie unsere Schmerzen in unsere Lebenssituation passen, und überprüfen:

Gibt es in einem anderen Lebensfeld gerade eine ungewöhnliche Aufschwungphase; erlebe ich ungewohnte Erfolge oder Erleichterungen? Auch wenn Sie sich jetzt wundern: Ich frage auch gern: Gibt es eine Verminderung meines Heldentums, die ausgeglichen werden muss?

Seit es in unseren Breiten weniger Möglichkeiten zu heldenhaftem Auftreten gegen gefährliche äußere Feinde gibt, beobachten wir eine neue Form von Heldentum. Der Feind, der gesucht wird, ist eine Krankheit. Sie ist nötig, damit der Held seine Fähigkeiten zum Ertragen von Schmerz zeigen kann.

Heldentum, das war zu allen Zeiten auch der Versuch, möglichst viele Schmerzen auszuteilen und auszuhalten, und dafür gelobt zu werden; etwas einseitig gesagt: Leiden, das nach Belohnung strebt.

Gerade Rückenschmerzen treten bei immer mehr Menschen auf, bei Männern, aber auch immer häufiger bei Frauen, und bei einem großen Teil der Betroffenen erlebt man die Neigung, zwar immer wieder heldenhaft gegen dies schwere Schicksal anzugehen, aber die zu Grunde liegenden Gewohnheiten selbstverständlich beizubehalten. Es gibt sicher wenige körperliche Krankheiten, über die so viele mehr oder weniger witzige psychologische Spekulationen angestellt worden sind wie über Rückenschmerzen.

»Wer sitzt dir im Nacken«, ist die Standardfrage, wenn sich psychologisch angehauchte Menschen mit Rückenschmerzen befassen.

»Angst macht krumm« lautet der Titel eines Buches, und alle möglichen Wortspiele mit den Wirbeln, die »Haltung bewahren« oder »Rückgrat zeigen« machen die Runde. Unsere These stellt in den Mittelpunkt, dass die Haltung eines Menschen, sein Gang, seine Art zu sitzen, sich zu drehen und zu gehen, sein ganzes Leben hindurch charakteristisch für ihn ist. Jede Krankengymnastin kann ein Lied davon singen, dass gerade »falsche« Haltungen, die aber in das Leben des Menschen irgendwann genau hineinpassten, zu den sehr hartnäckigen Gewohnheiten seiner Entwicklung gehören. Haltungen sind also Gewohnheiten, die immer mit Gefühlen verbunden waren, und es ist nur logisch, ganz einfach und direkt zu formulieren: Rückenschmerzen sind Folgen von Gewohnheiten.

Verändert das die Betrachtungen, die wir über Rückenschmerzen anstellen müssen? Ich glaube, ja. Es beginnt damit, dass wir uns selbst für unsere Haltungen verantwortlich fühlen. Wir wählen die aktive Rolle. Das ist deshalb ein sehr wichtiger Faktor, weil wir nur dadurch auch selbst etwas verändern können.

Gleichzeitig macht diese Betrachtungsweise klar, dass wir mit unseren Rückenschmerzen umgehen müssen wie mit jeder anderen Gewohnheit, die wir uns nicht aus bösem Willen oder schlechten Absichten zugelegt haben, sondern als Antwort auf die Anforderungen, die unser Umfeld an uns gestellt hat.

Unsere Haltungen, die uns der Krankengymnast als »falsch« vor Augen hält, weil sie zu unseren Verspannungen geführt haben, sind in dem Zeitraum, an dem sie zu Gewohnheiten wurden, völlig »richtig« gewesen. Sie haben uns meist auch – außer Muskelspannungen – keinen Schaden zugefügt. Erst mit dem von Jahr zu Jahr zunehmenden körperlichen Verschleiß werden Haltungsgewohnheiten zu Rückenschmerzen.

Berücksichtigen wir das, wenn wir versuchen, uns Rückenschmerzen abzugewöhnen! Wenn wir wissen, dass es sich um »richtige« Gewohnheiten handelt, so kommen wir zu einer rücksichtvolleren und freundlicheren Haltung uns selbst gegenüber. Damit verhindern wir zusätzliche Verspannungen, die häufig aus dem verbissenen »Kampf gegen die Krankheit« entstehen, der dann nichts anderes ist als ein Kampf gegen sich selbst.

Natürlich: Wir haben hier das gleiche Problem wie immer, dass wir nämlich irgendwann die Verantwortung für Situationen übernehmen müssen, in die wir vielleicht schon als Kinder schuldlos geraten sind. Doch trösten wir uns damit, dass wir ja an der Tatsache, dass wir leben, auch nicht »schuld« sind, und gleichen damit wieder etwas von unserem Groll aus. Schließlich haben wir unterm Strich anderen Menschen so viel zu verdanken, dass unser Recht, ihnen für ihre Fehler Vorwürfe zu machen, eher relativ ist.

Im Kampf gegen Rückenschmerzen ist daher die erste Frage:
Bin ich bereit, die Verantwortung dafür zu übernehmen, dass
ich immer wieder Rückenschmerzen habe? Bin ich bereit, zu akzeptieren, dass ich – durch meine aktiv gelebten Gewohnheiten
– immer wieder selbst dafür sorge, dass meine Schmerzen wiederkommen? Es lässt sich nicht leugnen, dass ich selbst die Haltungen und Bewegungen vollbringe, die meine Schmerzen wieder herbeiführen, und in einem kurzen Gespräch mit meinem
Orthopäden wird klar, dass diese Bewegungen und Haltungen
nicht schicksalsgegeben und unvermeidbar sind, sondern dass
man sich durchaus anders bewegen und das Wiederkehren der
Schmerzen vermeiden kann. Ich muss die Schmerzen also zuerst »adoptieren«, und nach diesem ersten Schritt, in dem ich
die Schmerzen als Ergebnis meiner Aktivität angenommen
habe, bleibt mir dann die mühsame Aufgabe, einige alte Gewohnheiten umzulernen. Das bedeutet einerseits das gleiche
ständige Training, das ich auch zur Erlernung einer komplexen
Sportart aufwenden müsste.

Andererseits beginnt ein detektivischer Weg, der zur Entdeckung der Auslösesituationen führen muss, die meine gewohnte und heute »falsche« Haltung immer wieder einschalten.
Machen wir uns klar, dass nach unserem Modell auf eine Zeit,
in der ich schmerzfrei und unbeschwert war, durchaus eine
Phase folgen kann, in der ich aus einem sehr kleinen, unmerklichen Haltungsfehler heraus wieder Schmerzen aktiviere. Vergessen wir auch nicht, dass

1. bestimmte Haltungen und Bewegungen, die heute Schmerzen auslösen, einmal in einem Zusammenhang mit Spannungsgefühlen gestanden haben könnten.

Außerdem müssen wir herausfinden, ob

2. unsere Schmerzen eine Schutzfunktion übernehmen, indem sie neue, ungewohnte Beweglichkeits-, Freiheits- und Wohlgefühle wieder zu »Ich-bleibe-wer-ich-bin« zurückführen können.

Meine Gewohnheiten sitzen in ihrer Macht sozusagen an der Quelle. Mein Organismus kann auch »endogen«, ohne äußeren Anlass Schmerzen entwickeln, wenn der äußere Anlass dafür zu lange ausbleibt. Ich muss deshalb

- auch in symptomfreien Zeiten daran weiterarbeiten, dass ich meine Haltung Schritt für Schritt umlerne,
- die Anspannungssituationen abbauen, die die Schmerzhaltungen einschalten,
- besonders aufmerksam in Zeiten sein, in denen ich mehr Freiheit und Beweglichkeit in mein Leben bringe.

Doch es gibt einen weiteren Punkt, der bisher noch viel zu wenig Beachtung findet, aber für einen Erfolg unabdingbar ist:

Wie alle Schmerzgewohnheiten, besonders die körperlichen, so können natürlich auch Rückenschmerzen eine Funktion im Leben des Betroffenen haben, die ihr Weiterbestehen sinnvoll machen. Wer Zuwendung für sein Heldentum bekommt, also dafür, dass er zuerst immer wieder Schmerzen erleidet und sie dann heldenhaft überwindet, verliert zu viele angenehme Erlebnisse und Berührungen, wenn er seine Schmerzen verliert. Er wird weiter dafür sorgen, dass seine Gewohnheiten durch jedes neue Auftreten der Schmerzen wieder wundervolle Nahrung erhalten.

Denken wir daran, dass in unserer Kultur immer noch eine Tendenz besteht, »Härte«, Verleugnung von Schmerz und Unempfindlichkeit gegen Verletzungen zu honorieren. Vergessen wir nicht, dass unsere Kultur Kriegshelden auch heute noch ehrt und Friedensstifter oft kaum kennt.

Es ist daher gut zu verstehen, dass viele Zeitgenossen danach streben, Schmerzen auszuteilen und auszuhalten, weil sie sich davon Lob und sozialen Aufstieg versprechen. Um eine Bereitschaft zu erreichen, diese Seelennahrung aufzugeben, brauchen wir das offene Gespräch mit den Menschen, denen wir vertrauen. Wir müssen uns darüber unterhalten, wofür wir uns eigentlich Zuwendung wünschen, und einen Umgang mit den Schmerzen finden, der zwar für die notwendige Hilfe sorgt, aber gleichzeitig verhindert, dass die Umwelt sich nur dann um uns kümmert, wenn wir leiden.

Die Sucht nach Kopfschmerzen

Kopfschmerzen sind für jeden Behandler ein sehr dankbares Symptom. Sie sind häufig allein durch Muskelspannungen verursacht, und ein typischer Schmerz, der von der seelischen auf die körperliche Schiene wandern kann. Obwohl sie häufig keinerlei »organische« Ursachen haben, vererben sich Kopfschmerzen in vielen Familien über Generationen. Ich erwähne sie direkt nach den Rückenschmerzen, denn auch sie haben ihre Ursache in bestimmten Haltungen, also in einem für die Person typischen Muster seiner Muskelspannungen. Dieses persönliche Spannungsprofil stellt zu einem Teil immer eine erlernte Gewohnheit dar, die bei bestimmten Gefühlen typische körperliche Spannungen aufbaut.

An bestimmten Punkten in diesem Geflecht aus körperlichen und seelischen Gewohnheiten gibt es dann Schaltpunkte, in denen ein Gefühl wie Unzufriedenheit oder Angst aus dem psychischen Topf in den körperlichen Schmerztopf überschwappt und sich als Muskelspannung zeigt. Wenn man sich einige Zeit mit Kopfschmerzpatienten befasst hat, kann man manchmal schon bei dem ersten Kontakt erkennen, ob jemand zu Kopfschmerzen neigt.

Das mag damit zusammenhängen, dass die Muskelspannungen, die irgendwann zu starken Schmerzen führen, nicht erst in den Situationen entstehen, in denen wir Kopfschmerzen bekommen.

Schon vorher ist eine Grundhaltung da, die Kopfschmerzpatienten von Menschen unterscheidet, die nicht zu Kopfschmerzen neigen.

Diese Grundhaltung ist häufig an der Art zu erkennen, wie ein Mensch in die Welt blickt.

Das auffallende an Menschen mit Kopfschmerzneigung ist deshalb eine gewisse, kaum genau zu schildernde Spannung, die sich in den Augen zeigt. Sie hat zu tun mit Grundspannungen, die sich in der Augenmuskulatur ansammeln. Es lässt sich natürlich herrlich darüber spekulieren, wie weit Augenmuskeln, die sozusagen einen Schutzwall vor der Welt bilden, sich vor dem, was man nicht sehen möchte, verschließen. Man kann auch schön mit der Vorstellung spielen: Die Augenmuskeln sollen verhindern, dass jemand in den Augen als »Spiegel der Seele« Verletzlichkeit oder »weiche Gefühle« entdecken könnte.

Das schließt nicht aus, dass Kopfschmerzen auf die gleiche Weise »erblich« sind wie viele Haltungen und Stimmungen, die sich sehr früh als Gewohnheiten bilden. Ein Faktor, der dazu beiträgt, sind natürlich bestimmte körperliche Grundlagen, die genetisch vorgegeben sind. Ein weiterer Faktor sind Haltungen und Blicke der Bezugspersonen, die jedes Kind im Alltagsleben mitbekommt und ganz automatisch zu kopieren beginnt.

Wir suchen uns schon sehr früh einen bestimmten Platz in dem Gefüge der Menschen in unserem Umfeld, und passen uns dort so gut wie möglich ein. Dieser Platz bestimmt, welchen Elternteil oder welche Bezugsperson wir bei den seelischen und körperlichen Haltungen kopieren, und welche innere Spannungslandschaft wir übernehmen. Eine Diskussion darüber anzufangen, welcher Teil dieser »Erblast« genetisch vorgegeben ist und welcher gelernt wird, ist überflüssig. Die Mischung mag durchaus von Fall zu Fall unterschiedlich sein. Man beobachtet jedoch typische Profile, die sich zum Beispiel nach dem Platz in der Geschwisterreihe richten.

So wird das zweite Kind, das geboren wird, in der Wahl der Bezugsperson, seiner Stimmungen, Haltungen und Symptome in aller Regel einem anderen Elternteil ähneln als das erste.

Es wird sich mit einem anderen Verhalten in der Familie zeigen, indem es z. B. dann, wenn die Rolle des »enfant terrible« schon vergeben ist, eher den vernünftigen, einsichtigen Part wählen wird. Um sich zu unterscheiden und als eigenständige Person entwickeln und Aufmerksamkeit auf sich ziehen zu können, wird es sich auch meist mit dem anderen Elternteil oder einer anderen Bezugsperson identifizieren. Daher ist es nicht selten so, dass von mehreren Kindern einer Familie nur eines unter regelmäßigen Kopfschmerzen leidet, die in den gleichen Momenten auftreten wie z. B. bei der Mutter. Betrachtet man das ganze Verhalten dieses Menschen, der wahrscheinlich mit diesem Symptom aufgewachsen ist, wird man möglicherweise herausfinden, dass auch die Schaltsituationen, die zum Umschalten einer seelischen Spannung in körperliche Symptome führen, sehr ähnlich sind.

Man wird häufig entdecken, dass die gleichen Situationen als unangenehm und Angst auslösend empfunden werden, dass eine ähnliche – nicht selten eher belastende – Erwartung an die Zukunft vorhanden ist, dass ähnliche Anforderungen in der Kommunikation mit anderen Menschen als überfordernd erlebt werden und vieles mehr.

Wie ich angesehen wurde, sehe ich aus

Auch die Art, wie man von Beginn seines Lebens an angesehen wurde, kann sich besonders stark als Gewohnheit in der Muskulatur festsetzen. Wenn Sie zu Kopfschmerzen neigen, schauen Sie sich vielleicht einmal die Augen Ihrer Eltern an und versuchen, dem Blick nachzuspüren, mit dem Sie üblicherweise aus der Nähe angesehen wurden.

Vielleicht tragen Sie noch eine Spur des Reflexes in sich, den Ihre Augen dafür als gewohnte Antwort ausgebildet haben.

Wie jede andere Gewohnheit, so haben auch Kopfschmerzen die Tendenz, sich in ihrer Häufigkeit und Menge im Leben eines Menschen hartnäckig wiederholen zu wollen. Das Verlernen dieses Symptoms setzt auch hier voraus, dass ich die aktive Rolle annehme und mit deutlich mache:

Nur ich entscheide darüber, mit welchen Grundhaltungen ich im Leben herumlaufe, und in welchen Situationen ich meine Unzufriedenheit in den körperlichen Schmerztopf umleite.

Dabei ist das Interessanteste an den wiederkehrenden Kopfschmerzen, dass ich – wie bei allen anderen Gewohnheiten – die Tendenz habe, mich immer wieder in die gleichen Stimmungen und Situationen zu bringen, die diese Schmerzen auslösen. Das kann ganz unabhängig von der Umgebung geschehen. Ich kann feststellen, dass ich, sobald eine Angst oder Erwartung verschwunden ist, dazu neige, die nächste Sorge herbeizudenken oder herbeizuführen. So kann sich wieder meine gewohnte Grundspannung mit den gewohnten Kopfschmerzen entwickeln.

Noch spannender wird die Situation, wenn sich meine Lebensumstände zu stark verbessern:

Ich habe immer wieder Menschen gesehen, die zum Beispiel in einer neuen Partnerschaft auf einen Schlag so viele Spannungen und unbefriedigende Situationen losgeworden sind, dass es schlicht unmöglich war, sich wieder in die gleichen spannungsauslösenden Erwartungen, Unzufriedenheiten und Ängste hineinzudenken, an die ihre Seele, aber auch ihr Körper gewöhnt waren. Sie waren zwar einerseits sehr glücklich, bekamen aber andererseits Symptome, die völlig unerklärlich waren. Eines dieser Symptome war zum Beispiel ein völlig unerklärliches, auf keine Situation zurückführbares Auftreten starker Kopfschmerzen. Dabei ist diese Verselbständigung eines Symptoms, auf die ich schon bei dem Thema Rückenschmerzen hingewiesen habe, möglicherweise leicht zu erklären:

Das plötzliche Ausbleiben vieler Spannungen und Schmerzen führt zu dem gleichen Fehlen eines gewohnten Lebensgefühls wie das Fehlen eines gewohnten Nahrungsmittels.

Da den Gewohnheiten jedoch das ganze System des Menschen sozusagen als Selbstbedienungsladen zur Verfügung steht, erzeugen sie gewohnte Symptome aus sich heraus. Wenn man den Wert erkennt, den sie auf diese Weise für das gesamte Leben darstellen, verzeiht man ihnen – oder anders gesagt, sich selbst – gern einige Symptome, die auch dann noch wiederkehren, wenn sie gar nicht mehr in die Lebenssituation passen, denn: Unsere Gewohnheiten haben schließlich die äußerst wichtige Aufgabe, einmal als funktionell erwiesenes Verhalten zu wiederholen, um zu gewährleisten, dass wir die bleiben, die wir sind.

Halten Sie sich deshalb nicht für krank oder verrückt, wenn in einer Zeit ungewohnten Glücks oder Erfolges plötzlich gewohnte Symptome »ohne Anlass« auftreten, deren Stärke vielleicht sogar noch größer ist als früher. Wenn Sie versuchen, sich zu verstehen und Ihren positiven Zustand zu erhalten, wenn Sie Ihre Ziele verfolgen und die Rückschläge mit einbeziehen, werden Sie auch diese Gewohnheiten abbauen können.

Die Sucht nach Übergewicht

Eine der Gewohnheiten, die sich in unserer Entwicklung am schnellsten einprägen, ist sowohl die Art als auch die Menge des Essens, das wir zu uns nehmen. In der Natur ist das überlebenswichtig. Jedes kleine Lebewesen, das auf die Welt kommt, muss als Erstes wissen, was es essen kann und wovon es lieber die Pfoten lässt. Damit ist vorprogrammiert, welche Lebensmittel schmecken, denn: Woran man gewöhnt ist, das schmeckt irgendwann auch. Beispielsweise glaube ich, dass niemand, der nicht schon von Kindesbeinen an damit traktiert worden ist, freiwillig Sauerkraut oder Innereien essen würde.

Ich kann mir ebenso wenig vorstellen, dass jemand Geschmack an saurem Apfelwein oder tibetischem Tee mit ranziger Butter findet, wenn ihn seine Umgebung nicht von klein auf daran gewöhnt hat, dass solche Drinks toll schmecken. Diejenigen, die sich diese Lebensmittel angewöhnt haben, sehen sie als Delikatesse an, für die sich auch der weiteste Weg lohnt, während jeder andere mit Grausen davor Reißaus nimmt.

Unser Überlebensprogramm bringt also mit sich: Wenn Sie einmal an bestimmte Lebensmittel gewöhnt sind, wird Ihnen deren Geschmack vielleicht immer attraktiv erscheinen.

Der zweite Faktor, der schnell zur Gewohnheit wird, ist die Menge des Essens, die man in sich hineinschaufelt. Auch diese Gewohnheit setzt sich so früh im Leben fest, weil es lebenswichtig ist, ausreichend zu essen. Kein Kind der Welt würde von sich aus aufhören, zu essen, bevor es satt ist.

Ich bin der Meinung, dass man einmal gelernte Essgewohnheiten kaum jemals wieder los wird. Ich kenne nur wenige Menschen, denen die Mehrzahl der Lebensmittel, die sie als Kind genossen haben, zu irgendeiner Zeit des Lebens nicht mehr wohlschmeckend erscheint.

Ich kenne auch kaum jemanden, der daran gewöhnt war, viel zu essen, und der jetzt nach wesentlich kleineren Mengen als früher automatisch mit einem Sättigungsgefühl vom Tisch aufstehen kann wie derjenige, der sein ganzes Leben lang wenig gegessen hat.

Natürlich kenne auch ich viele Menschen, die ihr Gewicht deutlich reduzieren konnten, aber kaum einen, bei dem die Beibehaltung einer schlankeren Figur ohne ständige Kontrolle durch das Bewusstsein möglich gewesen wäre. Das bedeutet in der Praxis, dass sich niemand, der von seinen Gewohnheiten her zu starkem Übergewicht neigt, jemals in neuen Gewohnheiten sicher fühlen kann. Viel mehr muss er oder sie mit umso mehr Rückschwungenergie seiner Gewohnheiten rechnen, je länger und ausufernder das Übergewicht bestand.

Aus diesem Grund könnte jeder Abnehmwillige möglicherweise nachhaltig davon profitieren, dass er die aktive Rolle einnimmt. Wenn er sich einen Standpunkt erarbeiten kann, von dem aus er sieht: »Meine eigenen Gewohnheiten suchen nach der Wieder-Holung des Übergewichtes«, kann er mit viel mehr Sicherheit vor Misserfolgen ans Werk gehen. Jeder Rückschlag entpuppt sich dann als ein Wieder-holen von Gewohnheiten, auf die er noch nicht völlig verzichten kann, wenn er seine Sicherheit behalten und reibungslos funktionieren will. Das, was er bisher als Niederlage erlebte, ist eben kein Misserfolg, sondern wird zu einer aktiven Sicherungsstufe, die seine Veränderung in das richtige Tempo bringt.

Das Verändern der Essgewohnheiten führt natürlich auch zu einem anderen als dem körperlichen Hunger: Das Aussteigen aus den Essgewohnheiten kratzt – wie jede Gefährdung wichtiger Gewohnheiten – stark an unserem Sicherheitsgefühl.

Hier bekommen wir also neben dem körperlichen Mangelgefühl auch den Drang zu spüren, die bisherigen »Selbst-Verständlichkeiten« wiederherzustellen und dadurch wieder mit weniger Anstrengung und mehr Sicherheit automatisch zu funktionieren.

Kommt der Schlankheitssuchende zu der Erkenntnis, dass er sich täglich noch einen zweiten Hunger stillen muss, nämlich den Hunger seiner Gewohnheiten nach Bestätigung, dann blieben ihm vielleicht auch viele andere Überraschungen erspart. Er kann sich nach unserer These verhalten und den paradox anmutenden Schlankheitsplan verfolgen, der

1. nach jeder Reduktion von Nahrung eine Zunahme vorsieht, die einen Teil der Reduktion wieder aufhebt, und

2. nach jeder Gewichtsabnahme eine leichte Zunahme anstrebt, die einen individuell festzulegenden Teil der Abnahme wieder ausgleicht.

Diese Einstellung versteht und akzeptiert die Berechtigung von Rückschwüngen nach starkem Gewichtsverlust. Parallel dazu bleibt jedoch die Detektivaufgabe spannend, immer mit intelligenten Ausweichmanövern der Gewohnheiten zu rechnen. Das Bewusstsein kann uns immer wieder vorgaukeln, es sei jetzt nicht schlimm, ja, vielleicht sogar richtig, in eine alte Gewohnheit zurückzufallen. Wer weiß, dass seine Gewohnheiten Übergewicht suchen, wird deshalb sein Leben lang aufpassen müssen.

Die Sucht nach schlechten Träumen

Es mag zehn Jahre her sein, als ich mich das erste Mal – mit unserer These im Hinterkopf – mit einer Patientin über Träume unterhielt. Ich fand es schon immer gehaltvoller, nicht so sehr die vordergründigen Inhalte der Träume zu beachten, zumal sie nicht selten dem Abendprogramm im Fernsehen entsprungen waren, sondern zuerst die Gefühle zu registrieren, die sie im Lebensgefühl des Träumers hinterlassen. Ich finde es einfach logisch, sich die Auswirkungen der Träume anzusehen, die sie auf unser reales Leben haben, und hier interessiert mich besonders ihre Wirkung auf das Verhältnis von unangenehmen Gefühlen wie Angst, Traurigkeit und Aggression zu angenehmen Emotionen wie Freiheit, Genuss und Harmonie.

Ich hatte den Eindruck, dass die Träume vieler Menschen nicht nur verschlüsselte Botschaften aus alten Zeiten tragen können, sondern dass sie vor allem auch im aktuellen Alltag vieler Personen eine Funktion haben. Diese Funktion ist im Zusammenhang unserer These interessant, weil Träume unser Lebensgefühl verändern können. Wir tragen also mit den Träumen eine Gefühlsquelle in uns, die von momentanen Umwelteinflüssen unabhängig ist, aber auf unser waches Lebensgefühl am »Tag danach« wirken kann. Damit sind Träume ein Instrument, mit dem unser System seine Gefühlslage quasi nach Bedarf verändern kann, und wenn man sich mit Träumern über die Wirkungen ihrer Träume am Tag danach unterhält, wundert man sich leicht über ihre Stärke und Dauer. So können natürlich auch Träume der Regulation unserer Gefühle dienen und mithelfen, dass wir in unserem gewohnten Fahrwasser bleiben, und zwar in zwei Richtungen:

Einerseits scheint mir die altbekannte Beobachtung zutreffend, dass man in Zeiten realer Bedrückung in seinen Träumen häufig in gelöstere Gefilde entschwebt: Wer sich in einer schwierigen, angespannten Lage befindet, träumt häufig davon, die Probleme seien schon gelöst, und schwebt im Traum auf Wolke sieben. Dies gilt sowohl für körperliche Bedürfnisse, also Essensträume bei Hunger, Sexträume bei langer Enthaltsamkeit oder Bewegungsträume bei realen Bewegungseinschränkungen, als auch bei jeder Form emotionalen Hungers. Hier hat der Traum also – neben allem, was er sonst noch kann – eine entlastende Funktion, die Körper und Seele entspannen und ihr eine kleine Regeneration bieten kann, um die folgenden Alltagsprobleme etwas erholter zu bewältigen. Viel spannender finde ich jedoch die Beobachtung, dass viele Träume auch genau das Gegenteil zu bewirken scheinen. In Zeiten, in denen es den Menschen, die sich mit mir unterhielten, seelisch gut ging, sie entspannt und eigentlich mit dem Leben zufrieden waren, begannen manche von ihnen, Träume zu entwickeln, die ganz offenbar das gegenteilige, unangenehme Gefühlsspektrum in den Vordergrund stellten. So träumte eine junge Frau in den schönsten, entspannendsten Phasen ihrer Partnerschaft regelmäßig Szenen, die sie wütend oder traurig machten.

Vorzugsweise träumte sie nach besonders harmonischen, glücklichen Tagen, in denen sie und ihr Partner sich gegenseitig jeden Wunsch von den Augen ablasen, in den darauf folgenden Nächten Szenen, in denen er sie betrog und ihr Vertrauen auf jede denkbare Art missbrauchte. Was sie ganz besonders störte, war, dass er in diesen Träumen »nicht die leiseste Rücksicht darauf nahm«, dass sie gerade am Tag vorher besonders liebevoll gewesen war. Wie viele von uns, so litt auch sie darunter, dass die negativen Gefühle, besonders die Ängste, die der Traum geweckt hatte, nur schwer wieder loszuwerden waren. Manchmal war daraufhin am Tag nach dem Traum tatsächlich der Frieden in Gefahr. Erst als wir die Möglichkeit in Betracht zogen, dass sie nach ungewohnt harmonischen Tagen die gewohnten Beziehungsspannungen nur noch im Traum ernähren und wieder-holen konnte, konnte sie sich von den Resten der Träume tagsüber befreien.

Die Idee, dass sie ungewohnt liebevoll gewesen war und damit ihre Angst, sich auszuliefern, verstärkt hatte, und dass die Träume die Aufgabe hatten, das Sicherheit bietende Misstrauen wieder aufzubauen, half ihr. Es wurde damit leichter, die Quelle des Misstrauens nicht nur im Partner zu sehen.

Sie sah, dass nicht der Partner ihrer Sehnsucht nach mehr Liebe entgegenstand, sondern die eigenen Gewohnheiten. Auf jedem Weg zur Veränderung, ob als Einzelner, in der Partnerschaft oder als Gruppe, ist es unverzichtbar, die Rückschwünge und Ausgleichsbewegungen des Gewohnheitssystems mit einzuplanen.

154

Nur so wird die Chance auf Veränderung realistisch und effektiv. Wer mitten im Hausbau merkt, dass er nicht auf festem Boden steht, sondern auf Treibsand, wird entnervt aufgeben. Wer aber vorher weiß, welche Rückschläge auf ihn warten, wird sie bewältigen können. Viele Veränderungsversuche einzelner Zeitgenossen und ganzer Kulturen sind genau das: sich in einen Strom stürzen, dessen Gegenströmung man nicht kennt, oder Häuserbauen auf Sanddünen, die man für festen Boden hält.

Stellen Sie sich einmal vor, Sie werden in Ihrem Boot auf einen Fluss geschickt, ohne dass man Ihnen vorher sagt, mit welch starker Gegenströmung Sie fertig zu werden haben. Können Sie ermessen, welches Erstaunen, welche Resignation sich breitmacht, wenn Sie das Ziel flussaufwärts schon im Auge haben und jedes Mal, wenn Sie vorangerudert sind, fast die gleiche Strecke wieder zurückgeworfen werden?

Das Gleiche erlebt jeder Mensch, der sich schon ein gutes Stück von seinen Problemen wegbewegt hat und nun plötzlich »neue« Symptome spürt, die die alten Ängste auslösen und ihn wieder von seinem Ziel entfernen. Welcher Misserfolg ist es für jeden, der sich unbedingt verändern möchte, wenn er immer wieder damit konfrontiert wird, dass sich die Dinge regelmäßig zurückentwickeln, er es also »nicht geschafft« hat. Hier kann eine kurze Vorbereitung darauf, dass sich die gewohnten Gefühle wiederholen wollen, unendliche Enttäuschungen ersparen.

Ich will mich später noch ausführlich mit den Schaukelbewegungen beschäftigen, die jeder erlebt, der sich verändern will. Doch so viel sei schon hier gesagt:

Wer sich verändern will, aus dem Kreis seiner Vergangenheit heraustreten und weiterentwickeln möchte, sollte sich unbedingt auf seine gegenläufige Automatik vorbereiten, um eine Veränderung mit möglichst wenig Enttäuschungen, Abbrüchen und Rückschlägen zu erreichen. Wer mit anderen Menschen an ihrer Veränderung arbeitet, sollte immer zuerst über die Wichtigkeit dieser Wieder-holungen sprechen, damit seine Gesprächspartner vor dem Gefühl des Versagens bewahrt werden können.

Die Sucht nach Bluthochdruck

Das Geschäft mit medizinischen Geräten, mit denen man sich über seinen eigenen Gesundheitszustand aufklären kann, hat in den letzten Jahren stark zugenommen. War früher das Fieberthermometer das einzige Messgerät, das in jeder Familie zu finden war, so gibt es heute fast keinen Haushalt mehr, in dem nicht auch ein Blutdruckmesser auf seinen Einsatz lauert. Zwar gilt besonders für die Messung des Blutdruckes der alte Satz: »Wer viel misst, misst viel Mist«, aber diese Entwicklung hat natürlich auch einen ernsten Hintergrund. Unser Land ist reich an allem, und dadurch auch reich an Stress. Deshalb ist erhöhter Blutdruck weit verbreitet, und es ist fast eine flächendeckende Aufgabe, in einem stressreichen Land wie Deutschland möglichst vielen Betroffenen zu helfen. Doch die Hilfe, die Bluthochdruck-Patienten erfahren, greift meines Erachtens zu kurz. Meist beschränkt sie sich darauf, ein blutdrucksenkendes Medikament zu verschreiben. Wenn der behandelnde Arzt sich besondere Mühe gibt, begleitet er das Medikament noch mit dem Ratschlag, weniger Salz zu essen und sich nicht so viel Stress zuzumuten.

Das Ergebnis: Der Patient lebt – vorübergehend mit etwas weniger Salz – weiter wie zuvor und schluckt eine Pille mehr.

Immer noch wird zu hoher Blutdruck auf Einzelfaktoren wie Stress, falsche Ernährung und genetische Veranlagung zurückgeführt. Diese Ursachen spielen zwar sicherlich eine Rolle, doch es wird dabei, wie ich finde, eine entscheidende Selbstverständlichkeit übersehen: Hoher Blutdruck entsteht aus ganz bestimmten Lebensgewohnheiten. Es ist zwar nicht falsch, zu sagen: Essen Sie weniger Salz und setzten Sie sich weniger Stress aus. Doch viel besser könnte man den Betroffenen helfen, wenn man sagte: »Ihre Ernährung, Ihre Art zu arbeiten, Ihre Neigung, sich schnell aufzuregen, und Ihr Gefühl, nie Zeit zu haben, sind nicht vom Himmel gefallen. Es sind Lebensgewohnheiten, die Sie immer wieder automatisch und aktiv praktizieren. Lebensgewohnheiten unterscheiden sich nicht von einer Sucht. Im Gegenteil: Wie bei jeder anderen Sucht werden Sie unruhig und bekommen Entzugserscheinungen, wenn Sie diese Gewohnheiten nicht regelmäßig praktizieren können. Das heißt: Zurzeit leben und arbeiten Sie unter Hochdruck und brauchen diese Gewohnheiten offenbar. Aber lassen Sie uns doch mal darüber sprechen, ob Sie das alles wirklich brauchen wollen.«

Wenn wir auch Bluthochdruck wie eine Sucht betrachten, können wir ganz selbstverständliche Annahmen zu Grunde legen, die uns sofort zu einer anderen Lebenshaltung verhelfen. Wir gehen nicht mehr davon aus, dass die Stressreize wie Pfeile auf den Patienten treffen und sein Blut unter Druck setzen. Wir nehmen viel mehr an, dass er sich neben den Zwängen, die das Leben für jeden mit sich bringt, auch Stressreize sucht, wie der Süchtige seinen Stoff. Er wird sie so lange suchen, bis sein Körper ihm die gewohnte Anspannung signalisiert. Diese Anspannung ist sozusagen seine »Betriebsspannung«; er braucht sie, um das Gefühl zu bekommen, dass er etwas leistet. Während er unter Spannung steht, wird er sich wünschen, es wäre nicht so. Aber sobald eine längere Phase der Entspannung entsteht, wird die Versuchung erwachen, sich wieder neue Belastungen und Reize zuzuführen wie der Junkie sein Heroin. Diese Suche wird erst dann automatisch abgebrochen, wenn die gewohnten Gefühle und Symptome wieder das vertraute

Lebensgefühl erzeugen. Die körperlichen Begleitumstände dieses normalen Lebensgefühls sind zwar unangenehm. Doch – wie bei jeder Sucht – führt das körperliche Symptom nicht dazu, dass die seelische Abhängigkeit endet. Im Gegenteil: Das unangenehme Körpergefühl wird ein untrennbares Messinstrument für die seelische Befriedigung, die maximale Leistungsfähigkeit zu erleben.

Dieses doppelgesichtige Gefühl: »Ich leiste das Maximum; ich tue das Sinnvollste«, und andererseits »ich fühle mich körperlich sehr belastet« kann natürlich auch durch jedes andere körperliche Spannungssymptom abgebildet werden.

Natürlich gibt es auf der gleichen Grundlage auch eine Sucht nach Verspannungsschmerzen. Da hat jeder von uns seine eigenen Prioritäten, und während der eine sich immer wieder seine typischen Nackenschmerzen holt, hat ein anderer es im Kreuz. Ein dritter hört nicht auf, sich unter Druck zu setzen, bis seine gewohnt höhere Herzfrequenz oder seine Sucht nach Magen-, Herz- oder sonstigen vertrauten Schmerzen wieder das vertraut-unangenehme Lebensgefühl gebracht hat.

Ich sah auf. Die rote Stunde war wieder angebrochen, die Stunde, in der die Pflanzen und Gegenstände rötlich zu leuchten begannen. Ich konnte mir nicht vorstellen, mich jemals an dieses Schauspiel zu gewöhnen, so wie man sich sonst an viele Wunder des täglichen Lebens gewöhnt. Das Meer, die Häuser, aber besonders die Pflanzen sahen tatsächlich so aus, als ob in ihnen jemand ein Licht angezündet hätte, das sie jetzt von innen leuchten und alles, was rötlich schimmerte, verstärken ließ. Wenn ein Naturschauspiel das Herz erwärmen konnte, dann diese Ansammlung von Wärme in den Farben um mich herum. Dieses Gefühl wurde noch stärker, wenn man eine der rötlich leuchtenden Bougainvilleablüten berührte, die sich anfühlten wie ein Hauch, ein Schmetterling. Hier berührte mich eine unendlich leichte Substanz, die nur dazu da war, das Leuchten und die Farbe – mehr als Idee denn als Materie – in die Welt zu tragen. Woher diese Idee auch immer kam, ich konnte kaum aufhören, sie anzusehen und zu genießen. So saß ich da, in die Idee der roten Stunde versunken, bis die Farben mit der Sonne verflossen.

Seelische Substanz

Ich bin ständig auf der Suche nach Begriffen, die mir das Denken über seelische Kräfte einfacher machen. Ich brauche plastische Bilder, damit ich mir die vielen, komplizierten Vorgänge, aus denen unser Seelenleben besteht, im Zusammenhang vorstellen kann. Eines meiner Lieblingsbilder heißt »Psychosubstanz.« Der Begriff klingt zwar sperrig, das Bild passt aber sehr gut ins Gehirn. Stellen Sie sich die Psychosubstanz vor wie eine Flüssigkeit, zum Beispiel wie das Blut, das in Ihren Adern pulsiert und Ihren Körper überall mit Nährstoffen versorgt. Genauso kann man sich vorstellen, dass die Flüssigkeit mit Namen Psychosubstanz in Ihren Nerven fließt. Sie versorgt die verschiedensten Nerven bis in den hintersten Winkel mit Nährstoffen, also mit seelischer Energie. Mit diesem Bild kann man wunderbar spielen. Man kann sich vorstellen, dass die Flüssigkeit im Moment weniger oder mehr Nährstoffe enthält. Man kann sich leicht ausmalen, dass es Bereiche gibt, in denen ihr Fluss blockiert ist, weil die Kanäle, in denen sie fließen könnte, nicht ausgebaut oder im Lauf der Zeit versandet sind. So kann man sich bildlich erklären, dass verschiedene Menschen verschieden intensive Gefühle haben. Einer mag gut ausgebaute Kanäle haben, in denen er Schmerz häufig und immer wieder fühlen kann. Ein anderer hat viel häufiger benutzte und immer wieder vertiefte Kanäle in denjenigen Bereichen seines Gehirns, in denen Freude fließt, und freut sich deshalb viel schneller und öfter.

Wie überall in der Natur wird die Flüssigkeit dort tiefere Kanäle graben, wo sie häufiger fließt. Es ist deshalb ganz leicht, sich vorzustellen, dass die Gefühle, die man vom Anfang seines Lebens an am häufigsten erlebt, auch später bestimmen, was man fühlt. Anders gesagt: Was man später im Leben fühlt, richtet sich nach den Maßstäben:

1. Wie früh habe ich angefangen, das zu fühlen? Und:
2. Wie oft habe ich das gefühlt?

Je früher ich ein bestimmtes Gefühl erlebt habe, desto weicher war die Erde, in die sich die Psychosubstanz ihren Weg gegraben hat. Je öfter das Gefühl dann in seiner Bahn floss, desto besser wurde der Kanal ausgebaut. Wenn wir in diesem Bild ein bisschen weiterspielen, dann können wir uns Folgendes leicht vorstellen:

Wir nehmen eine bestimmte Menge Flüssigkeit und gießen sie in ein Kanalsystem, in dem breite, schmale, tiefe und flache Kanäle eingebaut sind. Was wird passieren? Die Flüssigkeit wird am schnellsten und zum größten Teil in die Kanäle strömen, die am tiefsten und breitesten sind. Dadurch werden, wenn wir das immer wieder machen, diese Kanäle noch tiefer und breiter, während die anderen immer mehr verfallen. Eine entsprechende Erfahrung gibt es in der Erforschung chronischer Schmerzen.

Jeder Schmerzforscher weiß heute, dass der Körper Schmerz lernt. Wenn er oft genug an einer bestimmten Stelle Schmerz empfunden hat, erlebt er, dass dieser Schmerz auch von ganz allein, nur aus Gewohnheit, wieder auftritt. Er wird dann immer wieder seine Psychosubstanz in diesen Kanal fließen, so dass er immer wieder diesen Schmerz empfindet. Die Psychosubstanz überträgt ja nur die Botschaft des Schmerzes, nicht die Verletzung selbst wird transportiert. Deshalb kann die Botschaft auch immer wieder durch diesen wunderschönen, tiefen, gut fließenden Kanal fahren, selbst wenn die eigentliche Verletzung schon längst verheilt ist.

So kommen wir von der Psychosubstanz auf direktem Weg zu unseren Gewohnheiten. Was unsere Gefühle steuert, steuert auch unsere Entscheidungen. Was wir sagen, wie wir uns verhalten, hängt also auch ab von unserer Psychosubstanz. Es richtet sich danach, wie viel seelische Energie wir haben, und wo sie gewohnt ist, entlangzufließen. Wir haben unsere seelischen Gewohnheiten, die nicht flüchtig und beliebig sind, sondern sich nach dem Netz von Kanälen richten, die die Psychosubstanz in uns eingegraben hat. Die seelische Energie fließt deutlich schneller, als wir denken können. Deshalb sind unsere Gefühle häufig schon in die gewohnte Richtung gelaufen, bevor wir uns überlegen können, ob das überhaupt richtig ist.

These 4: Wir alle haben Gewohnheiten, die einem optimalen Leben im Weg stehen

Jeder Mensch besitzt seine Psychosubstanz, so wie jeder Mensch sein Blut besitzt. Die Psychosubstanz jedes Menschen folgt inneren Landschaftsbildern, die sein Seelenleben charakterisieren. Doch wie komme ich eigentlich auf die Idee, dass so gut wie jeder Mensch Gewohnheiten besitzt, die einem optimalen Leben im Wege stehen? Könnten nicht gerade Sie und ich eine Ausnahme sein? Frei von Gewohnheiten, die mir wie Hürden in den Weg gestellt sind und über die ich immer und immer wieder stolpere?

Ehrlich gesagt: Ich würde es Ihnen und mir auch von Herzen wünschen. Aber wenn wir uns vor Augen halten, wie sich die menschliche Entwicklung vollzieht, werden wir einsehen:

Es ist sehr unwahrscheinlich, dass gerade Sie oder ich schon mit den Gewohnheiten versorgt sind, die uns optimal auf das Leben einstellen, denn:

Wem dienen unsere Gewohnheiten?

Gewohnheiten bilden sich nicht in der Zukunft. Sie bilden sich in der Gegenwart. Das, worauf unsere Gewohnheiten trainiert werden, ist also nicht unsere optimale Zukunft. Es ist die zufällige Umgebung, in die wir hineingeboren wurden und an die wir uns gewöhnen müssen. Das Ziel der Gewohnheitsbildung ist, dass wir in diese Umgebung passen, und nicht etwa, dass wir optimal für die Zukunft gerüstet sind.

Betrachten wir einmal folgendes Beispiel: Jan B., ein 13-jähriger Jugendlicher, war schon mehrfach in Schlägereien verwickelt. Doch er kann es nicht lassen. Immer wieder fängt er Prügeleien auf der Straße an, weil andere Jugendliche nicht tun, was er von ihnen verlangt. Schließlich landet er vor dem Richter. »Das habe ich in den Straßen von Minsk gelernt«, sagt er mit einem Anflug von Stolz. »Nur wer härter zuschlägt als die anderen, bekommt, was er will.« Jan folgt immer noch seinen alten Gewohnheiten. Doch wer würde im Ernst behaupten, dass diese Gewohnheiten gut sind für sein späteres Leben?

Gewohnheiten bilden, das heißt: Wir beobachten die Reaktionen, die wir auslösen, und probieren aus, mit welchem Verhalten wir am schnellsten zum Ziel kommen. Sobald dann unser Handeln so funktioniert, dass wir unsere Ziele damit erreichen, werden wir diese Verhaltensweise beibehalten. Dabei muss es noch nicht die Verhaltenweise sein, die am schnellsten zum Ziel führt. Wir sind erst einmal zufrieden, wenn sie überhaupt funktioniert. Damit wird sie zur Routine; jederzeit in entsprechenden Situationen wieder abrufbar, ohne dass man über sein Verhalten erneut nachdenken müsste. Jede Gewohnheit wird immer zwei Zielen dienen. Sie wird zu den Menschen passen, die mit uns zusammenwohnen, und gleichzeitig wird sie in dieser Umgebung unser Leben erhalten und unsere wichtigsten Bedürfnisse befriedigen.

Gewohnheiten müssen daher

1. für die Umwelt gewährleisten, dass sie in ihrem Funktionieren nicht gestört wird, und

2. Grundbedürfnisse erfüllen, also Leben erhalten, Essen, Trinken, Schlafen, Schutz vor Krankheiten und Verletzungen erreichen etc.

Zuerst sorgen unsere Gewohnheiten dafür, dass wir z. B. in unsere Familie passen. Diese Familie wird sich kaum danach ausrichten, was für unsere Zukunft am erfolgversprechendsten wäre.

So wird eine Familie von Taschendieben bei dem Heranwachsen eines Kindes nicht den Beruf wechseln, damit das Kind sich keine falschen Verhaltensweisen angewöhnt. Eine Familie, in der der Hauptspaß darin besteht, sich gegenseitig mit Häme zu übertreffen, wird ihre Art, »Liebe zu zeigen«, nicht plötzlich in Herzlichkeit verwandeln, damit das Kind später weniger Feinde hat.

Nehmen wir zum Beispiel eine Verhaltensweise, an die sich Kinder in den meisten Familien auf der ganzen Welt gewöhnen müssen: die Unauffälligkeit. Die Anweisungen für unauffälliges Verhalten heißen zum Beispiel: »Sei still!«, »Stör nicht die Erwachsenen!« und existieren noch in den vielfältigsten anderen Ausprägungen. Die Folge kann – und soll ja auch – nur sein, dass das Kind tatsächlich lieber nur antwortet, wenn es gefragt wird, und sich angewöhnt, sich selbst möglichst wenig in den Vordergrund zu schieben. Das ist bestimmt keine schlimme Gewohnheit. Aber ihre Nachteile kommen zum Tragen, wenn der gleiche Mensch zum Beispiel in einer Konferenz den Vorgesetzten auf sich aufmerksam machen will. Hinderlich ist diese Automatik überall dort im Berufsleben, wo der am schnellsten Karriere macht, der zuerst und am geschicktesten »hier!« schreien kann. Wer sich angewöhnt hat, im Vordergrund zu agieren, kommt weiter. Auch wer auf Partnersuche ist, hat wesentlich bessere Möglichkeiten, wenn er nicht still im Hintergrund steht und erst etwas sagt, wenn er gefragt wird.

Es gibt zwar für allzu zurückhaltende Zeitgenossen viele Möglichkeiten, ihr Verhalten umzulernen. Doch verliert man dadurch nicht nur Zeit, sondern wird auch sein Leben lang mit einem Teil seines Verhaltens »gegen seine Natur« operieren müssen. Ein Gegenspieler, der sich niemals unauffällig verhalten musste, sondern immer im Mittelpunkt stand, kann währenddessen im Einklang mit all seinen Gewohnheiten völlig zufrieden agieren.

Es gibt noch viele andere Beispiele für ganz »normale« Gewohnheiten, die aus ganz »normaler«, durchaus liebevoller Erziehung resultieren, und für den ganz »normalen« Menschen zu einer »normalen« Entwicklung führen. Doch leider: Die normalen Fähigkeiten sind nicht immer die optimalen.

Die lohnendste Reise des Lebens

Wer damit beginnt, sich mit der Herkunft seiner Gewohnheiten zu beschäftigen, hat eine der lohnendsten Reisen vor sich, die er in seinem Leben machen kann. Es ist faszinierend zu erfahren, ob das Verhalten, das meine Beziehungen immer wieder scheitern lässt, alten Gewohnheiten meiner Mutter oder meines Vaters gleicht. Es ist heilsam, herauszufinden, ob ich Frühaufsteher geworden bin, weil das besser in die Familie passte. Vielleicht geht es mir mit einem anderen Rhythmus ja viel besser! Es ist gesund, wenn ich entdecke, dass ich schon als Kind schlecht einschlafen konnte, weil ich darüber nachgegrübelt habe, wie ich die Probleme meiner Eltern lösen könnte. Wenn ich den Ursprung meiner Gewohnheiten kenne, habe ich zusätzliche Hilfen für etwas Neues, das ich mir angewöhnen möchte.

Vergessen wir bei allen weiteren Betrachtungen also nie:

Viele der Gewohnheiten, die sich mir einprogrammiert haben, entsprachen den Interessen und der Struktur des Umfeldes, in dem ich mich befand, und sie versuchen das ganze Leben hindurch, mein Funktionieren durch ihr Weiterbestehen zu sichern.

Jeder von uns muss daraus den Schluss ziehen: Der Sinn meiner Gewohnheiten ist gar nicht meine individuelle Weiterentwicklung. Sie sollen in erster Linie dazu dienen, dass ich in das Umfeld, in das ich hineingeboren wurde, so gut wie möglich hineinpasste. Hinzu kommt ein weiterer Nachteil: Weil ich in etwas hineingeboren wurde, das schon lange ohne mich existiert hat, hatte ich keine Chance, die Regeln, nach denen ich mich richten musste, selbst aktiv zu gestalten. Meist wurde auch später, wenn ich schon mitgestalten könnte, eher die Anpassung gefordert. Das Erwachsenenleben verlangt jedoch eigene Gestaltungskraft, wenn ich ein erfülltes, erfolgreiches und zufriedenes Leben führen will.

Verstehen Sie mich jetzt nicht falsch: Die meisten von uns lernen genug, um später eine funktionierende eigene Existenz zu gestalten. Sie tun das, was ihre Eltern gemacht haben, oder das Gegenteil davon, und können dafür die gelernten Angewohnheiten gut verwenden.

Doch: Weil die Menschen zwangsläufig Einstellungen und Gewohnheiten ihrer Vorfahren weitertragen, sollten wir natürlich nicht erstaunt sein, wenn die Missverständnisse, Konflikte und Schmerzerlebnisse auf der Welt nicht weniger werden. Wir können nur so handeln, wie wir es gelernt haben. Das ist unsere Basis, so sehr wir auch versuchen, Neues zu lernen.

*Der leuchtend rote Vogel war wieder zu seinem Tagwerk über-
gegangen. Er suchte kleine, dornige Äste und flocht sie in das
Äußere seines Nestes. Ich war nicht mehr interessant, und nur ab
und zu stellte er noch einmal sein Köpfchen schräg und sah nach
mir. Er tat das, was ihm selbstverständlich war, und würde nie im
Leben sein Nest auf eine neue, unbekannte Art bauen müssen.
Er würde niemals darüber nachdenken, warum er auf diese Art
arbeitete, und sich deshalb auch nie vormachen, dass er irgendetwas anderes tat als gerade ein Nest zu bauen.*

*»Wenn ein Mensch etwas baut«, ging es mir durch den Kopf,
»etwas wie zum Beispiel eine Kirche, dann denkt er, er würde
damit etwas Höheres tun. In Wirklichkeit schichtet er aber nur
Steine aufeinander. Ist das ein Fortschritt in der Entwicklung des
Lebens, oder ist es ein Rückschritt?«*

These 5: Unser Bewusstsein hilft beim Selbstbetrug

Sie kennen sicher auch Werbesprüche, die dazu auffordern, sich
gehen zu lassen: »Man gönnt sich ja sonst nichts«, »einmal ist
keinmal« oder »auf einem Bein kann man nicht stehen«, sind
solche Erlaubnissprüche, wenn es darum geht, mal ein Gläschen
mehr zu trinken. Der Mensch hat schnell den richtigen Spruch
parat, wenn er eine alte Bequemlichkeit oder ungesunde Gewohnheit genießen möchte. Fast nichts lassen wir unversucht,
um alte Gewohnheiten zu erhalten und anstrengende Veränderungen zu verhindern. Da ist es kein Wunder, dass unsere Medien und die ganze Gesellschaft natürlich entsprechende Un-
terstützungen zur Verfügung stellen; allen voran die Werbung.

Doch: Werten Sie die Begründungen richtig, die Ihnen einfallen, wenn es um die Entscheidung geht, einer alten Gewohnheit zu frönen oder mutig ein neues Ziel zu verfolgen.

Wundern Sie sich nicht, wenn Ihnen sehr gute Gründe einfallen, nicht sofort mit etwas Neuem, Ungewohntem anzufangen, sondern erst dann, wenn die eine oder andere verzögernde Bedingung erfüllt ist.

Reagieren Sie mit gesundem Misstrauen, wenn Ihnen ein plausibler Grund in den Sinn kommt, eine schlechte Gewohnheit nur noch dieses eine Mal beizubehalten: Es kann sein, dass Ihr Bewusstsein letztendlich die Selbstschädigung unterstützt. So gibt es zum Beispiel Pechvögel, die immer das besondere Geschick haben, sich irgendwo zu stoßen, ständig kleinere Unfälle zu erleben oder sich bei der Küchenarbeit regelmäßig in die Finger zu schneiden! Haben Sie auch schon beobachtet, dass diese Menschen dazu neigen, genau die Tätigkeiten oder Bewegungen zu suchen, bei denen das höchste Verletzungsrisiko besteht?

Wenn Sie danach fragen, erfahren Sie häufig, dass diese Tendenz gut begründet wird: »Ich muss doch lernen, damit geschickter umzugehen«, wird dann gesagt, »ich kann mich doch nicht damit abfinden, dass ich den Kampf gegen meine Ungeschicklichkeit aufgebe!« Diese Argumente finden wir auch bei Süchtigen, die immer wieder zu Stoff greifen, um ihn »endlich zu besiegen«.

Bei allen schädlichen Gewohnheiten neigt der Mensch zu solchen Sinnstiftungen, denn: Das Bewusstsein dient den Gewohnheiten als Alibilieferant.

Wir finden immer gute Gründe, uns in die gleichen Konflikte zu bringen oder immer wieder beruflich und privat in gewohnte Unzufriedenheit zu steuern. Und, weil wir über den Verstand hinaus kein Kontrollgremium für unser Verhalten eingebaut haben, merken wir nicht, dass unser Bewusstsein uns gerade belügt. Deshalb gibt es nur einen »wirk-lich« entscheidenden Aspekt unseres Verhaltens: die Wirkung. Es ist vergleichsweise uninteressant, was Sie über Ihr Verhalten denken. Nur die Wirkung, die es auf andere Menschen und Sie selbst hat, ist für Ihre Lebensumstände jetzt und in Zukunft von Bedeutung. Vielleicht findet sich in Ihrer Wirkung vieles, von dem Sie sagen: »Ich will es nicht.« Doch als Ziele Ihres Handelns sollten Sie nicht nur das sehen, was Sie im Moment wollen. In den Zielen, die Sie real bewirken, stecken immer auch Ihre Gewohnheiten, also das, was Sie früher schon sollten oder wollten. Erkennen Sie deshalb Ihre Ziele neu:

Täuschen Sie sich nicht selbst, indem Sie als Ziel nur anerkennen, was Ihr Bewusstsein in der Gegenwart will. Sie erreichen damit nur, dass Sie einen großen Teil Ihrer Wirkung nicht akzeptieren und deshalb schlecht verändern können.

Sehen Sie Ihre Ziele umfassender: Sie bestehen aus Ihren momentanen Absichten, aber auch aus all dem, was für Sie früher so wichtig war, dass daraus automatisches Verhalten geworden ist. Die Gewohnheiten, die Sie heute haben, dienten zum automatischen Erreichen früherer Ziele. So, wie Ihre Gewohnheiten ein Teil Ihres heutigen Verhaltens geblieben sind, sind auch die früheren Ziele immer noch ein Teil Ihrer heutigen Wirkung. Sie bewahren sich vor vielen Umwegen, wenn Sie deshalb sagen: Ich entscheide mich, die Gesamtheit meiner Ziele zu sehen, nicht nur das, was ich im Moment beabsichtige. Wer etwas, das ihn »high« macht, immer wieder tut, frönt seiner Sucht, egal mit welcher Begründung. Und wer etwas, bei dem er Schmerzen erleidet, häufig wiederholt, versorgt sich mit Schmerz, gleichgültig, was er gerade dabei denkt. Doch derjenige, der seinem aktiven Verhalten die Anerkennung als »eigenes Ziel« schenkt, kann es viel eher verändern.

Auf diese Weise ergibt sich ein großer Strauß von Zielen, mit denen wir eine Art Wieder-Vereinigung feiern können. Dabei ist die Neigung, häufig Unfälle zu erleiden oder sich aus Ungeschicklichkeit zu verletzen, nur eine von unendlich vielen Möglichkeiten, gewohnte Gefühle immer wiederherzustellen, denn:

168

Das Ziel all dieser Aktionen ist etwas, auf das niemand im Leben verzichten kann: Wir bleiben, wer wir sind. Wir sind sicher davor, im eigenen Verhalten plötzlich vor Überraschungen zu stehen und nicht zu wissen, warum wir uns so ungewöhnlich verhalten haben. Auch wenn wir es nicht wollen: Unsere ganze Konstruktion funktioniert reibungsloser, wenn wir uns so schlecht fühlen, wie wir es gewohnt sind. Es ist wesentlich anstrengender, wenn wir Dinge tun, die wir an uns nicht kennen.

Es dient also unserer Sicherheit, wenn wir ganz automatisch dazu neigen, immer wieder

- die Mitmenschen mit den gleichen Macken zu ärgern,
- im Job mit den Hinterbeinen einzureißen, was wir mit den Vorderbeinen aufgebaut haben,
- bis zu Bauchschmerzen zu essen,
- »trotz« des sicheren Katers am nächsten Morgen zu viel zu trinken,
- sportliche Trainingseinheiten so zu absolvieren, dass wir uns wirklich schädigen und vieles mehr.

Ich habe mehr als einen Menschen kennen gelernt, der häufig unter Bandscheibenproblemen litt und immer, wenn sich ein leichter Schmerz bemerkbar machte, mit traumwandlerischer Sicherheit genau die Bewegung »probierte«, die zu unerträglichen Schmerzen führte. Auch hier war das irreführende Argument häufig: »Ich muss doch testen, wie weit ich mich noch frei bewegen kann.«

Welches Erstaunen, wenn dieser Patient dann mit anderen Bandscheibengeplagten zusammentraf, die beim ersten Anzeichen von Schmerz zur Krankengymnastik gingen, regelmäßig Ausgleichssport betrieben und so letztlich wesentlich weniger Schmerz auszuhalten hatten.

Es ist eine Illusion zu glauben, unser Denken würde uns beim Erkennen unserer Gewohnheiten besonders nützlich sein. Wenn wir einen Grund suchen, eine schädliche Gewohnheit zu wiederholen, gilt leider: Die Gewohnheit wird häufig siegen, und das Denken wird ihr schließlich dabei helfen. Es wird durch eine irreführende Begründung unsere Selbstkontrolle aus dem Weg räumen. So haben wir natürlich alle unsere gelernten Gewohnheiten, mit denen wir dem anderen Geschlecht begegnen. Sie werden unterstützt von Ansichten über Männer oder Frauen, die wir im Lauf unserer Entwicklung irgendwo aufgelesen haben.

Diese Ansichten stärken unsere – vielleicht ganz falschen – Gewohnheiten, und verhindern die Einsicht: »den wirklichen Frauen oder Männern, die mir heute begegnen, werde ich mit meinen gelernten Gewohnheiten vielleicht nicht gerecht.«

Deshalb: Gehen Sie Ihrem Gehirn nicht auf den Leim.

Wenn Sie wollen, finden Sie für jede gewünschte Handlung eine Begründung, die Ihnen im Moment sinnvoll scheint. Seien Sie kritisch gegenüber Ihrem eigenen »Sinn-Gefühl«. Es stellt sich gern bei Vorhaben ein, die schädlichen Gewohnheiten entsprechen. Das Sinn-Gefühl kann Ihnen vorgaukeln, dass Sie gerade ein wichtiges Ziel verfolgen, auch wenn Sie in Wirklichkeit dabei sind, gegen sich selbst zu arbeiten.

Der Sinn von Sinn

Lassen Sie uns nicht vergessen, dass »Logik« oder »Sinn« Erfindungen der Menschen sind, die die Natur nicht kennt. Ein Tier braucht keinen logischen Grund, um etwas zu tun. Kein Tier tut etwas, weil es Sinn macht. Es verhält sich vielmehr einfach nach seinen Instinkten und Gewohnheiten. Auch der Mensch verhält sich in erster Linie nach seinen Bedürfnissen und Gewohnheiten. Er braucht keine Logik und keinen Sinn, um irgendetwas zu tun. Hat denn die Tatsache, dass wir auf der Welt sind, einen Sinn?

Wir fühlen uns jedoch wohler, wenn wir das Gefühl haben, etwas »Sinnvolles« zu tun. Wir haben ein eingebautes Bedürfnis danach, dass unser Bewusstsein in Frieden mit unseren Handlungen lebt. Diesen Frieden erreichen wir, wenn unser Denken das, was wir tun, quasi abhaken und als richtig bewerten kann. Damit das gelingt, rotieren die kleinen grauen Zellen so lange, bis sie einen Sinn für unsere Handlung gefunden haben. Damit stellt sich das wohlige Gefühl des Zusammenklanges ein; Bewusstsein und Gewohnheit wollen das Gleiche, und dieses Gefühl macht uns zufrieden. Gern strengen wir unser Gehirn an, um dieses Gefühl herbeizuführen. Ob wir dann wirklich etwas tun, das besser für uns ist, ist damit jedoch noch lange nicht gesagt. Das gilt auch für den Sinn unserer Existenz.

Ich glaube, es gibt keinen logischen Grund, warum der Mensch so ist, wie er ist. Mir fällt auch kein sinnvoller Zweck ein, für den die Natur Menschen auf der Welt gebraucht hätte. Wir lieben es jedoch, uns das Gefühl zu schenken, dass wir und unser Verhalten sinnvoll sind. Wir brauchen die Illusion, die Welt sei für unser Gehirn zu verstehen. Die Natur existiert jedoch auch ohne uns. Sie existiert nicht, weil sich jemand einen Sinn für sie überlegt hat, sondern weil sie sich nach ihren eigenen Gesetzen Schritt für Schritt entwickelt hat.

Die meiste Zeit ihrer Entwicklung ist sie sehr gut ausgekommen ohne ein Lebewesen, das nach ihrem Sinn gesucht hat.

Nun steht der Mensch plötzlich in der Welt, sieht sich um und fragt sich bei allem, was er sehen kann: »Warum?« – »Was hat das alles für einen Sinn?«

Diese Frage ist bei allem, das der Mensch nicht selbst gemacht hat, grundsätzlich unsinnig und führt zu nichts. Unsere Vorliebe für die Frage »Warum« liegt jedoch an unseren Konstruktionsfehlern. Wir können das gleichzeitige Zusammenspiel der verschiedensten Vorgänge in unserem Leben nicht erfassen, fühlen uns aber nur sicher, wenn wir das Gefühl haben, »den Grund« zu kennen. Deshalb führt die Frage nach dem »Grund«

oder dem »Sinn« schon bei den ersten Versuchen, die Natur des Menschen zu begreifen, zu großen Irrtümern. Wir müssen jedoch mit dem Konstruktionsfehler der »Sinnsuche« leben, und wollen trotzdem versuchen, unsere Möglichkeiten zu optimieren. Also sollten wir versuchen, nicht in die »Sinn-Falle« oder »Warum-Falle« zu tappen. Dazu machen wir den ersten Schritt, indem wir die Frage »Warum ist dieses Ergebnis zu Stande gekommen?« grundsätzlich ersetzen durch die Frage: »Wie viele Faktoren kenne ich, die zu diesem Ergebnis beigetragen haben?« Wenn wir uns also wieder einmal einreden, dass es doch nicht schadet, einer alten, falschen Gewohnheit zu folgen, sollten wir uns jetzt fragen: »Wird das, was ich jetzt tun will, mich zu dem richtigen Ziel führen?«

Mit dieser Frage haben wir einen guten Start, um Selbstbetrug zu entdecken und uns nicht ständig im Kreis zu drehen. Doch wir werden damit nicht erreichen, dass wir ein Leben ohne Unzufriedenheit und andere »negative« Gefühle führen können.

Es wird uns vielleicht gelingen, uns immer weniger selbst zu belügen. Wir werden weiterkommen und uns weniger behindern. Der Versuch, ein Leben ohne negative Gefühle zu führen, muss jedoch immer utopisch bleiben.

Ich hatte jetzt schon einige Stunden auf der Veranda verbracht und sah von meinem Papier auf, weil ich mich beobachtet fühlte. Tatsächlich saß der kleine rotbäuchige Vogel auf dem Geländer. Er sah mich an und drehte sein Köpfchen hin und her. »Na, was machst du denn die ganze Zeit?«, schien er zu fragen. Was sollte ich ihm erklären. Er wirkte so, als ob er niemals etwas Mühevolles tun müsste. Also drehte ich mich um. Als ob er verstanden hätte, flog er wieder davon. Kurz darauf fing ein ohrenbetäubendes Gezeter in den Ranken an. Es klang nach einem heftigen, ernsten Streit. Hatte ich mich getäuscht?

Unsere Wahrnehmung betrügt uns

»Die Menschen ziehen es vor, das zu sehen, was sie gewohnt sind«, sagte Charles Darwin.

Halten Sie es für möglich, dass Sie ungünstige Gewohnheiten aktiv wiederholen und dadurch erhalten? Können Sie in Betracht ziehen, dass Sie Ihre Umgebung manipulieren, um Ihre gewohnten Gefühle immer wieder aufzufrischen? Dann sind Sie schon einen weiten Weg mit mir gegangen. Diese Leistung kann man nicht hoch genug einschätzen, weil Sie sich damit schon ein gutes Stück von Ihren Denkgewohnheiten entfernt haben.

Doch der Weg ist noch nicht zu Ende: Ich mute Ihnen noch einen weiteren Schritt zu: Unsere Gewohnheiten haben nicht nur starken Einfluss auf die Reaktionen, zu denen wir unsere Umgebung treiben. Wie schon oben angedeutet, färben sie zusätzlich unsere Wahrnehmungen und täuschen Dinge als »bekannt« vor, die mit unseren bisherigen Erfahrungen gar nichts zu tun haben. Der Grund ist unser Sicherheitsbedürfnis:

Wir tragen eine ständige Versuchung in uns, etwas zu sehen, was uns bekannt vorkommt. Wir laufen – und das ist lebensnotwendig – ständig voller Hunger nach etwas Bekanntem durch die Welt. Begegnet uns etwas, das wir noch nie erlebt haben, so suchen wir in unserer Erinnerung automatisch irgendetwas Bekanntes, an das es erinnert. Dabei interessiert uns nicht sonderlich, ob das, was wir bemerken, vielleicht völlig anders und erstmalig ist.

Sie sehen, hören und erleben die Umwelt immer wieder so, dass sich Ihre gewohnte Gefühlswelt einstellt. Dazu müssen Sie alles, was Sie wahrnehmen, immer wieder kräftig einfärben.

Es kann sein, dass Sie in einen ungewohnten Gefühlszustand kommen und es Ihnen zum Beispiel außergewöhnlich gut geht. Sie sind aktiver als »normal« oder haben eine Reihe ungewohnter Erfolge. Doch plötzlich beschleicht Sie das Gefühl, Ihre Mitmenschen wollten Ihnen Ihren Höhenflug verderben. Wundern Sie sich nicht über eine solche Wahrnehmung. Sie kann ein gezielter Rückschwung Ihrer Gewohnheiten sein, denn auch Ihre Wahrnehmung sucht Anlässe, Ihr festgefügtes Selbstgefühl, Ihre gewohnte Persönlichkeit zu erhalten und zu bestätigen.

Die große Linie, nach der man als Mensch sein Leben ausrichtet, heißt schließlich: »Kenn ich schon!«

Zuerst werden wir in die Umwelt, in der wir aufwachsen, eingepasst, und dann beginnt unser Bemühen, so, wie wir sind, von der Umwelt bestätigt zu werden. Damit das klappt, müssen wir versuchen, die Umwelt dazu zu bringen, unseren Ansichten über die Welt immer wieder zu entsprechen. Das bedeutet, dass es unserem Bedürfnis nach Stabilität nicht entgegenkommt, die Welt so zu sehen, wie sie ist. Es muss darum gehen, sich durch Wiederholung der bekannten Wahrnehmungen sein Selbstgefühl zu erhalten. Das Ziel unserer Art, die Welt zu sehen, ist: Wir wollen die Welt so sehen, wie wir sie kennen.

Sie könnten jetzt einwenden, dass wir ja schließlich in Urlaub fahren, oder dass wir nach Neuigkeiten in der Zeitung hungern. Jeder von uns hat ein unterschiedliches Bedürfnis nach Erstmaligkeit. Doch das, was wir an Neuem vertragen, hängt davon ab, wie gut es eingebettet ist in eine sichere Lebensbasis. Unsere Basis ist immer eine Welt, in der wir uns auskennen. Und wenn wir etwas Neues wahrnehmen, dann versuchen wir sofort, es zu »verstehen«. Das heißt jedoch nur, dass wir versuchen, ihm in den Schubladen, die wir schon kennen, einen Platz zuzuweisen.

Die Neigung, in eine völlig unbekannte Form etwas Bekanntes hineinzusehen, ist schon unendlich häufig untersucht worden. Einige der Anwendungen, die Psychologen daraus konstruiert haben, sind allgemein bekannt. Vielleicht haben Sie ja in einem alten Film auch schon mal die Tintenkleckse des Rorschach-Tests gesehen, die nichts abbilden, was in der Umwelt existiert. Trotzdem gelingt es den Versuchspersonen, die daran sitzen, mühelos, irgendetwas Bekanntes darin zu sehen. Stimmt es also, wenn man sagt: Wir sehen, was wir sehen wollen? Nein. Wenn es so wäre, würden wir sicher häufig andere Zeitgenossen um uns erblicken als die, mit denen wir es wirklich zu tun haben, und schon der Blick auf das Wetter zeigt uns oft genug, dass wir nicht sehen, was wir sehen wollen.

Vielmehr scheint mir, dass wir sehen, was wir kennen, und was wir nicht kennen, wird eben passend gemacht. So können wir unsere bekannten Gefühle immer wieder bestätigen. Den Eigenheiten des Gesehenen werden wir so aber leider nicht gerecht. Unsere Gewohnheiten verstellen uns den Blick auf viele Wunder der Welt. Stattdessen liefern sie uns ständig eine Form der Selbstbestätigung, die uns immer in unserer bekannten Welt kreisen lässt. Dieser Kreislauf bezieht sich auf alle Gefühle.

Wir suchen nicht nur Selbstbestätigung in Form von Lob und Anerkennung. Das Wort Selbstbestätigung müssen wir neu verstehen. Selbstbestätigung bedeutet:

Wir brauchen die Bestätigung aller Gefühle, die zu uns gehören. Wir versuchen deshalb auch, uns dauernd von der Umwelt bestätigen zu lassen, dass unsere positiven Wahrnehmungen ebenso wie unsere Angst, unser Misstrauen und unser Pessimismus gerechtfertigt sind. Wir können nicht anders funktionieren, weil wir uns selbst, also auch unsere Gewohnheiten, nicht teilen können. Wir können uns nicht nur unsere Schokoladenseite aussuchen, weil wir nicht nur aus Schokoladen-Erfahrungen bestehen. Deshalb werden wir immer versuchen, unsere Umgebung so zu beeinflussen, dass wir uns in Bekanntem zu Hause fühlen, denn:

Wir brauchen ja die dauernde Einbettung in Bekanntes, um lebensfähig zu sein. Leiden wir dann alle unter eingebauten

Wahrnehmungsverzerrungen? Ja, denn der Impuls ist übermächtig, die Umwelt zu sehen, die zu unserer bekannten Gefühlsmischung passt. Dieses Dilemma des Menschen ist unentrinnbar. Ich bin »ich selbst«, und zu mir gehört nicht nur ein bestimmtes Gesicht und ein bestimmter Körper, sondern auch die dahinter wirkenden Gefühle in ihrer ganz unverwechselbaren Mischung. Ich bleibe ich selbst; ich kann nicht eine Form verändern, die schon längst ausgereift ist: meine Natur, mein Selbst.

Ich kann sie, wenn ein starkes Gefühl wie Liebe oder Not an mir zieht, wie ein Gummiband dehnen. Doch irgendwann kehre ich wieder zu mir zurück, zu meiner Natur und auch zu meinem speziellen Spannungsprofil. Dieser Spannungscocktail enthält alles, was in mir ist, in der für mich typischen Stärke: Freude und Kraft, Angst und Schmerz, Liebe und Leid, Optimismus und Resignation.

Das bin ich, und das bleibe ich. Und wenn ich es eine Zeit lang nicht war, werde ich irgendwann meine typischen, bekannten Gefühle wieder bemerken; auch die, die ich gar nicht so angenehm finde. Dann habe ich mich wieder, ob ich will oder nicht.

Lange nicht gesehen, aber wiedererkannt

Wir sind Stabilitätsfabriken. Wenn Sie einen Freund oder Bekannten lange nicht gesehen haben, erkennen Sie ihn wieder, sobald er um die Straßenecke gebogen kommt. Sie erkennen sein Gesicht, aber nicht nur das. Sie sehen auch seine typische Haltung, seinen Gang, und die Art, den Kopf zu halten. Wenn Sie ihm gegenübersitzen, fällt Ihnen vielleicht gar nicht auf, dass auch sein Mienenspiel, die typischen Mundbewegungen oder die Art, die Augen zu verengen, seit ihrem letzten Treffen stabil geblieben ist. All das erscheint Ihnen selbstverständlich.

Doch ich frage Sie: Was füttert seine Gesichtsmuskeln mit den gleichen Nervenimpulsen, die schon vor zehn Jahren seine Bewegung gesteuert haben?

Unsere Mienen drücken Gefühle aus, das bedeutet: Unsere Muskulatur kann ihre Nahrung nur aus den Gefühlen beziehen, die über den Grad ihrer Spannung; über ihren Ausdruck entscheiden.

Woher beziehen aber unsere Gefühle ihre Nahrung; was lässt sie entstehen und stark oder schwach werden? Wann empfinde ich Freude, wann Angst, was macht mich unsicher, und was bereitet mir seelische Schmerzen?

Die Antwort auf diese Fragen finde ich sehr aufschlussreich:

Die besten Möglichkeiten, um eines dieser Gefühle entstehen zu lassen, finden wir in unserer Umgebung. Es wird meist etwas in der Umgebung sein, das mir Angst macht; ein anderer Mensch, eine unbekannte Situation. Auch Schmerz und Freude hängen direkt davon ab, was andere Menschen mit mir machen.

Ich brauche also unbedingt die Umgebung, wenn ich etwas fühlen möchte, und das hat fatale Auswirkungen:

Betrachten wir diesen Vorgang einmal genauer, damit sich seine ganze Bedeutung erschließt:

1. Ich brauche meine eigenen Gefühle, weil ich ohne sie gar nicht leben, gar nicht »ich selbst« sein kann. Ohne sie verliere ich mein Gesicht, meine Haltung, mein »Ich«.
2. Diese Gefühle brauchen ganz bestimmte Situationen, um existieren zu können.

Damit ich mich, meine spezielle Spannung und die dazu notwendigen Gefühle behalten kann, müssen sich dann bestimmte Dinge in der Umgebung abspielen und die notwendigen Anlässe für mein Gefühlsprofil – oder Persönlichkeitsprofil – liefern.

Grundsätzlich haben wir alle kein Problem damit, anzuerkennen, dass wir die Umwelt an uns anpassen wollen. Es freut uns sogar, wenn die Anpassung an das menschlich und beruflich erfolgreiche »Selbst« geschieht, das wir gern wären. Dann ist es ja nur gut für alle, Teil eines Erfolges zu sein. Doch: Wir sind nicht so, wie wir gern wären. Zu uns gehören auch »negative« Gefühle.

Deshalb versuchen wir auch zu erreichen, dass die Umwelt sich passend verhält, wenn unsere gewohnte Unzufriedenheit, der Schmerz, die Trauer einen »Zünder« finden sollen. Kein Zweifel: Es wird gelingen, andere Menschen so zu behandeln, dass sie mit mir unzufrieden werden. Ich kann auch erreichen, dass man mir Schmerzen zufügt oder mich enttäuscht, so dass ich traurig werde.

Ich weiß, das ist starker Tobak. Diese Möglichkeit können Sie erst anerkennen, wenn Sie sich wirklich für Ihre »negativen« Seiten zu interessieren begonnen haben.

Ich glaube jedoch, dass wir alle gar nicht anders können, wenn wir uns im Leben möglichst oft sicher fühlen wollen. Wir müssen die Umwelt an das Selbst anzupassen versuchen, das wir wirklich sind. Dabei sind auch all die »negativen« Faktoren in uns wirksam, die wir nicht sehen, sondern nur an unserer Wirkung erkennen können. Doch mit dieser Erkenntnis ist gleichzeitig eine großartige Perspektive verbunden:

Das Wissen, dass wir immer wieder auf uns zugeschnittene Reaktionen der Umwelt hervorrufen, gibt uns viel mehr Macht über diese Reaktionen, als wir bisher gedacht haben. Es bedeutet, dass viele Misserfolge, die wir uns bisher nicht erklären konnten, plötzlich in ihren Ursachen erkennbar und durch die Arbeit an unseren Gewohnheiten veränderbar werden. Damit können wir den Prozess, unter dem sich bisher unsere Misserfolge konstant gehalten haben, zu unserem Nutzen umkehren.

Haben bisher unsere Gewohnheiten die Umwelt genutzt, um sich immer wieder zu beweisen, so können wir jetzt die Umwelt nutzen, um sie zu verändern. Wir können mit nahe stehenden

Menschen beginnen, offen über unsere Wirkung, unsere Misserfolge oder unerreichten Ziele zu sprechen und ihre Beobachtungsgabe und ihr Wissen nutzen, um unpassende Gewohnheiten zu entdecken und abzubauen ...

Die Nachtluft strich leise über das Wasser, das Rauschen der Wellen war zu einem Plätschern abgeebbt, und vereinzelt hörte ich leise Stimmen der wenigen Strandspaziergänger, die die Nacht genossen.

Leise ließ ich das Bambusrollo hinunter und schlief sofort ein.

Die Illusion des Guten in der Welt

Als ich am nächsten Morgen im Restaurant saß, kam der Hoteldirektor an meinen Frühstückstisch. Wir hatten herausgefunden, dass unsere kleinen Plaudereien uns beiden Spaß machten, und nutzten jede Gelegenheit zu einem Schwätzchen.

Ich nippte genüsslich an meinem Kaffee und sah mich um. Der Frühstücksraum war gut gefüllt, der Wind brachte eine leichte, angenehme Kühle, die das Denken beflügelte.

»Hätten Sie gern eine Möglichkeit, das Verhalten anderer Menschen mit großer Treffsicherheit vorherzusagen?«

Ich wusste, dass jeder Mensch, der so direkt mit der Zufriedenheit anderer sein Geld verdiente, an dieser Möglichkeit interessiert sein musste.

Doch mein Gegenüber reagierte äußerlich ruhig. Ich spürte, wie er angestrengt darüber nachdachte, was ich ihm wohl verkaufen wollte. Hätte ich nicht das verräterische Glitzern in seinen Augen gesehen ...

»Meinen Sie wirklich, das geht? Ich weiß zwar manchmal, wie die Leute auf etwas reagieren werden, das ich ihnen präsentiere. Aber leider reagieren sie auch oft ganz anders, als ich es mir wünsche.«

»Wie gut kennen Sie Ihre Kinder? Können Sie deren Verhalten vorhersagen?«, hakte ich nach.

»Wenn ich mir mit ansehe, was sie im Fernsehen vorgesetzt kriegen, ja«, gab er mit leichtem Sarkasmus zurück. »Ich wünschte, es wäre nicht so!«

Ich versuchte, mich diesmal von meinem Hobby fern zu halten.

Mein Hobby, das war die mittelalterliche Situation, in der wir mit unseren Medien leben. Nichts tat ich lieber, als mich darüber in Rage zu reden, dass es Menschen gibt, die das Verhalten ganzer Gesellschaften steuern, ohne ihre Absichten offen legen zu müssen oder für ihre Wirkung wirklich Verantwortung zu übernehmen, geschweige denn, die Wirkungen verantworten zu müssen ...

Weshalb war die freie Presse nicht ebenso Regeln unterworfen wie der Straßenverkehr, die Medizin oder die Politik? Wer konnte sich leisten, die wichtigste Berufsgruppe der Gesellschaft, die mit einem unbedachten Wort mehr Schäden anrichten konnte als Sprengstoffanschläge und kriminelle Vereinigungen – ohne Transparenz und Wirkungswissen zu lassen?

Hat die Gesellschaft nicht schon irreparable Schäden bekommen, weil versäumt wurde, die Medienarbeiter zur Kenntnis ihrer Wirkung zu verpflichten, ebenso wie jede andere wichtige Berufsgruppe?

Wieso muss der Chirurg und der Pilot bei jeder Handlung die Folgen für sein gesamtes Betätigungsfeld vorhersagen können, nicht aber der Medienarbeiter?

Können die Autofahrer, die sich an vorgeschriebene Straßen halten und Gesetze der Rücksicht beachten müssen, etwa nicht trotzdem an jedes Ziel kommen? Es war gefährlich, mich auf dieses Thema zu bringen!

»Ich habe Ihre Gattin heute noch gar nicht gesehen«, versuchte ich deshalb, das Gespräch umzulenken.

»Sie ist in die Stadt gefahren, wir haben spannende Verhandlungen mit den Banken vor uns.«

Er war jetzt wieder beim Geschäft. Und ich bei meinem ursprünglichen Thema.

»Wie gut wäre es, wenn man genau vorhersagen könnte, auf welche Frage der Banker mit welcher Antwort reagiert«, versuchte ich, sein Interesse neu zu wecken.

»Ja, ich verstehe nicht, wieso es gerade für Banker so schwer ist, sich in die Lage anderer zu versetzen. Wie kann man so ungerührt bewirken, dass Leute, mit denen man gerade zusammensitzt, denen man in die Augen sieht, Hab und Gut verlieren? Wie kann ein Banker, der so etwas täglich tut, abends noch sein Abendbrot herunterkriegen?«

»Glauben Sie mir«, murmelte ich nach einer langen Pause, in der ich den Schreck über die Gefährdung, die er da durchklingen ließ, zu verdauen versuchte:

»Die Welt ist nicht gut. Die Menschen sind nicht gut. Die Tiere auch nicht.

Dieses Kriterium haben wir erfunden, weil wir es gerne so hätten. Es existiert nicht in der Natur.« Er seufzte. In dieser Direktheit hatte ihm das wohl noch niemand gesagt. Ich bestrich das nächste Stück Croissant sorgfältig mit der wundervoll bitteren Orangenmarmelade und stopfte es mir in den Mund. Sobald ich konnte, setzte ich wieder an:

»Wir sollten uns eigentlich neutral oder sogar selbstkritisch betrachten können. Niemand kann uns einen Vorwurf dafür machen, dass wir nicht perfekt sind!«

»Ich scheue mich auch nicht, zu sagen, dass die Menschen eben nicht von Natur aus gut sind«, gab er mutig zurück.

»Ich glaube, Sie kommen viel weiter, wenn Sie einmal versuchen, alles, was Sie bisher über die Welt und die Absichten der Menschen dachten, auf den Kopf zu stellen. Dann fangen die Dinge plötzlich an, Sinn zu machen«, fuhr ich fort. »Machen Sie einmal das Experiment, sich von folgenden lieb gewordenen Gewohnheiten zu trennen.«

Ich nahm vier der frischen, reifen Mangos aus der Obstschale und legte sie nebeneinander auf die sonnenfarbene Tischdecke:

»Erstens: Trennen Sie sich von der lieb gewordenen Idee, dass eigentlich das Gute regieren und sich das Richtige durchsetzen müsste.«

Ich rückte eine der grün glänzenden Mangos auf die Seite. »Man fühlt sich zwar viel besser, wenn man an das Gute glaubt, aber kann dann leider die meisten Dinge, die man in der Welt erlebt, nicht mehr verstehen und erklären.

Wir müssen uns stattdessen mit der Frage befassen, weshalb wir versuchen, das Negative aus unserer Wahrnehmung herauszuhalten und unsere Wirkungen gut-zu-malen.«

Ich konnte von der Terrasse aus sehen, wie die Sonne auf dem Meer flirrte. Die Wellen brachen sich in einem weiten Halbkreis draußen am Riff, und die Schaumkronen und das Rauschen bildeten die vollendete Harmonie. Wie konnte ich so etwas sagen?

Doch ich hörte mich fortfahren:

»Zweitens: Trennen Sie sich probehalber einmal von der Lebenslüge, dass Fehler aus Versehen passieren und richtiges Verhalten aus Absicht erfolgt.«

Die zweite Mango fühlte sich reif und schwer an. Ich rückte sie zu der ersten.

»Es ist schon rein biologisch nicht möglich, dass man sein Gehirn nur an den Aktionen beteiligt hat, mit deren Ergebnis man zufrieden war. Trotzdem tun wir immer so, als ob wir das, was Schmerz und Mühe nach sich zieht, nicht genauso aktiv betrieben haben wie das, was zu Genuss und Annehmlichkeit führt.

Wir sollten uns deshalb mit der Frage beschäftigen, warum wir uns nur zur Hälfte erkennen.«

Ich sah ihn an. Ich wollte ihn nicht überfordern. Doch er schien interessiert und keineswegs müde oder gelangweilt.

Was für ein Thema, eingehüllt in den Duft von frischem Kaffee und warmen Croissants. Er sah mich unentwegt an.

»Drittens: Trennen Sie sich von der schönen Illusion, dass die Menschen keinen Streit und keine Kriege mehr anzetteln wollen, weil der Friede so viel schöner und sinnvoller ist. Die Geschichte zeigt, dass die Menschheit offenbar ohne Streit, Aggression, Gewalt und Kriege nicht leben will.« *Die dritte Mango war schwerer als die anderen. Sie war weich und duftete süß.*

»Wir sollten deshalb endlich akzeptieren, dass der Frieden auf Erden offenbar schwer auszuhalten ist, weil es anstrengender ist, seine Aggressionen zu kontrollieren, als sich gehen zu lassen. Der Mensch hat die Versuchung eingebaut, zuzuschlagen, wenn jemand nicht seiner Meinung ist, und dass er sich immer wieder gegen diese Versuchung stemmen muss, ist der Kern eines Problems.«

Hielt er das immer noch aus? Wie viele Streben seiner vermuteten Lebensphilosophie konnte ich noch wegnehmen, ohne dass er widersprach? Ich beschloss, Schluss zu machen. Er brauchte Zeit, sich die Dinge in Ruhe zu überlegen. Sicherlich würde er am nächsten Morgen wieder an meinen Tisch kommen und seine Gegenargumente mitbringen. Doch eine Mango war noch übrig.

Ich war bei meiner letzten Provokation angekommen:

»Was mich zuerst mutlos gemacht hat: Man kann die Dinge nur in einem endlosen Hin und Her ändern. Wenn man versucht, die Veränderung von Menschen etwas zu beschleunigen, gibt es immer einen Rückschlag. Ich kann jedem nur raten, sich zum Beispiel niemals vorzunehmen, sich vollkommen zu ändern, alles anders zu machen, um sein Leben endlich glücklich zu kriegen.

Es mag vielleicht ungewohnt klingen, aber: Wer so etwas von sich verlangt, unterhöhlt sein Selbstbewusstsein, das dann einen Rückschwung produziert, und wer weiß – vielleicht *gilt das nicht nur für den Einzelnen, sondern für die ganze Menschheit. Sehen Sie sich einmal an, wie der Nationalismus in den verschiedensten Ländern der Erde immer dann hervorkommt, wenn man mit fremden Menschen oder Nationen enger zusammenarbeiten, anders gesagt, die Erstmaligkeit erhöhen will ...«*

Jetzt sah er mich nicht mehr an. Ich hatte zu lange geredet, und ihn dabei aus den Augen verloren. Dabei wusste ich: Es hat keinen Sinn, weiterzureden, wenn man sieht, dass der andere nicht mehr interessiert ist ...

Um ihm zu ersparen, dass er etwas vortäuschen musste, verabschiedete ich mich. »Es ist heiß geworden. Vielleicht sollte ich schwimmen gehen.«

Er nickte. Wir standen auf.

Der Set-Point: Können wir uns heute wohler fühlen als gestern?

Kennen Sie auch das Gefühl, dass etwas einfach zu glatt geht?

Spüren Sie auch das Erwachen eines leisen Misstrauens, wenn alles ununterbrochen gut läuft und Sie Traumergebnisse bekommen, ohne sich mit irgendetwas wirklich verausgabt zu haben?

Werden Sie auch etwas misstrauisch, wenn Ihre Stimmung immer besser und besser wird, und warten heimlich darauf, dass etwas kommt, was Ihnen die Suppe versalzt? Natürlich kann man die Theorie verfolgen, dass sich ein Mensch nach einer Zeit, in der alles glatt geht, einfach langweilt und zur Abwechslung lieber ein Unglück herbeiführt. Man kann auch theoretisieren, dass bei lang anhaltender Harmonie mit anderen Menschen bei dem einen oder der anderen eine Art innerer Unruhe entsteht, weil er sich vor Abhängigkeit fürchtet. Er fängt dann Streit an, um wieder eine gewisse Distanz herzustellen.

Diese Theorien wirken auf mich jedoch geschraubter als die einfache Annahme, dass die Schmerzgewohnheit oder das Schmerzbedürfnis, das wie alle anderen Gewohnheiten seinen Normalzustand sucht, ganz einfach erfüllt werden möchte.

Es gibt viele Sprichwörter darüber: »Nichts ist schwerer zu ertragen als eine Reihe von guten Tagen«, oder »Wenn's dem Esel zu wohl wird, geht er aufs Eis tanzen«, und die meisten Leute werden etwas mit der Frage anfangen können: »Kennst du an dir nicht auch die Versuchung, übermütig zu werden und Risiken herbeizuführen, wenn es dir ungewöhnlich gut geht?« Wenn man dann weiterfragt: »Hast du schon mal darüber nachgedacht, warum du das tust?«, wird der andere vielleicht antworten: »Na, eben, weil's mir sehr gut geht.« – »Und wie lange hält das an?« – »Bis ich mir irgendwo die Nase gestoßen habe.«

Gehörten Sie auch zu den Kindern, die immer noch höher geklettert und noch riskanter in der Gegend herumgesprungen sind, bis sie sich irgendwo die Nase gestoßen haben? Und haben Sie sich die ganze Geschichte schon mal andersherum überlegt? Es kann natürlich sein, dass man sich jedes Mal aus Zufall einen blauen Fleck eingehandelt hat. Aber schon wenn man annimmt, dass man immer wieder seine Grenzen erforschen wollte, weil man wirklich nicht wusste, was gefährlich und bis wohin es noch sicher war, macht man sich zumindest vor sich selbst unglaubwürdig. Spätestens beim dritten Mal konnte man jedem, der einen danach gefragt hätte, sehr genau sagen, ab welcher Sprunghöhe der Salto aufs Bett riskant war und der Satz über die Gartenpforte zum Sturz führen konnte. Doch nicht nur die Kinder, auch die Erwachsenen jammern noch, wenn ihnen bei den Risiken, die sie aus »Übermut« eingegangen sind, etwas passiert ist.

Vielleicht denken sie sogar: »Wieso passiert nur mir immer so etwas?«

Deshalb erscheint mir eine andere Erklärung dieses überall anzutreffenden Verhaltens einfacher: Gehen vielleicht Menschen, die in einer ungewohnt guten Stimmung sind, genau zu dem Zweck Risiken ein, damit etwas passiert, das sie wieder in ihre gewohnte Lebensfassung bringt?

Ist das Ansteigen riskanten Verhaltens bei steigender Stimmung vielleicht eher ein aktiver Versuch, seine Lebensnormalität wiederherzustellen?

Woher kommt es, dass jede Kultur Sprichwörter kennt, die davor warnen, zu fröhlich zu sein? »Vögel, die morgens singen, holt abends die Katze«, ist ein Satz, den viele von uns immer wieder gehört haben. Beschreiben die vielen ähnlichen Lebensweisheiten vielleicht gar nicht die Bedrohungen von außen? Ist es vielleicht eher ein Ausdruck der Erfahrung, dass zu große Fröhlichkeit dazu verleitet, Gefahren zu suchen? Und dass sich die Unglücke auch finden lassen, die wieder in die »sicheren« Stimmungen Angst und Unheilserwartung zurückführen? Es ist nicht anzunehmen, dass sich Katzen gerade die Vögel zum Fressen suchen, die guter Dinge sind. Sollte das Sprichwort trotzdem ein Körnchen Wahrheit enthalten, dann müssten diese Vögel schon selbst etwas dazu beitragen, dass sie schließlich gefressen werden.

Das würde zumindest erklären, warum »übermütige« Leute so lange nicht aufhören, sich, die anderen oder das Schicksal zu provozieren, bis tatsächlich etwas passiert ist. Dann haben sie den Beweis, dass es falsch ist, seine Gewohnheiten zu verlassen, und sind wieder in der Lebenshaltung, in der sie sich kennen und genau wissen, was sie zu tun und zu lassen haben bzw. in der Vergangenheit tun oder lassen mussten.

Ich höre schon, wie Sie mir jetzt antworten:

»Schon, aber das will doch niemand! Jeder möchte doch fröhlich sein. Es gibt doch keinen, der lieber bedrückt und voller Unheilserwartung lebt als fröhlich und ausgelassen.«

186

Doch die Erfahrung zeigt, dass wir seltener tun, was wir wollen oder für richtig halten, und häufiger das, was wir gewohnt sind. Wenn Sie etwas tun, weil Sie es immer getan haben, dann haben Sie schon längst vergessen, dass Sie es irgendwann nicht wollten. Im Gegenteil, es fallen Ihnen mit Sicherheit Gründe dafür ein, dass es besser ist, sich wie gewohnt zu verhalten. Und wenn Sie dann erreichen, dass Sie nicht fröhlich und ausgelassen sind, sondern lieber vorbeugend ein bisschen Unheilserwartung mit sich herumtragen: Wollen Sie diese Stimmung dann, oder nicht?

Tun wir, was wir wollen?

Es ist deshalb schwierig mit dem »Wollen«. Nicht selten entscheiden wir im Nachhinein anhand des Ergebnisses, ob wir etwas gewollt haben oder nicht. Wir können es manchmal ganz gut: uns selbst verdummen und über das, was wir eigentlich ganz genau wissen, darüber hinweg denken, oder darunter durch, oder auf eine andere der unendlich vielen erprobten Arten versuchen, uns selbst zu täuschen. Doch wenn man sich dann in einer ehrlichen Stunde fragt, warum man das tut, wird der ganze Vorgang doppelt klar:

- Ich verberge mein Wissen vor mir selbst, um dieses Verhalten wiederholen zu können. Wenn ich mir klar machen würde, worauf ich hinarbeite, müsste ich damit aufhören. Die Selbsttäuschung, die ich in dieses Verhalten immer einbaue, macht jedoch die Wiederholung möglich. Wenn ich jetzt beschließe, ehrlich mit mir zu sein, muss ich mir also sagen:
- Ich weiß, dass ich nicht selten selbst für den seelischen und körperlichen Schmerz in meinem Leben, für die Konflikte und Niederlagen sorge, und zwar nicht abstrakt und zufällig, sondern gezielt und täglich.

- Mir ist klar, dass in dem Moment, in dem es mir ungewohnt gut geht, oder ich ungewohnt erfolgreich bin, gezielte Aktionen von mir ausgehen können, um dagegenzusteuern!

Wenn Sie an dem Punkt sind, an dem Ihnen diese Denkweise wirklich möglich ist, können Sie anfangen, Situationen zu sammeln:

Beobachten Sie einmal, was sich ergibt, wenn es Ihnen ungewöhnlich gut geht. Fällt Ihnen auch auf, dass dann häufig die Versuchung immer größer wird, etwas zu tun, das Ihnen eher schaden kann?

Ein Beispiel: Sie kennen sicher Situationen, in denen Sie – vielleicht weil Sie es sich vorgenommen haben – eine Zeit lang weniger Alkohol getrunken haben als sonst üblich. Nun freuen Sie sich darüber, ohne Kater aufgestanden zu sein und sich fit zu fühlen. Doch diese positive Erfahrung muss nicht dazu führen, dass Ihre Lust, sich genau diese negativen Folgen zu ersparen, immer größer wird.

Wahrscheinlicher ist, dass die Versuchung, Alkohol zu trinken, nicht sinkt, weil Sie Ihre Gesundheit weiter genießen und festigen wollen, sondern dass die Versuchung steigt, weil es Ihnen »nun schon so lange gut gegangen ist«, oder sollen wir vielleicht lieber sagen, nun schon zu lange gut gegangen ist!

Vielleicht gibt es auch ein Lebensmittel, das Sie nicht vertragen. Wenn Sie es geschafft haben, sich eine Zeit lang davon fern zu halten, lernen Sie nicht notwendigerweise aus Ihrem Erfolg, und das Vermeiden wird nicht leichter. Ebenso ist möglich, dass Sie, je besser es Ihnen geht, umso leichter wieder zugreifen werden, und Ihr Befinden sich folgerichtig verschlechtert. Die innere Argumentation ist immer gleich: »Es geht mir so gut, da kann ich es ruhig mal wieder riskieren.«

Natürlich kann man das Ganze auch auf hergebrachte Weise sehen: Ich habe jetzt eine Woche die Disziplin aufgebracht, und diese Leistung halte ich eben nicht ständig durch. Ich muss ja dauernd gegen meine Instinkte und Gelüste ankämpfen, und irgendwann erlahmt eben meine Energie, und ich greife wieder zu.

Das wäre eigentlich schon Beweis genug für die Annahme, dass uns die Gewohnheiten stärker bestimmen können als unser Bewusstsein. Doch darüber hinaus lässt sich immer wieder feststellen, dass Menschen sehr viel Mühe auf sich nehmen, um sich zu schaden. Es wäre bequemer, zu Hause zu sitzen und nichts zu tun, als extra zum Zigarettenautomaten zu gehen. Ich hätte eine Mühe weniger, wenn ich nicht angesichts des Fruchtsaftes im Kühlschrank loslaufen und mir in der nächsten Kneipe Bier holen würde.

Deshalb gefällt mir die folgende These: Sie behalten grundsätzlich die Verhaltensweisen bei, an die Sie gewöhnt sind. Sie haben sich an ein bestimmtes Maß von Alkohol gewöhnt, und damit an Ihre ganz persönliche Mischung von Genuss und – vielleicht – nachfolgendem miesen Gefühl. Vielleicht geht es Ihnen unter Alkohol auch ungewohnt gut, Sie fühlen sich freier und agieren anders als sonst. Das könnte zusätzlich eine erhöhte Bereitschaft auslösen, dieses ungewohnte Verhalten durch den »moralischen« Seelenkater am nächsten Tag zurückzudrehen. Auch bei Lebensmitteln, die Sie nicht vertragen, oder bei Allergien ist der Mechanismus gleich. Sie haben sich daran gewöhnt, ein bestimmtes Lebensmittel haben zu wollen, und nachher dafür zu leiden. Die einfachste und, wie ich finde, vollständigste Erklärung ist tatsächlich:

Jeder Mensch hat seine spezielle Mischung aus Genuss und Schmerz, die er immer wieder zusammenstellt. Wenn es Ihnen ungewohnt gut gegangen ist, sorgen Sie möglicherweise aktiv dafür, dass der Rückschwung kommt. Will der Mensch sich verändern, bekommt er es mit seinen alten Steuerelementen zu tun, die – zu seiner Sicherheit – dafür sorgen wollen, dass alte

Schmerzen und negative Gefühle ihm auch in Zukunft einen sicheren Lebensraum eingrenzen.

Damit beantworten sich die Fragen

- nach den Erfolgreichen, die immer noch weitergetrieben werden,
- nach den »eine-unglückliche-Beziehung-Erwartenden«, die umso misstrauischer werden, je mehr Liebe sie bekommen, oder
- nach den Depressiven, die mitten im Paradies nur das Unglück der Welt wahrnehmen.

Dieser Kern menschlichen Verhaltens ist kein unentrinnbares Schicksal. Der Mensch muss nicht so leben, wie ihn seine Automatik steuert. Er kann sich selbstverständlich bewusst verändern. Aber um »ungewohnt« erfolgreich zu sein, müssen Sie eben von dem Wissen ausgehen, dass dabei mit einer gegenläufigen Automatik zu rechnen ist.

Ich weiß, dies ist eine gewagte These. Doch wie alle Thesen, die ich Ihnen hier vorstelle, erhebt sie keinen Alleinvertretungsanspruch auf die Wahrheit, sondern soll nur eine Anregung sein, über Ihr eigenes Verhalten und Streben nachzudenken, um es zu optimieren. Sie selbst entscheiden, welche Anregung Sie plausibel finden.

5. KAPITEL

Die Chance, sich zu verändern

In diesem Kapitel erfahren Sie

- dass wir uns trotz aller Konstruktionsmängel verändern können

- wie wichtig es ist, unser Selbstbild von unserer Wirkung zu unterscheiden

- wie es hilft, selbst die Verantwortung für seine Mängel zu übernehmen

- dass wir uns nach dem Motto: »drei Schritte vor, und zwei zurück« weiterentwickeln

- wieso wir neue Gewohnheiten einüben müssen, um von alten loszukommen

- dass es ein sehr einfaches Geheimnis des Glücks gibt

Chance 1: Doch: Sie können sich verändern

Egal, ob Sie
- sich mit Partner oder Partnerin besser verstehen,
- weniger Konflikte und mehr Freunde haben,
- erfolgreicher arbeiten,
- oder bewusster mit Geld umgehen möchten:

Sie haben jetzt die Möglichkeit, die Macht der Gewohnheiten zu respektieren. Sie wissen viel besser, was Sie zu erwarten haben, wenn Sie sich verändern wollen. Wenn Sie dies Wissen in Ihr Leben einbauen, öffnet es Ihnen die Tür zu langfristigem Erfolg.

Die Betrachtung vieler menschlicher Verhaltensweisen wird so auf ganz neue Weise interessant. Es ist wie bei einer defekten Uhr. Wir haben bisher nur das Zifferblatt betrachtet und uns gefragt, warum die Zeiger nicht weitergehen. Jetzt schauen wir von einer anderen Seite aus. Wir können sozusagen die Rückseite unserer Wünsche und Träume sehen. Und ich denke: Es ergibt sich daraus folgendes Bild, das uns zeigt, an welcher Stelle sich unser Leben selbst blockiert.

Der Mensch hält sich selbst stabil, indem er ständig die Gewohnheiten wiederholt und festigt, die bisher sein Leben gesichert haben. Wenn er sich verändern will, begegnet er neuen, unbekannten Gefühlen. Doch ein neues Gefühl soll nicht in unbekannte und damit unvorhersagbare Lebenssituationen führen. Deshalb tauchen die gewohnten Emotionen und Verhaltensweisen immer wieder auf. Dies ist kein Rückschlag, sondern ein wichtiger Sicherungsanker, um während der Veränderung nicht die seelische Orientierung zu verlieren.

Nun tun wir etwas Neues: Wir planen diese Sicherungsanker

in unser Leben ein und bekommen eine echte Chance, uns neue Erfolge und Gefühle zu Eigen zu machen, denn

- wir respektieren, dass die Gewohnheiten aus der Vergangenheit lieber alte Schmerzen behalten und uns vor unseren Zielen bremsen werden,
- wir berücksichtigen, dass wir mit 90 Prozent unserer gewachsenen Persönlichkeit nach den alten Gefühlen streben, und dass wir dieses Sicherheitsbedürfnis akzeptieren müssen, und
- uns ist klar, dass wir uns in Bezug auf unsere eigene Wirkung gerne selbst täuschen wollen.

So umgehen wir den ersten Stolperstein auf dem Weg zu dem Erkennen unserer persönlichen Wirkung und Wirklichkeit, der heißt: Wir haben einen starken, eingebauten Widerwillen dagegen, das Schlechte, das wir uns selbst zufügen, wirklich zu sehen. Das gilt besonders für die Rolle des »Schlechten« in Bezug auf das eigene Leben. Es ist ein großer Schritt, wenn ich anerkennen kann: Ich habe Gewohnheiten, die auf Dauer nicht dazu beitragen, das Leben weiterzuentwickeln oder zu erhalten, sondern die mir aktiv schaden. Dabei ist interessanterweise das Schlechte, das von jemand anderem ausgeht, ja selbst das, das man jemand anderem zufügt, kein Tabu.

- Es ist akzeptiert, davon zu sprechen, dass es das Schlechte in der Welt gibt, dass es in anderen Menschen lebt.
- Es ist sogar salonfähig, sich genüsslich darüber auszulassen, dass man die Absicht hat, jemand anderem etwas Schlechtes zuzufügen.

Doch häufig genug behandelt man sich selbst wesentlich schlechter, als man es einem anderen jemals erlauben würde, und jeder hat eine hohe innere Hürde zu überwinden, bevor er sich an den Gedanken herantraut, dass er sich selbst etwas »Schlechtes« zufügen will. Dieser Gedanke ist – außer bei Süchten, bei denen wir uns inzwischen schon an diese Betrachtungsweise gewöhnt haben – noch überhaupt nicht eingeführt und trifft deshalb erst einmal auf Unverständnis.

Dabei kann mir jedoch nur nutzen, wenn ich wage, das zu denken, was bisher weit gehend undenkbar war:
Ich wage zu denken, dass ich anstrebe,
- mir selbst zu schaden,
- mich zu behindern,
- meine Möglichkeiten zu verplempern,
- meinen Talenten zu misstrauen,
- mir Schmerzen zuzufügen,
- meine Erfolge zu zerstören.

Ich bin so mutig, vielleicht sogar einen Schritt weiterzugehen und mich mit dem Gedanken zu beschäftigen, dass es durchaus Gefühle geben kann, die mein
- Interesse behindern, ein »Erfolg« zu werden,
- mich daran gewöhnt haben, mich als »Misserfolg« sicherer zu fühlen?

Kann ich wirklich begreifen, dass in mir vielleicht eine Versuchung schlummert, aktiv daran zu arbeiten, dass ich
- krank,
- erfolglos,
- ein »Versager« oder
- »Ausgegrenzter« bin,

und zwar in der Wiederholung von gewohnten Gefühlen, also auf Grund von Gewohnheiten eben nicht aus Versehen, sondern strategisch und mit allen Mitteln. Nur das bewusste Denken, das mit Hilfe seines blinden Feldes auf einer ganz anderen Fährte wandern kann, sagt: »Warum passiert mir das?« und merkt nichts von den Beiträgen, die ich zu einem unangenehmen Ergebnis vielleicht selbst geleistet habe.

So in meine Gedanken versunken, bemerkte ich aus den Augenwinkeln eine Bewegung auf dem Fußboden meiner Terrasse.

Auf der glatt gewienerten Fläche bewegte der Wind rosa Blüten hin und her, die aussahen wie große rosa Schmetterlinge und auf dem gekachelten Boden so ruckfrei entlangglitten, als ob sie sehr schnell auf winzigen Füßen in meine Richtung liefen.

Immer neue Blüten fielen herunter und kamen dazu. Sie führten mir ein schwereloses Ballett vor, das mich entzückte durch die Anmut, die sich dabei entfaltete. Doch der Windstoß legte sich, und ich kehrte auf der nun blütenbestreuten Terrasse zu meinen Gedanken zurück.

Meine »blinde Seite« bringt also folgende Eigenheit mit sich, die für uns Menschen charakteristisch ist: Auf der einen Seite tue ich die Dinge, die ich zu tun gewohnt bin. Auf der anderen Seite sehe ich – parallel dazu – nur das Gute an meinen Handlungen, nur das, was meinem gewünschten Bild von mir entspricht. Diese Kluft kennzeichnet einen großen Teil unserer Handlungen und führt uns häufig völlig in die Irre. Ich habe an den folgenden Beispielen, die nur ein winziger Bruchteil eines unendlichen Schatzes an Handlungen sind, versucht, diese Möglichkeit der Selbsttäuschung deutlich zu machen.

Dabei steht links das, was ich möglicherweise über mein Verhalten denke, und rechts, was ich damit real bewirken kann.

Chance 2: Sie können lernen, Ihre Wirkung von Ihrem Selbstbild zu unterscheiden

Sie sind schon einen großen Schritt weitergekommen, wenn Sie in Betracht ziehen können, dass das, was Sie von sich selbst denken, vielleicht von anderen ganz anders wahrgenommen wird. Setzen Sie die folgende Tabelle selbst fort, um ein bisschen mit diesem Gedanken zu spielen.

Ich sehe und denke:	*Ich tue und bewirke:*
Ich bin so gut, wie ich sein kann.	Ich tue alles, um nicht »zu gut« zu werden, also nicht besser, als ich von mir kenne.
Ich lerne gut.	Ich vermeide, zu viel zu lernen, und lerne so viel , dass ich das gewohnte Gefühl »ich kann nichts« wieder-holen kann.
Ich will den Erfolg.	Ich arbeite daran, den Erfolg auf das gewohnte Maß zu begrenzen.
Ich mache mir so viele Freunde wie möglich.	Ich stelle das gleiche Zahlen-verhältnis zwischen Freunden und Gegnern her, das mein Le-ben schon immer begleitet hat.
Ich nutze alle Chancen.	Ich vermeide die Chancen, die auch in der Vergangenheit ein Verhalten forderten, das »nicht zu mir passt«.
Ich denke, ich arbeite an völliger Harmonie.	Harmonie ist das Maß an Stress, das ich als angenehm empfinde. Ich empfinde das Maß an Stress als angenehm, in das ich hineingewachsen bin. Das heißt auch: Ich sorge für das Maß an Konflikten, das ich als »notwendig« kenne.

Ich denke: Das Leben fühlt sich gut an, und jeder andere muss das genauso empfinden.	Das Leben fühlt sich so gut an, wie ich es bisher maximal erleben konnte. Für andere Menschen, die es anders gewöhnt sind, kann dabei noch sehr viel Gefühl fehlen.
Ich bleibe aus moralischen Gründen bei einem Menschen, für den ich mich aufopfere.	Der andere Mensch bedient Schmerzen und Leid, die ich gewöhnt bin und mir (uns beiden) auf diese Art erhalten kann.

Es ließen sich noch unendlich viele dieser möglichen Selbsttäuschungen aufzählen. Vielleicht haben Sie Lust, die Reihe für sich weiterfortzusetzen? Eine solche Gegenüberstellung ist auf den ersten Blick jedoch ein Schock. Jeder, der das erste Mal an diese Möglichkeit denkt, fragt sich: »Ist denn alles falsch, was ich tue?«

Ich antworte dann: Natürlich nicht. Gewohnheiten können nicht falsch sein. Sie haben sich aus der Realität entwickelt. Es kann aber sein, dass sie heute nicht mehr passen. Wenn ich das glaube, entscheide ich mich, sie umzulernen. Dabei hilft mir, wenn ich mir klar mache: Das, was ich wirklich erreiche, ist der Erfolg meines Handelns. Denn »Erfolg« ist das, was auf mein Tun folgt. Alles andere ist Selbsttäuschung. Um herauszufinden, was ich wirklich erreiche, wende ich eine einfache Methode an. Sie heißt:

Nimm dir die aktive Rolle

Mein Sohn hatte eine Zeit lang die Angewohnheit, täglich zu spät aufzustehen, um dann mit der größtmöglichen Hektik in die Schule zu rasen. Jeden Morgen ärgerte er sich, dass es schon wieder so spät war, und während er hastig sein Frühstück herunterschlang, saß ihm die Angst im Nacken, schon wieder zu spät zur Schule zu kommen. Natürlich hatte er einen gut funktionierenden Wecker. Er wusste auch genau, wie er die morgendlichen Rituale hätte gestalten können, um in aller Ruhe entspannt in die Schule zu gehen. Doch so sehr er sich auch ärgerte, es änderte sich nichts. Was sollte ich tun, um ihm zu helfen? Ich hätte sagen können: »Steh früher auf! Dusch nicht so lange!« Ich hätte jeden Morgen daneben stehen und ihn antreiben können. Doch ich tat nichts von alledem. Ich wollte die Gewohnheit, sich schon morgens mit einem bestimmten Maß an Angst und Stress zu versorgen, nicht noch verstärken. Stattdessen sagte ich: »Du arbeitest schon morgens hart für deine Dosis Angst und Adrenalin! Das verstehe ich. Aber wenn du eines Tages vorhaben solltest, mit einer geringeren Dosis dieser Drogen auszukommen, dann kann ich dir vielleicht ein paar Tipps geben.«

Ein paar Tage später traute ich meinen Augen kaum. Eine Viertelstunde früher als gewohnt saß er mit zufriedener Miene vor seinen Cornflakes, und auf meine Frage, ob heute ein besonderer Tag sei, antwortete er gemütlich: »Die ganze Zeit habe ich versucht, mich anzutreiben, und mir Vorwürfe gemacht, dass ich nicht schneller bin. Damit habe ich meinen Stress nur noch größer gemacht. Aber wenn ich es so sehen kann, dass das Ziel der ganzen Übung sein soll, möglichst viel Stress zu kriegen, dann fühlt sich das plötzlich ganz anders an. Sobald ich wieder eine Situation als Stressfabrik inszeniere, frag ich mich: Bin ich denn bescheuert? Was mach ich eigentlich gerade? Will ich mich wirklich so fühlen? Ich glaube, ich hab das Ding jetzt am richtigen Ende zu fassen gekriegt.«

Bei vielen Aufgaben, die man sich selbst stellt, besonders bei kreativen Vorhaben, lohnt es sich, die eigenen Handlungen einmal genau umgekehrt zu betrachten. Wir können damit bei ganz allgemeinem Verhalten anfangen.

Wenn Sie bisher dachten: »Ich bin zu ängstlich, auszugehen und andere Menschen zu treffen, ich bin zu schüchtern«, heißt es jetzt umgekehrt: »Ich verwende meine Kräfte, um mich zu Hause zu beschäftigen und aktiv dafür zu sorgen, dass ich alleine bleibe und mir sagen kann: Niemand findet dich gut!«

Dachten Sie bisher: »Ich gehe raus und spreche die Leute so an, dass sie mich doof finden; ich bin ungeschickt«, so heißt die aktive Formulierung: »Irgendwoher weiß ich genau, wie ich sie abschrecken kann, und ich mache das sehr zielsicher. Dann sage ich mir: Du bist nichts, sie finden nichts an dir!« Ich habe mir damit bewiesen, was zu beweisen war.

Es gibt viele Menschen, die gerne einen tollen Beruf ergreifen und viel Geld verdienen würden. Sie sitzen aber zu Hause, bewerben sich nicht und denken: »Ich bin faul, ich bin inaktiv und bringe nichts zustande.« Probieren Sie einmal, es umgekehrt zu sehen, dann heißt es: »Ich weiß, was ich tun muss, damit ich mir sagen kann: Du kannst nichts, aus dir wird nichts! Ich wieder-hole dieses Gefühl, so oft ich kann, und verbringe meine Zeit deshalb damit, genau dafür zu sorgen.«

Damit haben Sie eine veränderte Selbsteinschätzung. Es stimmt nicht mehr, dass sie nichts tun und nichts können. Im Gegenteil: Sie wissen genau, was Sie tun müssen, um das gewohnte Bild von sich selbst zu erhalten. Jetzt können Sie entscheiden, ob Sie an diesem Bild festhalten möchten oder lieber auf Dinge zugehen, die Sie gerne könnten.

Im Beruf machen wir häufig Fehler, die wir erst im Nachhinein entdecken und völlig blödsinnig und vermeidbar finden. Wenn Sie bisher darüber dachten: »Ich bin zu schusselig oder impulsiv«, dann kann eine aktive Formulierung heißen: »Ich mache immer dann einen Fehler, wenn ein Projekt zu einem überraschenden Erfolg führen könnte. Wenn ich es genau nehme, ist es mir auch fremd, mich als erfolgreichen Manager zu sehen.

Egal, welches gewohnte Selbstgefühl ich mir wieder-holen möchte, ich kann aktiv dafür sorgen, dass es stimmt.

Experimentieren Sie damit weiter! Man kann in jedem Lebensbereich anfangen, sich in die aktive Position zu bringen, um die Dinge zu verändern. Der Ausgangspunkt ist immer die Annahme, dass jede Gewohnheit unser Verhalten so steuert, dass sie von uns selbst immer wieder bestätigt wird. Jede Gewohnheit steuert das Verhalten, bis das Ergebnis ein »Na-also«-Gefühl ist; eine Bestätigung, dass alles so gekommen ist wie erwartet, im positiven Sinne wie im negativen. So trainieren wir auch die negativen Bestätigungen. Dabei ist das Wort Bestätigung durchaus zutreffend. Neue Forschungen belegen, dass Schmerz die gleichen körpereigenen Drogen freisetzen kann wie Ereignisse, die Euphorie auslösen. Wenn wir nun erkennen, dass jede Schmerzgewohnheit Aktivität bewirkt, die sie erhalten und ihre Wiederholung sichern soll, dann erscheinen plötzlich viele Probleme erklärbar, für die wir vorher keine Antwort hatten:

- Wie klar lässt sich dann plötzlich sehen, dass jemand, der für Außenstehende erkennbare Fehler macht, im besten Glauben immer wieder zu denselben Fehlern hinstrebt.
- Wie wenig rätselhaft ist dann, weshalb sich Ehepaare auch nach 50 Jahren Ehe immer noch mit gleicher Intensität um die gleichen Dinge streiten.
- Wie leicht erklärt sich, dass jemand sein Leben lang Single geblieben ist, »obwohl« er sein Leben lang mit dem gleichen Kontaktverhalten Partner gesucht bzw. eben abgewehrt hat.
- Wie verständlich ist, wenn derjenige, der immer wieder beruflich an der Hierarchie gescheitert ist, auch beim nächsten Versuch »unerklärlicherweise« von den Vorgesetzten nicht befördert wird!

- Wie selbstverständlich ist, dass Menschen, die schon von ihren Eltern geschlagen oder zu Opfern gemacht wurden, auch später gegen ihren erklärten Willen immer wieder Opfer ähnlicher Angriffe werden!
- Wie sehr leuchtet nun auch ein, dass alle Selbstverhinderungsaktionen, wie wir sie bisher aufgelistet haben, einen Sog auf uns ausüben, der am ehesten mit einer Sucht zu vergleichen ist!

Diese Art, die Dinge zu sehen, ist deshalb eine Chance auf nachhaltigen Erfolg für jeden von uns, der sich im Leben verändern will. Wer weiterkommen, neue Ziele erreichen, neue und größere Gefühle erleben und sorgloser und glücklicher werden möchte, als er bisher gewohnt war, findet darin einen Schlüssel, mit dem er selbst einen neuen Zugang zu seinen Chancen öffnen kann.

Das gilt natürlich besonders für diejenigen, die in ihrer bisherigen Entwicklung unter Unzufriedenheit, Spannung, Konflikten und Misserfolgen gelitten haben, also mehr oder weniger für uns alle. Wenn ich mir diese Betrachtungsweise zu Eigen mache, kann ich mich erst einmal entspannen.

Die Möglichkeit, Ziele zu erreichen, die ich bisher nicht erreicht habe, hängt ja zu neunzig Prozent davon ab, wie weit sie mit meiner Persönlichkeit, also meinen automatischen Verhaltensweisen und Gewohnheiten in Einklang stehen. Es hilft also auf die Dauer nicht viel, sich mit hoher Energie abzumühen, um eine Veränderung zu erzwingen, denn ich weiß:

Neben dem Willen zur Veränderung muss ich die natürlichen Mindestzeiten berücksichtigen, die mein Organismus braucht, um umzulernen und alte Gewohnheiten durch neue zu ersetzen. Ich kann die notwendigen Rückschritte nicht vermeiden. Ich brauche sie, um mich immer wieder abzusichern. Hektik und Druck bringen mich also nicht weiter. Sie vergrößern nur den nächsten Rückschritt.

Chance 3: Sie können den Rhythmus der Veränderung richtig einschätzen

Wir wissen, dass es nicht genügt, wenn wir uns Ziele bewusst vornehmen. Wir müssen auch mit einplanen, dass unsere Gewohnheiten versuchen werden, uns wieder zum Startpunkt zurückzuholen. Wir sollten deshalb die eigenen Vorlieben und Gewohnheiten genau kennen, ihre Kraft respektieren und die Rückschläge, die sie verursachen werden, von vornherein mit einrechnen. Jeder von uns hat seine eigenen Ziele; jeder muss deshalb einen anderen Weg gehen. Trotzdem sind die Fragen gleich, die wir uns stellen können, wenn wir erfolgreicher unsere Ziele erreichen wollen.

Es sind Fragen wie:

- Welches ist eigentlich meine vorherrschende Stimmung?
- Bin ich vielleicht schon lange vorwiegend unzufrieden?
- Welche Grundstimmungen trugen meine Eltern und nahen Bezugspersonen in sich? Wie war ihre Beziehung zu Erfolg, Glück, Reichtum etc.?
- Neige ich vielleicht eher dazu, pessimistisch zu sein, Gefahren und schlechte Zeiten zu erwarten, weil ich »mit der Muttermilch aufgesogen« oder schon seit langer Zeit die Erfahrung gemacht habe, dass sich derartige Ängste erfüllen?
- Ertappe ich mich in guten Zeiten bei dem Gefühl: »Das ist zu schön, um wahr zu sein?«

Prüfen Sie sich genau, fragen Sie andere, und machen Sie sich nichts vor: Wenn Ihre überwiegende Stimmung eher Unzufriedenheit, Traurigkeit oder etwas Ähnliches ist, dann müssen Sie bei Ihrem Versuch, tatkräftiger und fröhlicher zu werden, damit rechnen, dass diese Gewohnheiten immer wieder stark auftreten. Wenn Sie die ersten Erfolge haben, verlangen Sie nicht von sich, dass Ihre Lebenseinstellung plötzlich heiter und optimistisch wird. Es wird viel eher so sein, dass Sie schon kurze Zeit danach wieder unzufrieden sind und sich mit Details beschäftigen, die nicht gelungen zu sein scheinen.

Möglicherweise fragen Sie sich, wieso Sie sich überhaupt so angestrengt haben, weil die große Veränderung Ihres Lebensgefühles durch einen Erfolg ausgeblieben ist.

Erschrecken Sie nicht, aber es ist auch möglich, dass einige Zeit nach einem ungewöhnlichen Erfolg Ihre Unzufriedenheit oder Krankheitsneigung größer ist als vorher. Diese Situation, die viele Menschen zur Verzweiflung bringt, erklärt sich sehr einfach, wenn wir Folgendes annehmen:

Ihre Gewohnheiten werden von einem ungewohnten Erfolg gefährdet. Sie müssen sich deshalb verstärkt Ihren Ausgleich holen, damit die innere Zusammensetzung der Gefühle wieder Ihrer »Persönlichkeit« entspricht. Zu diesem Zweck bedient sich Ihr System, wie schon angedeutet, auch gern einmal des Tricks, dass bei einem Erfolg in dem einen Lebensbereich eben in einem anderen Lebensbereich etwas Wichtiges danebengeht.

Wenn sich dann das Gefühl »Es wird ja doch nichts« wieder einstellt, gehen Sie ihm nicht auf den Leim. Sagen Sie sich einfach: »Jetzt bin ich wieder pessimistisch«, um dann hinzuzufügen: »Was zu beweisen war.«

Langsam wird deutlich, was passieren kann, wenn wir die Macht der Gewohnheit unterschätzen. Es ist nicht schwer, sich den Unterschied zwischen zwei Situationen vorzustellen:

1. Situation, in die ich gerate, wenn ich mit diesem Rückschwung nicht gerechnet habe und jetzt denken muss: »Es hat ja doch alles keinen Sinn«, und

2. Situation, in der ich bin, wenn ich vorher wusste, was der Erfolg für Widerstände mit sich bringen kann.

Dann kann ich diesen Rückschwung mit den Worten begrüßen: »Ich hab schon auf dich gewartet. Je früher du kommst, desto früher kann ich auch den nächsten Schritt in Angriff nehmen.«

So kann Ihre Planung auch in anderen Lebensbereichen erst einmal die Gewohnheiten abfragen:
- Bin ich an das Gefühl gewöhnt, unattraktiv zu sein?
- War ich immer zu dick?
- Halte ich mich für »schwer von Begriff«?
- Fühle ich mich leicht als Störenfried oder
- als der, der immer etwas Verbotenes oder Unpassendes tut und dafür bestraft oder ausgeschlossen wird?
- Bin ich gewohnt, mit Geheimnissen zu leben, und
- das, was ich wirklich möchte, nicht zu zeigen?

Wenn Sie gewohnt sind, dass diejenigen, die Sie attraktiv finden, sich nicht für Sie interessieren, dann sollten Sie damit rechnen, dass Sie immer wieder Aktivitäten an den Tag legen werden, die diese zur Gewohnheit gewordenen Gefühle erhalten. Rechnen Sie also damit, dass Sie gerade denjenigen, von denen Sie sich am meisten Aufmerksamkeit wünschen, so entgegenkommen, dass diese Sie als unattraktiv oder unsympathisch empfinden müssen. Es kann sogar sein, dass Sie sich nicht wohl in Ihrer Haut fühlen, wenn sich jemand direkt für Sie interessiert, den Sie für besonders attraktiv halten.

Intensives Interesse könnte Sie eher zurückweichen lassen, denn es deckt sich nicht mit Ihrem Selbstbild und kommt Ihnen deshalb unglaubhaft vor. Wundern Sie sich deshalb nicht, wenn Ihnen Dinge »unterlaufen«, die dieses Interesse wieder abkühlen können, und rechnen Sie mit Aktivitäten Ihrerseits, mit denen Sie den ersehnten Erfolg wieder in weite Ferne rücken können.

Ich habe Menschen erlebt, deren Angst vor dem, was »zu schön« war, »um wahr zu sein« so weit ging, dass Sie sich noch schnell an einen Menschen banden, den sie eigentlich unattraktiv fanden.

Ihr Gewohnheitssystem tendiert eben dazu, mit »Safety first« zu reagieren, wenn ein Traum sich zu realisieren droht, der nicht zu den bisherigen Erfahrungen passt. So können sich auch die

anderen Gewohnheiten bemerkbar machen, die wir oben ange-
führt haben:

- Wenn Sie sich als Störenfried fühlen, als der, der mit den anderen eher nicht mitspielen sollte, fühlen Sie sich vielleicht
  am »normalsten«, wenn Ihnen in einer Gruppe eher Ablehnung entgegengebracht wird.
- Die Situation kann für Sie anstrengend, ungewohnt und irgendwie unpassend werden, wenn sich eine Gruppe plötzlich
  bemüht, Sie einzuschließen.
- Falls Sie das Verbotene besonders reizt und Sie von dieser
  Gewohnheit auch in Situationen gebracht wurden, die Ihnen
  sehr geschadet haben, möchten Sie das vielleicht ändern.
  Okay, also, versuchen Sie es!

Schaffen werden Sie diese Veränderung nur, wenn Sie von dem
Wiederaufflackern Ihrer alten Gelüste nicht überrascht werden,
sondern vorher wissen, dass sich die Versuchung bei jeder güns-
tigen Gelegenheit wieder melden wird.

So werden Sie von dem Drang, wieder etwas Verbotenes zu
unternehmen, nicht überrumpelt. Falls wirklich etwas passiert,
können Sie dann nicht so leicht mutlos werden und Ihr Ziel aufgeben. Bei allen Bemühungen ist sinnvoll, dass Sie einen ge-
wissen Rückschwung einkalkulieren und zulassen. In manchen
Situationen ist sogar sinnvoll, ihn bewusst zu erzeugen.

Das Naturgesetz menschlicher Veränderung heißt: »drei
Schritte vor, zwei Schritte zurück«.

Es kann sinnvoll sein, bewusst einen Schritt zurückzugehen,
wenn man in einer Veränderung schnell weitergekommen ist.

Sie können sich bei zu viel Gewohnheitsdruck also leisten,
die alten Gewohnheiten wieder zuzulassen; erst einmal eine
Stufe zurückzugehen, um dann von dieser Basis aus die Leiter
weiter hochzuklettern. Das wäre bei Themen wie Alkohol, Ziga-
retten oder anderen Süchten nicht ratsam.

Trotzdem ist es auch bei Süchten wichtig, zu wissen, dass

Ihre Gewohnheiten alles daransetzen, sich wieder in den Vordergrund zu bringen. Einerseits hilft dieses Wissen, Ihre Motivation zu erhalten. Sie wissen, dass es auch nach dem x-ten Rückfall nicht aussichtslos ist, wieder von vorn anzufangen. Wer weiß, dass das Gefühl der persönlichen Sicherheit untrennbar mit dem Gewohnheitssystem verbunden ist, wundert sich nicht darüber, dass jeder Mensch die automatische Tendenz hat, dieses System ständig zu testen.

Was für den Einzelnen gilt, gilt natürlich auch für Gruppen und Kulturen. Das Schmerzbedürfnis verschiedener Kulturen hat sich irgendwann zu ihrem Schutz gebildet. Es wird aus diesen Kulturen nicht plötzlich verschwinden, so schnell und stark man sich das auch wünscht. Es ist aber für jede Kultur zu ihrem eigenen Schutz unverzichtbar, ihr Schmerzbedürfnis zu kennen und seine Folgen möglichst genau vorherzusagen. Das führt zu einem Kreislauf, mit dem wir auf jedem Weg, der uns dauerhaft weiterbringen soll, umgehen müssen: Veränderung geschieht in der Abfolge von

- Weiterentwicklung,
- Rückentwicklung,
- neuer Weiterentwicklung und
- wieder darauf folgender Rückentwicklung.

Natürlich hilft es jedem, der sich individuell weiterentwickeln will, an diese Dynamik zu denken, ebenso wie jedem, der etwas politisch verändern möchte. Besonders wichtig ist ihre Kenntnis für jeden, der krank ist. Er muss sich sehr gründlich mit der Möglichkeit seines Körpers auseinandersetzen, Unzulänglichkeiten wiederherzustellen, die er gerne loswerden möchte. Dies gilt nicht nur für jemanden, der unter neurotischen oder anderen seelischen Symptomen leidet, sondern trifft auch auf körperliche Krankheiten oder chronische Schmerzen zu.

Wenn wir das Abwechseln von Fortschritt und Rückschritt ernst nehmen, entsteht daraus eine Neubewertung all unserer

Verhaltensweisen. Die Lebensbereiche, in denen wir diese Schrittfolge sehen können, gehen von Krankheiten bis zur Dynamik des Börsenhandels. Es ist ein enormer Gewinn, wenn man sich in einem Veränderungsprozess verlässlich erlebt und akzeptieren kann, anstatt sich als Versager zu bewerten.

Es hilft, zu wissen, dass ich nach jedem Fortschritt mit einer Rückbewegung rechnen muss und erst danach wirklich etwas weiter bin. Gelingt es mir aber, sogar einen Teil der Rückbewegungen vorherzusagen, bin ich mit ständig steigendem Selbstbewusstsein auf dem Weg zu meinen Zielen. So gewinne ich durch die Kenntnis meiner Selbstverhinderungs-Fähigkeiten deutlich mehr Macht über die Perspektiven meines Lebens. Ich bin nun in der aktiven Rolle. Ich bin derjenige, der sehr viel weit gehender als früher in der Lage ist, über seine Gesundheit und Krankheit, über seinen Erfolg oder Misserfolg zu entscheiden.

Sagen Sie menschliches Verhalten vorher

Vor einiger Zeit saß ich mit einem Kollegen beim Essen. Er steht kurz vor der Rente und hat einen großen Teil seines Lebens damit verbracht, verschiedene psychiatrische Kliniken zu leiten. Zwischen Vorspeise und Hauptgang stellte ich ihm die entscheidende Frage, mit der ich bisher alle Kollegen ins Grübeln gebracht habe. »Sag mal«, begann ich ganz harmlos, indem ich meine duftende Kressesuppe behutsam zur Seite zog, »glaubst du eigentlich, dass die Menschen sich ändern können?«

Er war ein alter Hase, und offensichtlich so schnell durch nichts aus der Ruhe zu bringen. Deshalb verschluckte er sich nicht, wie ich es eigentlich erwartet hatte, sondern kaute seine gegrillten Zucchini seelenruhig zu Ende. Dann legte er seine Gabel beiseite und antwortete, ohne aufzuschauen: »Ehrlich gesagt, nein!« Langsam hob er den Blick. »Ich habe mich das noch nie so konsequent gefragt«, fuhr er fort, indem er mich ansah, »aber wenn ich es mir genau überlege, glaube ich es eigentlich nicht mehr. Was meinst du denn?«

Ich möchte Ihnen hier schildern, was ich meine. Doch ich spreche eigentlich nicht von einer Meinung, sondern mehr von einer Erfahrung. Sie heißt: Wenn ich vorhersagen möchte, wie sich ein Mensch aus meiner Umgebung morgen verhalten wird, erziele ich mittlerweile eine hohe Trefferquote. Sie ist umso höher, je genauer ich weiß, wie er sich gestern verhalten hat. Die Annahme: Ein Mensch ändert sich nicht. Er wird sich in Zukunft so verhalten, wie er sich in der Vergangenheit verhalten hat, stimmt sehr häufig. Damit ist natürlich nicht gesagt, dass Menschen sich nicht verändern können. Nur, die Regel ist – leider oder Gott sei dank –, dass sie es nicht tun.

Betrachten Sie einmal die Zeitgenossen, mit denen Sie täglich zusammenleben oder -arbeiten. Sehen Sie genau hin, und Sie werden feststellen, dass Sie manchmal bis auf die Minute vorhersagen können, was Ihr Gegenüber als Nächstes unternehmen wird. Das kann sehr lustig sein, denn häufig wissen die Zielscheiben Ihrer Hellseherei selbst viel weniger darüber, was sie gleich machen werden. Die Sache hat jedoch eine ernsthafte Komponente, und diese Komponente nutze ich im therapeutischen Alltag.

Sie haben vielleicht gemerkt, dass ich oben gesagt habe: Die meisten Menschen verhalten sich morgen so, wie sie sich gestern verhalten haben. Ich habe nicht gesagt: Sie verhalten sich so, wie sie sich gestern verhalten wollten. Ich habe auch nicht gesagt: Sie wollen sich so verhalten, wie sie sich gestern verhalten haben. Die Erfahrung zeigt, dass unsere Freunde, Verwandten und Arbeitskollegen, aber auch Politiker und Manager, sich morgen als Sklaven der Gewohnheiten zeigen werden, die sie auch gestern schon beherrscht haben. Diese Gewohnheiten schließen auch die Verhaltensweisen ein, die der Betroffene als

Gewohnheit mit sich schleppt, obwohl er sie vielleicht überhaupt nicht an sich mag. Was noch schlimmer ist: In diese Gewohnheiten, die Sie nun aktiv leben, ist auch vieles eingegangen, das Ihnen andere angetan haben und mit dem sie Ihnen große Schmerzen zugefügt haben. Wenn Sie nun, wie ich, jemanden vor sich haben, der sich gerne verändern möchte, können Sie ihm natürlich nur dann weiterhelfen, wenn Sie wissen, wie er sich ohne Veränderung verhalten wird. Wissen Sie das nicht, so haben Sie keine Ahnung, wie er auf Ihre Versuche reagieren wird, ihm neue Anregungen zu geben.

Am Beginn einer Zusammenarbeit mit einem Klienten setze ich mich deshalb immer mit allen anderen Kollegen zusammen, die noch mit ihm zu tun haben werden. Dann tun wir etwas Erstaunliches: Wir tragen zusammen, wie sich der Interessent bisher verhalten hat. Wir sprechen dazu mit allen Personen, die er uns als Quellen angibt; mit allen, die ihn bisher privat und beruflich begleitet haben, und die wir von ihm ausfragen dürfen. Manchmal gibt es Berichte von Ärzten, die wir studieren können, oder wir erfahren etwas über berufliche Probleme. »Was ist daran erstaunlich«, werden Sie fragen. Sie haben Recht. Bisher ist alles noch ganz normal, was wir tun. Aber wenn es darum geht, Schlüsse aus unseren Informationen zu ziehen, wird es schon erstaunlicher. Wir beginnen nämlich, uns irgendwie gemein zu verhalten.

Wir ordnen ihm auch Handlungen zu, die ihm andere zugefügt haben. Das ist an einem Beispiel schnell gezeigt: Nehmen wir an, es geht um einen jungen Mann, der bisher drei Ehen hinter sich hatte, die alle nicht länger als drei Jahre gedauert haben. Er erzählt uns, dass er nach dieser Zeit immer von seinen Frauen verlassen wurde. Er hatte noch andere Beziehungen, aber die waren noch kürzer. Das Problem, so sagt er, war immer, dass die Frauen letztlich nicht verstanden, wie sehr er an ihrem Glück interessiert war. Zuerst war die Liebe heiß und lodernd, aber schon nach kurzer Zeit warfen ihm seine Partnerinnen vor, dass sie sich langweilten, und irgendwann verließen sie ihn. Wenn wir nun ein Szenario aufstellen, das uns helfen soll, die zukünftigen Aktionen unseres Interessenten vorauszusehen, dann verhalten wir uns alles andere als nett. Wir sagen nicht voraus, dass er wieder enttäuscht und von unterhaltungshungrigen Damen verlassen werden wird. Wir sagen voraus: Er wird seine Beziehungen auch in Zukunft so gestalten, dass er die gleichen Gefühle nacheinander empfinden wird. Am Ende der Beziehung, das wahrscheinlich im Rahmen der bisherigen Zeiträume droht, wird wieder das gleiche Gefühl, die gleiche Selbstbeschreibung stehen, mit der er zu uns gekommen ist. Vielleicht heißt sie: Ich bin zu langweilig. Oder er sagt sich: Die Frauen sind zu anspruchsvoll für mich. Auf jeden Fall wird aber wieder bewiesen sein: Ich kann mit keiner Frau zusammenleben; auf die Dauer wird es eine harmonische Partnerschaft nicht geben.

Natürlich wird es dann richtig spannend. Es gleicht einer Detektivarbeit, die Abfolge der Gefühle nachzuzeichnen, die sich nacheinander einstellen. Doch das Ziel heißt erst einmal nur: Wenn wir mehr über die Vergangenheit wissen, können wir auch mehr voraussagen. Damit ist noch nicht gesagt, dass es gelingen wird, etwas zu verändern. Doch es wird immer klarer, wie naiv es wäre, eine Veränderung zu planen, ohne zu wissen, welche Gefühle immer wieder in die Realität drängen werden.

Das Gleiche gilt für die berufliche Entwicklung unseres Gegenübers. Es gibt viele Menschen, die immer wieder versuchen, in einer neuen Arbeit Fuß zu fassen. Doch irgendwie ähneln sich die Probleme, die ihnen an den verschiedenen Arbeitsstellen begegnen. Am Ende steht häufig das Gefühl: Ich habe gut gearbeitet, aber der Chef hat es einfach nicht gewürdigt. Stattdessen hat er mir immer schwerere Aufgaben gegeben, und irgendwann ist es mir auch zu bunt geworden. Ich lasse mich nicht grenzenlos ausbeuten.

Ist es nicht gemein, was wir jetzt machen? Wir sagen: »Was zu beweisen war, könnte heißen: Jemand möchte mich bestimmen. Jemand möchte mich ausbeuten. Das laß ich mir nicht bieten.« Und wir nehmen erst einmal an: Beim nächsten Job wird das Ende wieder ähnlich aussehen.

Ich möchte Ihnen dazu ein Beispiel schildern, das in gewisser Weise typisch verlaufen ist. Wir lernten einen jungen Mann kennen, der bisher alle Ausbildungen nach einer Zeit von maximal 6 Monaten abgebrochen hatte. Es gab auch von den Jobs, die er dann annahm, kaum einen, der diesen Zeitraum überdauerte. Der Ablauf des Stückes Leben, innerhalb dessen sich diese Entwicklung abspielte, war immer von folgenden Gefühlen begleitet.

1. Phase: Herr F. suchte sich einen Job. Sein Grundgefühl: Schade, dass mir die blöde Schule das Abitur vermiest hat. Wenn die Lehrer damals nur ein bisschen flexibler gewesen wären, hätte ich es leicht geschafft. Jetzt muss ich irgendeinen miesen Job annehmen, der mich die ganze Zeit nur ankotzt.

2. Phase: Er sucht sich von allen Jobs, die er finden kann, den anspruchsvollsten. Er kann gut reden und versteht es, den Chef davon zu überzeugen, dass er den Aufgaben, die da auf ihn warten, mühelos gewachsen sein wird. Dann fängt er an. Sein Gefühl: »Das ist zwar immer noch eine stumpfsinnige Tätigkeit, aber wenigstens habe ich mein Ziel erreicht und mich erfolgreich beworben. Jetzt werde ich denen mal zeigen, was ich kann.«

3. Phase: Die konkrete Arbeit beginnt. Doch Herr F. ist weder dem Tempo gewachsen, das er zeigen muss, noch hat er die Fachkenntnisse, um seine Arbeit effektiv zu machen. Er hat halt keine Erfahrung in der Branche, und langsam dämmert ihm, dass er im Bewerbungsgespräch den Mund vielleicht doch et-

was zu voll genommen hat. Es stellt sich ein Gefühl von Unzufriedenheit ein, das langsam in Wut umschlägt. Das Gefühl wird immer stärker: Für dieses bisschen Geld soll er auch noch richtig arbeiten! Für die paar Kröten haben sie ihm eine Arbeit gegeben, die kaum zu schaffen ist, selbst wenn er sich richtig anstrengt. Das ist nicht fair. Also beschließt er, sich nicht hetzen zu lassen, um seine Würde wiederherzustellen. Daraufhin gibt es natürlich Ärger mit dem Chef. Und eines Tages sagt unser Freund: Mir reicht's. Schon wieder hat jemand versucht, mehr von mir zu bekommen, als ich geben will oder kann. Ich versuch mein Glück woanders.

Wir halten uns jetzt noch nicht lange damit auf, die Entstehung dieser Gefühlskette, die er sich immer wieder-holt, zu untersuchen. Wir wissen: Sein Verhalten wird von Gewohnheiten gesteuert, nicht von Einsichten. Selbst wenn er wüsste, dass beispielsweise sein Vater immer mehr von ihm verlangt hat, als er konnte, und dass sich nun exakt die Gefühlskette wiederholt, die sich damals eingeschliffen hat, wäre der Nutzen für ihn beschränkt. Seinen Alltag könnte er erst verändern, wenn er die Gewohnheit ändern könnte. Dies ist jedoch eine Frage geplanter, konsequenter Übung mit vielen vorhersehbaren Rückfällen in sein altes Verhalten.

Wir sagen stattdessen vorher: Auch bei dem nächsten Job wird sich wieder Folgendes abspielen: Herr F. wird:
- eine Arbeit suchen, die zu schwer für ihn ist.
- Er wird nach einiger Zeit die Arbeit nicht mehr machen wollen, da sie zu schwierig ist, und kurz danach Ärger mit seinem Chef bekommen.
- Er wird nach spätestens sechs Monaten wieder arbeitslos sein.

Wir haben dann mit Herrn F. über unsere Annahmen gesprochen. Wir haben sie ihm so einfach erzählt, wie sie waren, und haben dazugesagt, dass sie nur unser erster Versuch sind. Man

212

sollte diese Vorhersagen nicht zu ernst nehmen, sondern ständig bereit sein, sie zur Seite zu packen. Doch man hat erst mal einen einfachen Aufhänger, um mit der Betrachtung selbstverhindernder Gewohnheiten anzufangen.

War das schwierig? Nein, im Gegenteil. Versuchen Sie es auch einmal. Fangen Sie bei sich selbst an, betrachten Sie überschaubare Dramen in Ihrem Leben und versuchen Sie, sich zu fragen: Welche Gefühle wiederholen sich?

Am einfachsten ist es vielleicht, erst einmal herauszufinden, welches Gefühl am Ende einer Aktion steht. Wenn irgendetwas danebengegangen ist, was einfach nicht gelingen will. Wenn Sie sich wieder einmal damit beschäftigt haben, ob sie etwas Bestimmtes wagen oder nicht: Wie heißt das Gefühl, das sich wieder bestätigt?

Und wenn Sie es zu schwierig finden, sich selbst zu betrachten, fangen Sie spaßeshalber einmal damit an, Menschen aus Ihrer Umgebung zu betrachten. Denken Sie daran: Es geht nicht darum, was man tun will. Es geht darum, was man tatsächlich tut. Häufig genug ist es genau das, was man sich gerade nicht vorgenommen hat. Doch es passiert immer wieder, weil sich unsere Gewohnheiten gegen den Willen durchsetzen können.

Es gibt eine einfache Richtlinie, die Sie nutzen können, wenn Sie Ihr Verhalten und das Ihrer Mitmenschen vorhersagen möchten:

Was jemand in der Vergangenheit häufig gefühlt hat, wird auch in der Gegenwart wieder in sein Gemüt drängen. Fragen Sie sich also: Welche Gefühle ist er gewohnt? In welcher Reihenfolge werden sie sich wiederholen? So kommen Sie in die Lage, Situationen und ihre Ergebnisse vorauszusagen. Sie kennen in groben Zügen das Drehbuch, Nun können Sie sich ausmalen, wie die Szenen ablaufen könnten. Ihre Hauptdarsteller werden eine erprobte Inszenierung anregen, um zum Schluss wieder fühlen zu können: Ich bin ein Versager. Niemand will mich haben. Ich mache immer alles falsch. Niemand ist so gut wie ich, oder was auch immer. Sie werden dabei typische Gefühlsketten entdecken, die im Kreis verlaufen. Herr F. hat jeden neuen Job mit dem Gefühl angefangen, dass die Aufgaben wirklich zu leicht für ihn sind, und ist über eine Gefühlskette in dem Gefühl gelandet, dass er ausgebeutet werden sollte. Sie kennen sicher auch Menschen, die am Beginn jeder Beziehung euphorisch sagen: »Endlich habe ich den oder die Richtige gefunden.« Dann aber führt eine Gefühlskette durch die Beziehung, die in dem – sich immer wieder beweisenden Seufzer – endet: »Ich kann einfach nicht glücklich werden.«

Doch nehmen Sie Ihre Vorhersagen nicht zu ernst. Wenn Sie sich den Spaß gönnen, ein Opfer für Ihre Vorhersagen auszusuchen, dann denken Sie daran: Die Wahrscheinlichkeit, dass sich jemand heute so benimmt, wie er sich gestern in der gleichen Situation benommen hat, ist zwar hoch. Doch sie beträgt nicht 100 Prozent. Menschen sind keine Marionetten, und sie sind auch nicht computergesteuert. Trotzdem:

Die Stationen dieser Gefühlsketten sind häufig von verblüffender Ähnlichkeit. Es vergeht eine typische Zeitspanne, bis in einer neuen Beziehung die Euphorie in dem ersten Streit versandet. Die Zeiten, in denen Kalt- und Heißphasen abwechseln, ähneln sich in ihrer Länge. Die Heftigkeit der Enttäuschung, die sich nach einer Weile einstellt, ist ähnlich. Dabei kann der Auslöser ganz unterschiedlich heißen: der Partner kann nicht zuhören, oder er ist abwertend, oder egoistisch beim Sex, oder er enttäuscht auf andere Art. Wie diese Ähnlichkeiten zu Stande kommen; in welchem Ausmaß wir die Szenen unseres Lebens immer wieder in bestimmte Richtungen drehen können, darüber haben wir ja schon weiter oben gesprochen. Jedes Mal nehmen wir uns vor, es beim nächsten Mal anders zu machen. Doch Sie wissen so gut wie ich: Es ist nicht wahrscheinlich, dass unser Wille dauerhaft gegen die Gewohnheiten ankommt. Wir haben nur denn eine Möglichkeit, dauerhaft etwas zu ändern, wenn wir neues Verhalten zu einer neuen Gewohnheit reifen lassen.

Chance 4: Gewohnheit hilft gegen Gewohnheit

Der Mensch ist nicht optimal konstruiert, um mit der Welt und anderen Menschen problemlos klarzukommen. Wenn man es ganz schonungslos formuliert, kann man eher sagen: Der Mensch ist eine Fehlkonstruktion, wenn es darum geht, mit der Natur umzugehen und ihre Vielfalt und ihr Zusammenspiel zu begreifen. Er ist auch eine Fehlkonstruktion, wenn es darum geht, mit Menschen umzugehen, dem Kompliziertesten, was die Natur entwickelt hat. Deshalb ist vieles, was unser Verhalten im Umgang mit anderen Menschen verbessern kann, ausgesprochen schwierig. Alles in uns sträubt sich dagegen, es zu lernen, und zwar nicht etwa, weil wir es nicht wollen. Nein, wir haben damit Probleme, weil wir nicht dazu konstruiert sind, das Neue, das uns besser täte, ohne großen Aufwand in uns einzupflanzen. Es regiert das Programm, das sich einmal als Gewohnheit festgesetzt hat. Die Gewohnheit steht gegen die Vernunft, die Einsicht und den Willen. Alles, was wir bewusst und geplant an unserem Verhalten verändern wollen, trifft auf natürliche Hürden, die es schwer umsetzbar machen. Geben Sie sich deshalb mildernde Umstände, wenn Sie Ihre Gewohnheiten optimieren wollen. Ihre Natur stellt sich diesem Vorhaben entgegen. Ihr Sicherheitsbedürfnis, das an allem festhalten will, was sich bis jetzt stabil eingespielt hat; Ihre Grundbedürfnisse und Instinkte, die einem jahrtausendealten Programm folgen, und Ihre biologische Konstruktion, die unüberwindliche Grenzen der Selbstkontrolle und Gehirnleistung setzt: Das sind Ihre Grundlagen, und es hat keinen Sinn, sie zu ignorieren.

Wir können nur Erfolg haben, wenn wir die Grundlagen unserer Konstruktion nutzen, und das heißt: Wenn wir uns verändern wollen, müssen wir von den Vorzügen unserer Gewöhnungsfähigkeit profitieren. Wir können ja, anstatt uns darüber zu ärgern, auch Vorteile davon haben, dass häufiges und regelmäßiges Einüben bestimmte Verhaltensweisen irgendwann zu Gewohnheiten macht.

Es ist deshalb kein Geheimnis, und es erfordert kein psychologisches Fachwissen: das Erfolgsprogramm, mit dem wir uns verändern können. Es heißt ganz einfach: Üben, üben und üben. Genauso, wie wir ein Musikinstrument oder eine Sprache lernen und nach einiger Zeit beim Spielen oder Sprechen nicht mehr nachdenken müssen: Genauso haben wir für jede Ebene unseres Lebens die Möglichkeit, die angestrebten Gedanken, Gefühle und körperlichen Reaktionen in aller Ruhe und mit langem Atem so lange einzuüben, bis daraus Gewohnheiten geworden sind. Ich will Ihnen hier einige Beispiele nennen:

1. Sie können körperliche Gewohnheiten einüben: Viele von uns leiden körperlich unter Stress. Sie sind jeden Tag wieder Drucksituationen ausgeliefert, die den Blutdruck in die Höhe treiben, das Herz rasen lassen und durch erhöhte Muskelspannung die verschiedensten schmerzhaften Verspannungen im Körper verursachen. Diese körperlichen Reaktionen scheinen auf den ersten Blick nicht beeinflussbar, da sie sich dem Willen entziehen. Doch man kann sie durch Üben verändern. In Entspannungstrainings, wie ich sie seit zwanzig Jahren anleite, kann man tatsächlich neue Gewohnheiten einüben, mit denen man verblüffende Ergebnisse erreicht: In der gleichen Drucksituation steigt der Blutdruck nicht mehr so stark an, das Herz schlägt ruhiger, und die Muskeln bleiben entspannter. Plötzlich ist man in der Lage, seine Konzentrationsfähigkeit zu behalten. Man bleibt gesünder und leidet nicht mehr unter dem Tunnel-

blick, einer verminderten Wahrnehmungsfähigkeit, die sich bei Stress leicht einstellt. Diese Programme können Sie unter der Kontaktadresse im Anhang für je € 16,99 zuzüglich Nachnahme bestellen. Sie heißen: a) »Entspannen mit Musik. Ein Entspannungsprogramm für die DAK« sowie darauf aufbauend b) »Angst verlieren, Glück trainieren. Wie Sie mehr Glück erleben können.«

2. Gedankliche Gewohnheiten: Stellen Sie sich vor, Sie werden überraschend zu Ihrem Chef gerufen: Ihr erster Gedanke ist: »Was habe ich denn schon wieder ausgefressen?« Nun setzt sich eine Gedankenkette in Bewegung, die alle Verhaltensweisen, derentwegen Sie schon früher kritisiert wurden, nacheinander auftauchen lässt. Wenn Sie dann beim Chef erscheinen, sind Sie schon so blockiert, dass Sie – aus Gewohnheit – einen unsicheren Eindruck machen. Vielleicht überlegt er sich dann, ob er den neuen Posten, den er Ihnen anbieten wollte, doch lieber einem sicherer auftretenden Mitarbeiter offeriert.

Doch Sie können gewohnte Gedankenketten umlernen. Es gibt die Möglichkeit – zuerst absichtlich – an einer Stelle der Kette ein neues Glied einzufügen, und zwar so oft, bis der neue Gedanke automatisch auftaucht, wenn sich die alte Kette wieder in Bewegung setzen will. Die moderne Verhaltenstherapie hat dutzende Methoden entwickelt, die alle dem einen Ziel dienen: Denkgewohnheiten zu unterbrechen, um neue, chancenreichere Gedankenketten einzugewöhnen.

3. Sie können neue Gefühle einüben: Lampenfieber, Angst vor engen Räumen oder großen Plätzen, das sind klassische Felder, auf denen Psychotherapeuten seit Jahrzehnten tätig sind, um solche unangenehmen Gefühlsgewohnheiten durch bessere zu ersetzen. Aber die alltäglichen Gefühle, die uns an Glück und Erfolg hindern, sind viel häufiger anzutreffen. Wenn Sie von Ihrem Partner hören: »Geht's dir gut, oder hast du irgendetwas?«, und Sie spüren ein unangenehmes Gefühl in sich auf-

steigen, verbunden mit dem Gedanken »Was will er/sie denn jetzt schon wieder von mir?«, oder wenn Sie sich in Ihrer Firma mit einer guten Idee durchsetzen müssten, aber aus Abscheu vor einem Streit nichts sagen; auch dann ist es notwendig, neue Gefühle so lange einzuüben, bis sie Gewohnheiten geworden sind. Es gibt wundervolle Methoden dafür, wie das so genannte Biofeedback, bei dem Sie wie auf einem Silbertablett die Einzelteile gewohnter Gefühle sehen und dann Reaktionen umlernen können. Doch Sie können auch einfacher damit anfangen. Es ist eine gute Idee, sich einmal hinzusetzen und danach zu suchen, welche angenehmen Gefühle Sie sich in diesem Moment gönnen könnten. Ob Sie einen Moment der Muße genießen und die Anfänge süßer Müdigkeit fühlen können; oder ob Sie sich in eine wohlige Erinnerung hineinversetzen: Es ist immer ein Genuß, sich ganz bewusst angenehme Gefühle zu holen. Je häufiger Sie das üben, desto besser funktioniert es, und es ist dann nur noch ein kleiner Schritt, sich dieses Gefühl immer dann zu schenken, wenn die Gewohnheit ein altes, störendes Gefühl wieder hervorkramt.

Das kann der Beginn einer neuen Gewohnheit sein, in der Sie die Abfolge der Gefühle so oft bewusst verändern, bis sich die neue Gefühlskette in Ihrem Gehirn ihr eigenes Flussbett gegraben hat. Zugegeben: Es ist schwer, so etwas alleine zu schaffen. Doch es muss kein professionelles Training sein, das Ihnen hilft. Dort, wo Sie sichtbares Verhalten umlernen wollen, können Sie sich von allen, die mit Ihnen leben, Hilfe holen. Erzählen Sie ihnen detailliert von Ihrem Plan, und bitten Sie um einen Hinweis, wenn Sie wieder in Ihre alten Gewohnheiten zurückfallen. Bei der Installation neuer Gewohnheiten in Ihr Verhaltensprogramm gibt es eine genussvolle Hilfe: Bauen Sie Rituale ein, wo Sie können, denn:

Rituale sind etwas Wundervolles. Sie sind kleine Edelsteine, die uns im Einheitsbrei des alltäglichen Verhaltens Gefühlsinseln schenken. Freuen Sie sich auch auf die Tasse Kaffee in der ersten Arbeitspause? Haben Sie auch schon vorher den köstlichen Duft in der Nase und den Geschmack der kleinen, krümeligen Kekse, die dabei auf der Zunge zergehen? Denken Sie schon vorher an die Mittagspause und können es gar nicht erwarten, behaglich den vor Herz und Schmerz triefenden Klatsch zu hören von dem Kollegen, den Sie sonst nicht sehen? Freuen Sie sich ab 15 Uhr auf das Gefühl, zu Hause endlich die Büroklamotten in die Ecke zu werfen, etwas Bequemes überzuziehen, mit einem Glas Tee in der Küche zu sitzen und zum ersten Mal am Tag zehn Minuten überhaupt nichts zu tun?

Nichts gräbt sich in die Erinnerung so ein wie Rituale. Wenn Sie sich neue Gewohnheiten zulegen wollen, ist deshalb das Erste, was Sie sich fragen können: Kann ich Rituale erfinden, die mir dabei helfen?

Ob Sie sich nun angewöhnen wollen, die unangenehme Post zu öffnen, die Sie bisher immer bis zur Mahnung liegen gelassen haben, oder ob Sie regelmäßig mit Ihrem Partner die Themen besprechen, die sonst ungeklärt bleiben und Sand ins Getriebe streuen: Die gleiche Zeit des Tages, die gleiche Umgebung, eine bestimmte Musik, ein bestimmter Duft, ein köstliches Getränk; das sind Zutaten, durch die Sie neuen Gewohnheiten eine Regelmäßigkeit und einen genussvollen Rahmen geben.

Eine Kleinigkeit sollten Sie allerdings beachten, wann immer Sie etwas in Ihren Gewohnheiten verändern wollen:

Erstmaligkeit und Bestätigung müssen ausgewogen sein

Wenn Sie eine neue Gewohnheit lernen wollen, weichen Sie damit etwas auf, das sich bisher immer wieder bestätigt und Ihrem Leben Voraussehbarkeit und Sicherheit gegeben hat. An die Stelle der bisherigen sicheren Verhaltenskette kommt etwas

Neues, Erstmaliges. Der Mensch kann jedoch nicht zu viel Erstmaligkeit auf einmal vertragen. Er kann sich an etwas Neues wagen, wenn er auf einem Fundament steht, das seine Sicherheit immer wieder bestätigt. Wann immer wir an der Veränderung von Gewohnheiten und Lebenssituationen arbeiten, achten wir deshalb strikt darauf, immer nur einen Pfeiler zu erneuern, auf dem das seelische Fundament eines Menschen ruht. Es gibt viel weniger Verzweiflung und Rückschritte, wenn man auf diese Regel achtet. Deshalb: Wenn eine Partnerschaft zu Ende geht, halten Sie Ihren Beruf, Ihren Freundeskreis, Ihre Hobbys und Gewohnheiten möglichst stabil. Sie werden dadurch wesentlich weniger psychische Kraft verbrauchen, die Sie mühsam wieder aufbauen müssen.

Wenn Sie in Ihrem Beruf Schwierigkeiten haben, die eine Veränderung nötig machen, versuchen Sie, an allen anderen Fronten möglichst Ruhe zu halten. Es fehlt Ihnen die seelische Substanz für einen kraftvollen Neuanfang, wenn zusätzlich Ihre Partnerschaft in die Brüche geht.

Natürlich: Je stabiler Ihr seelisches Fundament ist, desto mehr Erstmaligkeit können Sie vertragen. Aber vielleicht ist es trotz ausreichender seelischer Belastbarkeit angenehmer, wenn man das Leben nicht als Härtetest anlegt, sondern als Genuss.

Das gilt auch für die Personen, die man nahe an sich heranlässt.

Was wir vorhin für ganze Nationen angenommen haben, gilt natürlich auch für jeden einzelnen Menschen: Wer sich selbst mies behandelt, hat häufig keine allzu große Aufmerksamkeit dafür, ob er andere Menschen unglücklich macht.

Wir bekommen im Privatleben, in der Arbeit, im Straßenverkehr etc. mit anderen Menschen Kontakt, deren Bestreben ist, genau das Maß an Schmerz, das sich bei ihnen als Gewohnheit eingeprägt hat, an die Menschen weiterzugeben, denen sie begegnen. Nicht umsonst stellt sich bei Schlägern meist heraus, dass sie selbst geschlagen wurden, und bei Trainern, die Härte und Selbstverleugnung fordern, dass sie mit der gleichen Härte aufgewachsen sind. Hinzukommt, dass jemand, der sich selbst immer wieder mit Stress versorgen muss, auch die Gelegenheit nutzen wird, einen Teil dieser Versorgung über das Herbeiführen von Konflikten mit seinen Mitmenschen zu erledigen.

Schmerzgewohnheit und Konfliktsuche sind deshalb zwei Dinge, die häufig miteinander zusammenhängen. Je nach Konstitution gibt es dabei die verschiedensten Profile: Ein eigensinniger, mit Initiative und Kreativität ausgerüsteter Charakter wird häufiger das Gefühl haben, die Mitmenschen könnten mehr tun oder die Dinge anders machen. Damit wird er Konflikte provozieren. Das Gleiche wird passieren, wenn jemand aus individueller Angst heraus die Menschen in seiner Umgebung dazu bringen will, Dinge anders, seiner Meinung nach risikoloser zu tun, als sie es wollen. Diese Veranlagung kann dazu führen, dass der betreffende Mensch häufiger unzufrieden ist als andere, und dass er nach einer Gewöhnungzeit immer wieder Dinge tut, die ihn auf bewährte Weise unzufrieden machen. Diese Gewohnheit kann auch für Konflikte gelten. Jeder kann deshalb für sich überprüfen, ob er immer dann wieder Konflikte in seiner Umgebung erlebt, wenn seine »Konfliktmenge« unter die gewohnte Schwelle sinkt.

Eine aufmerksame Umwelt kann genau sehen, wie ein Einzelner immer wieder bestimmte Situationen nutzt, um Konflikte auszulösen, wenn sein persönliches Konfliktmaß unterschritten wird. Die Unterscheidung, ob diese Konflikte berechtigt sind oder nicht, ob sie sachlich fundiert oder einfach vom Zaun gebrochen wurden, ist dabei völlig unwichtig.

Es kann sein, dass dieser Mensch sehr gut damit fährt, immer wieder Konflikte auszulösen, weil er sein Konfliktbedürfnis geschickt an sachlich sinnvollen Bruchstellen festmacht. Es kann sein, dass er die Menschheit damit weiterbringt.

Vielleicht ist es auch jemand, der völlig unnötig Streit verursacht, damit in Konflikten sein gewohnter Stress weiterleben kann und er sich als »er selbst« erlebt.

Das Entscheidende dabei ist: Das Herbeiführen von Konflikten kann eine Gewohnheit sein, die bei dem Versuch, sie abzustellen, ungewollt immer wieder aufflackert.

Erst, wenn man die aktive Rolle annimmt, die eigene Tendenz zu Konflikten erkennt und sie im Leben angemessen einplant, kann man sie auch vermindern. Vielleicht möchten Sie diese detaillierten Betrachtungen einzelner Gewohnheiten hier weiter fortsetzen und nehmen sich die Zeit, Ihr »normales«, vorherrschendes Lebensgefühl noch genauer zu betrachten.

Sehen Sie sich dann Ihre Stimmungen an, Ihre Unzufriedenheiten und die Ziele, die noch nicht zu einem Erfolg geführt wurden, und stellen Sie sich die Frage: »Welches ist die häufigste Stimmung, das übliche Gefühl, sozusagen der Normalzustand, der sich gegen meine bewussten Bemühungen immer wieder einpendelt? Welche Gewohnheiten, die mein Weiterkommen aktiv behindern oder mit denen ich mich aktiv schädige, schieben sich wieder in den Vordergrund und bestimmen mein Verhalten? Bekomme ich körperliche Krankheiten, wenn ich versuche, meine Ziele gegen innere Widerstände zu erreichen?«

Es kann sein, dass durch Ihre Wieder-Holungs-Fähigkeit die sonderbarsten Dinge passieren und sich ihre Selbstverhinderung mit bewundernswerter Raffinesse immer wieder in einem unbewachten Augenblick durchsetzt. Beweisen Sie dann Ihre Kenntnis der menschlichen Natur, indem Sie sich nicht wundern oder sich sogar Selbstvorwürfe machen, sondern sich nachsichtig betrachten. So schaffen Sie die Grundlagen, um sich zu verstehen, und können dafür sorgen, dass Ihr Weg nicht an Ihren Gewohnheiten scheitern wird.

Deshalb: Nehmen Sie Ihr Sicherheitsbedürfnis ernst und

rechnen Sie mit der eingebauten Bremsautomatik auf dem Weg zu Ihren Zielen. Es ist nicht so leicht, sich an das neue Gefühl, dass Träume tatsächlich in Erfüllung gehen können, zu gewöhnen. Bisher haben Ihre Gewohnheiten Ihnen möglicherweise den Gefallen getan, Sie zuverlässig mit Enttäuschungen zu versorgen, bevor der Erfolg Sie überraschte. Da niemand bestreiten kann, dass Ihre Gewohnheiten untrennbar zu Ihnen gehören, ist es wohl besser, zu sagen:

Sie selbst haben rechtzeitig vorgebeugt, damit nichts Ungewohntes geschah. Das geht nun nicht mehr. Eine Enttäuschung kann Sie nicht mehr aus dem Gleichgewicht bringen, wenn Sie sie einberechnet haben. Sobald Sie wissen, dass der Versuch Ihrer Gewohnheiten, sich immer wieder durchzusetzen, nicht ignoriert, sondern in Ihre Planung eingeschlossen werden muss, gibt es keine Enttäuschungen mehr, sondern nur noch Bestätigungen.

Nun ist Ihre Ausgangslage viel besser. Wenn Sie Rückschritte erwarten, die dann nicht kommen, ist es sehr viel angenehmer, als wenn Sie eine ungebremste Entwicklung erwarten und plötzlich Rückschläge erleben.

Chance 5: Es gibt ein sehr einfaches Geheimnis des Glücks

Glücklich wird nur, wer lernt, wie man glücklich ist.

Meine Gewohnheiten machen die Vergangenheit zur Zukunft.

Wie kann ich bei dieser Belastung mein wichtigstes Lebensziel erreichen, das Ziel, glücklich zu werden? Kann ich erreichen, dass das Maß an Schmerz, an das ich gewöhnt bin, eines Tages einfach aufhört und das Glück beginnt? Ich vermute, dass genau das nicht geschehen wird. Wir wissen inzwischen: Das menschliche System ist zur Erhaltung des Lebens konstruiert, und in der Natur kommt ein Ziel mit dem Namen »Glück« nicht vor. Wer sich etwas Gutes tun will, stellt deshalb nicht den Anspruch, jemand anderer zu werden, als er ist, und ein Leben zu führen, das die Gefühle, die er gewohnt ist, nicht mehr enthält. Je unglücklicher ein Leben bisher erlebt wurde, desto unwahrscheinlicher ist, dass es sich wenden und glücklich werden wird, und je mehr Glück wir bisher empfunden haben, umso höher wird die Wahrscheinlichkeit, dass wir auch in Zukunft viele glückliche Momente erleben können. Er gibt daher nur einen Weg, glücklich zu werden: Wir müssen darauf verzichten, das Glück eines Tages zu erreichen.

Wir müssen verzichten auf den Gedanken, es würde sich eines Tages alles ändern und unsere Träume gingen in Erfüllung; wir könnten einen Sprung machen und wie ein Fisch von dem einen in ein anderes Aquarium hüpfen, in dem das Wasser der umgebenden Gefühle plötzlich nach Glück schmeckt und nicht mehr nach der eigenen gewohnten Wirklichkeit.

Erst wenn wir uns mit der Unmöglichkeit angefreundet haben, dass wir wesentlich glücklicher werden können, als wir jetzt sind, können wir anfangen, unsere Gewohnheiten und ihre Wiederholungstendenz zu nutzen. Das geht, indem wir beginnen, nach Glücksmomenten in unseren gegenwärtigen Lebensumständen zu suchen. Nur wenn wir unseren Blick schärfen für die Glücksbausteine, die bereits jetzt in unserem Leben zu finden sind, können wir Wege finden, in der Zukunft von Tag zu Tag etwas glücklicher zu werden. Wir müssen jetzt anfangen, eine neue Gewohnheit zu lernen. Diese Gewohnheit bildet sich, wenn wir zuerst ganz bewusst nach Momenten suchen, die uns angenehme, vielleicht sogar Glücksgefühle schenken. Die Literatur ist voll von Beschreibungen solcher Momente, und häufig sind es einfache Beobachtungen in der Natur oder das Staunen über die eigene Lebendigkeit, die glücklich machen. Es kann auch der Anblick eines Menschen sein, die Berührung eines Kindes, ein Moment der Liebe. Aber auch ein beruflicher Erfolg, eine neue Anschaffung, eine unerhoffte Finanzspritze; nichts sollte missachtet werden, das die Chance zu Glücksgefühlen bietet. Suchen Sie zuerst bewusst und intensiv nach solchen Momenten. Erzählen Sie Ihren vertrauten Mitmenschen, worum es geht, und lassen Sie sich immer wieder daran erinnern. Nur so wird sich diese Suche mehr und mehr automatisieren. Das Ziel ist, eine Gewohnheit zu bilden; die Gewohnheit, automatisch das Glück zu suchen und zu sehen. Je mehr Glück wir heute finden und empfinden können, umso größer ist die Wahrscheinlichkeit, dass wir auch morgen Glück, ja vielleicht sogar das Glück empfinden können.

Nur: Es kommt nicht von selbst. Wer diese Gewohnheit nicht in die Wiege gelegt bekam, muss sie in eigener Aktivität entwickeln. Das erfordert eine tägliche Anstrengung. Je mehr Raum diese Suche in Ihrem Leben einnimmt; je häufiger und intensiver Sie sich daran gewöhnen, Glück zu empfinden, desto näher kommen Sie dem Ziel, immer glücklicher zu werden.

Der Lohn der Mühe ist jedoch überwältigend und einzigartig. Jeder glückliche Moment Ihres Lebens gehört nur Ihnen allein und bildet ein wundervolles Reservoir in Ihrem Gedächtnis.

Ich hatte über diesen Ideen die Zeit vergessen. Lange Zeit war ich jetzt ausschließlich in den Räumen umhergewandert, die meine Gedanken gestaltet hatten, und als ich die Augen wieder hob, war es stockdunkel um mich herum.

Zumindest schien es im ersten Moment so, doch bald begannen meine Augen, sich an das wenige Licht zu gewöhnen, das vom Mond wie dünner Goldstaub auf die Landschaft gestreut wurde.

Ich stand auf und verließ mein Zimmer, indem ich die Tür mit einem leisen Klicken ins Schloss zog. Als ich an den Strand kam, war ich überwältigt. *Die Luft hüllte mich warm ein, und die Sterne schienen zum Greifen nah über meinem Kopf zu glitzern. Irgendjemand hat mir die Sterne vom Himmel geholt, dachte ich zufrieden und glitt ins Wasser. Wie könnten Sie beschreiben, welcher Genuss sich ausbreitet, wenn das Wasser, das Sie trägt, die gleiche Temperatur hat wie die Luft, die Sie füllt, während das schimmernde Mondlicht mühelos über jede der vielen kreisförmigen Wellen gleitet, die von den Händen mit jeder Schwimmbewegung verteilt werden ...*

Die Vögel hatten ihren Respekt vor mir verloren. Ich war sicher, dass jeder von ihnen, seiner eigenen Persönlichkeit entsprechend, mich in Ruhe beobachtet und irgendwann beschlossen hatte, es sei reine Zeitverschwendung, mich wichtig zu nehmen. Sie mussten in ihrer eigenen Welt bestehen, sich mit ihren Freunden verbünden und ihren Feinden auseinander setzen, und sie hatten ihren eigenen prall gefüllten Terminkalender mit Fütterungs-, Nestbau- und Verteidigungsaktionen zu bewältigen.

Diese Verteidigungsaktionen bestanden aus waghalsigen Flugmanövern, mit denen sie sich gegenseitig von den Nestern verscheuchten, und einige Male zischten sie so dicht an meinem Kopf vorbei, dass ich an den Luftströmen die Kraft ihrer einzelnen Flügelschläge fühlen konnte. So unmittelbar war mir noch nie klar geworden, dass sie nicht spielten, sondern dass sie all ihre Kraft einsetzten, mit der sie sich offenbar gegen die Eindringlinge wehren mussten, die sie in ihrer Existenz bedrohten.

Was wusste ich wirklich von ihrer Welt, die mir so viele Glücksmomente geschenkt hatte?

NACHWORT

Und es gibt es doch – das Paradies

Wir sind falsch konstruiert, um die Welt zu bewältigen. Doch haben Sie schon einmal daran gedacht, wie es wäre, im Paradies zu leben?

Die Sonne schiene, die Vögel zwitscherten, die Bäche sprudelten klares Wasser, und der Wind striche sanft und warm über die Wiesen und Felder. Die Tiere wären zutraulich, ja, liebevoll. Es gäbe einen Gott, dem man die Sorge um das Essen und Trinken getrost überlassen konnte, und es gäbe Menschen, die so wären wie man selbst; aus dem gleichen Fleisch und Blut, mit den gleichen Wünschen und Gefühlen. Wenn man mit diesem Menschen zusammen wäre, lebte man in dem Gefühl, vollendet zu sein.

Es gäbe keine Sünde; nein, natürlich gäbe es viel Sünde nach dem Gesetz der alten Kirchenmänner, aber es gäbe keine Sünde am Leben und der Liebe.

Die Natur wäre Teil des eigenen Körpers, man hätte den Schmerz in sich selbst gespürt, wenn man ihr etwas ausgerissen hätte. Und das Leben der anderen Menschen wäre das eigene Leben, man liebte sie ebenso wie sich selbst.

Der Genuss des Lebens wäre der Genuss des Schenkens, und jede Sünde an seiner Unbeschwertheit, seiner Lebensfreude hätte die eigene Unbeschwertheit und Lebensfreude gekostet. Deshalb hieße es, das Leben zu lieben, sein Lächeln, seine klaren Augen, Lebendigkeit, wo immer man sie träfe, mit aller Fürsorge zu schützen und zu pflegen, denn es wäre ja das eigene Lächeln, die eigenen klaren Augen und die eigene Lebendigkeit.

In diesem Paradies können wir auch heute sein. Der Weg dahin ist ganz einfach. Er öffnet sich, wenn wir die Dinge und die Menschen suchen, die wir lieben können, wenn wir genießen, ihnen zu begegnen, und ihnen die äußerste Behutsamkeit schenken.

Wenn wir ihr Lächeln und ihre Lebensfreude, ihren Ernst und ihre klaren Augen, mit einem Wort: das Leben, in dem wir uns bewegen, so lieben, dass wir ihm all unsere Intelligenz und Feinfühligkeit widmen, dann sind wir heute – im Paradies.

ANHANG

Jeder Mensch hat ein Anrecht auf psychologisches Wissen. Doch nur die wenigsten haben Zeit und Lust, sich in den Dschungel der teilweise hochkomplizierten Denkwelten zu begeben. Allein die Sprache vieler psychologischer Theorien verhindert häufig, dass sich ihr Wissen verbreiten kann. Deshalb kommt derjenige, der in diesem Dschungel nach heilsamen Quellen des Wissens sucht, häufig verwirrter wieder heraus, als er hineingegangen ist.

Ich habe in diesem Buch versucht, diese Hürden niederzureißen. Dabei ist der vereinfachende Ansatz, psychische Vorgänge als Gewohnheiten zu sehen, in dieser Form zwar neu.

Er hat jedoch viele Gleichklänge mit den komplexen Konstruktionen der wichtigsten psychologischen Theorien. Wer sich deshalb mit den großen Theoriegebäuden der

• Psychoanalyse,
• der humanistischen Psychologie,
• der Verhaltenstherapie,

und ihren Entspannungsverfahren etwas näher beschäftigen möchte, findet deshalb im Folgenden jeweils eine kurze Erklärung und weiterführende Literaturhinweise dazu.

Die Psychoanalyse

geht als Konflikttheorie von widerstreitenden Kräften in der Persönlichkeit aus. Das Ziel ihrer Behandlungsmethode besteht darin, dem Patienten bei der Suche nach einer persönlichen Kontinuität und bei der Aneignung unbewusst gewordener Lebensgeschichte zu helfen. Ziel ist nicht die Entwicklung einer harmonischen Persönlichkeit. Die Psychoanalyse bietet dem einzelnen Menschen vielmehr eine Methode an, seine unbewussten Motive selbst zu erforschen und dabei deren Existenz anzuerkennen sowie abgespaltene und abgewiesene Teile seines Selbst zu integrieren. Denn von unbewussten Motiven, wie zum Beispiel von unbewussten Schuldgefühlen, erlebt sich ein Mensch z. B. in Form von Hemmungen, Arbeitstörungen oder auch Selbstbestrafungstendenzen bis hin zu schweren Depressionen fremdbestimmt. Insofern geht es der Psychoanalyse um eine Befreiung von verinnerlichten Fremdbestimmungen, die Ursachen für psychische Störungen und damit verbundene Symptome sind.

Literatur zur Psychoanalyse

Abraham, Karl: »Das Geldausgeben im Angstzustand«, in: E. Auchter, T: »Kleines Wörterbuch der Psychoanalyse«, Vandenhoek & Ruprecht, 1999
Balint, M: »Die Urformen der Liebe und die Technik der Psychoanalyse«, Klett-Cotta, Huber, 1997
Borneman: »Psychoanalyse des Geldes«, S. 113–116, Suhrkamp, 1977
Haubl, Rolf: »Geldpathologien und Überschuldung: am Beispiel Kaufsucht. Ein von der Psychoanalyse vernachlässigtes Thema«, Psyche, 50 (9/10), 916–953, 1996
Leiser, Eckhart: »Das Schweigen der Seele. Das Sprechen des Körpers«, Turia und Kant, 2002
Richter, Horst-Eberhard: »Flüchten oder Standhalten«, 3. Aufl. 2001
Salzberger-Wittenberg, Isca: »Psychoanalytisches Verstehen von Beziehungen«, Facultas-Verlag, 2002

Die humanistische Psychologie

wurde von Assagioli, Abraham Maslow, Erich Fromm und anderen begründet. Eine Gemeinsamkeit aller zur humanistischen Psychologie zählenden Psychotherapien ist es, den Menschen und seine Selbstverwirklichung ins Zentrum der therapeutischen Arbeit zu stellen, mit dem Ziel, die Persönlichkeit wachsen und reifen zu lassen. Dazu gehören das Erkennen und Fördern der eigenen Möglichkeiten und Fähigkeiten und die Sinnerfüllung des individuellen menschlichen Lebens. Während durch den Zweiten Weltkrieg die Entwicklung von Psychotherapie und Psychologie in Europa weitgehend unterbrochen wurde, entwickelte sie sich in den USA in verschiedenen Richtungen weiter. Im Gegensatz zum Determinismus (Vorbestimmung) der Psychoanalyse trat bei vielen dieser Richtungen das Streben des Menschen nach Selbstverwirklichung und persönlicher Entfaltung, nach Sinnfindung und individuellem Wachstum in den Vordergrund. Dieser Bewegung, in deren Rahmen z. B. die Gestalttherapie nach F. Perls und die klientenzentrierte Gesprächstherapie nach Rogers entstanden und die in den USA seit den 50er Jahren, in Europa seit den 70er Jahren großes Interesse fand, gab Abraham H. Maslow den Namen »humanistische Psychologie«. Ihr lag auch eine neue Vorstellung von psychischer und physischer Gesundheit zu Grunde: Der Mensch ist in seinem innersten Kern gut. Wenn sein Bedürfnis nach Sicherheit, nach Liebe und Selbstverwirklichung unterdrückt wird, kann er krank und dann auch von seinen vergangenen Erfahrungen determiniert werden.

Literatur zur humanistischen Psychologie

Fröhlich, W. D.: »Wörterbuch zur Psychologie«, dtv, 1987
Kuhn,Th. S.: »Die Struktur wissenschaftlicher Revolutionen«, Suhrkamp Taschenbuch Verlag, 1967
Lück, H. E.: »Geschichte der Psychologie«, Kohlhammer, 1991
Maslow, A. H.: »Toward a humanistic biology«, American Psychologist, 24, 724–735, 1969
Quitmann, H.: »Humanistische Psychologie: Zentrale Konzepte und philosophischer Hintergrund«, Hogrefe, 2. Auflage 1991
Revenstorf, D.: »Psychotherapeutische Verfahren, Band III, Humanistische Therapien«, Kohlhammer, 2. Auflage 1993
Tönnies, S., und Behrens-Tönnies: »Gesprächspsychotherapie«, in: *Angela Schorr* (Hrsg.), »Handwörterbuch der Angewandten Psychologie«, Deutscher Psychologen Verlag GmbH, 1993

Die Verhaltenstherapie

entstand in den 40er Jahren aus lerntheoretischen Konzepten, die davon ausgehen, dass die meisten psychischen Probleme gelernt und durch systematische Anwendung der Lernprinzipien auch wieder verlernt werden können. Seit Beginn hat die Verhaltenstherapie verschiedene Entwicklungen und Neuerungen erlebt. Am bekanntesten ist die so genannte »kognitive Wende« der 60er und 70er Jahre, seit der vermehrt auch andere, gleichermaßen wissenschaftlich fundierte Konzepte (z. B. kognitive Theorien, Emotionstheorien, Kommunikationstheorien, Psychophysiologie, Stressmodelle und Selbstregulationskonzepte) zum Tragen kommen. Nach einer sozialpsychologischen Erweiterung in den 80er Jahren folgte zu Beginn der 90er Jahre eine verstärkte klinische Integration der Verhaltenstherapie, was zur Entwicklung störungsspezifischer Methoden, einer vermehrten Berücksichtigung sozialpsychologischer Konzepte (z. B. Therapeut-Klient-Beziehung) und der Integration der systemischen Perspektive in die Verhaltenstherapie führte.

Heute beschreibt der Begriff »Verhaltenstherapie« eine sehr breite psychotherapeutische Orientierung, die insbesondere im Zusammenhang mit psychologischer Forschung wirksame Behandlungsformen entwickelt. Ihre Einsatzbereiche sind neben psychischen Störungen im engeren Sinn vor allem allgemeine Lebensprobleme, aber auch zwischenmenschliche Probleme und psychische Begleiterscheinungen von somatischen Erkrankungen. Zur Bewältigung und Behandlung dieser wurde eine Reihe von Strategien und Methoden entwickelt, die sowohl allgemein (z. B. Entspannung, Bewältigungstraining, Selbstmanagement-Training, Verstärkung, kognitive Umstrukturierung etc.) wie insbesondere auch störungsspezifisch (z. B. bei Ängsten, Zwängen, Traumata/Belastungsstörungen, Depressionen, Schizophrenie, Essstörungen etc.) Anwendung finden.

Literatur zur Verhaltenstherapie

Baer, Lee: »Alles unter Kontrolle: Zwangsdenken und Zwangshandlungen überwinden«, Huber, 1993

Arnold, Wilhelm, Eysenck, Hans Jürgen & Meili, Richard (Hrsg.): »Lexikon der Psychologie« Band 3, 1011, Herder, 1972

Brenner, Helmut: »Bluthochdruck«, Müller, 1984

Brenner, Helmut: »Das große Buch der Entspannungstechniken«, Humboldt, 1993

Devereux, Georges: »Angst und Methode in den Verhaltenswissenschaften«, Suhrkamp, 1998

Dörner/Nebel/Redlich: »Geschichten für gestresste Kinder. Vorlesegeschichten zum Entspannen und Mutigwerden«, Spektrum, 1995

Ellis, Albert: »Grundlagen und Methoden der Rational-Emotiven Verhaltenstherapie«, Klett-Cotta, 1997

Friedrich, S. & Friebel, V.: »Entspannung für Kinder«, rororo, 1989

Gräninger, S. & Stade-Gräninger, J.: »Progressive Relaxation, Indikation, Anwendung, Forschung, Honorierung«, Pfeiffer, 1996

Heyden/Reinecker/Schulte: »Verhaltenstherapie«, dgvt, 1998

Kanfer/Schmelzer: »Wegweiser Verhaltenstherapie – Psychotherapie als Chance«, Springer, 2001

Schenk, Ch.: »Kursbuch Eltern: Autogenes Training für Schulkinder. Das praktische Anleitungsbuch mit kindgerechten Übungen«, Heyne Ratgeber, 1992

Schuster, Klaus: »Abenteuer Verhaltenstherapie – Neue Erlebnisse mit sich und der Welt«, dtv, 1999

Steinhausen & v. Aster: »Handbuch der Verhaltenstherapie und Verhaltensmedizin bei Kindern und Jugendlichen«, Psychologie Verlags Union, 1994

Die o. g. Richtungen sind die verbreitetsten Methoden der Psychotherapie, die von approbierten Psychotherapeuten angewendet werden. Ihre Aufzählung soll jedoch nicht die Wichtigkeit anderer Verfahren wie Hypnotherapie, Gestalttherapie, Musik- und Kunsttherapie, Psychodrame etc. herabmindern. Die wissenschaftliche Beweisbarkeit eines Verfahrens bedeutet dabei nur, dass es bei vielen Menschen wirkt. Für Sie persönlich kann etwas ganz anderes richtig sein.

Im Folgenden finden Sie noch allgemeine Literaturhinweise, insbesondere zu den Themen:

Sucht, biologische Grundlagen und Kommunikation

Battegay, Raymond: »Die Hungerkrankheiten: Unersättlichkeit als krankhaftes Phänomen«, Huber, 1982 (Wieder erschienen: Fischer, 1987)

Baudis, Reiner: »Nach Gesundheit in der Krankheit suchen. Selbstmanagement von Veränderungsprozessen bei Drogenabhängigen«, in: Walter-Hamann, Renate (Hrsg.)

Brehm, Sharon S.: »Intimate Relationships« (The McGraw-Hill Series in Social Psychology) von McGraw Hill, College, 1991

Campenhausen, Ch.: »Die Sinne des Menschen. Einführung in die Psychophysik der Wahrnehmung«, Stuttgart, 1993

Carnegie, Dale: »Sorge Dich nicht, lebe«, Scherz, 2000

Degen, Rolf: »Die Illusion – mich trifft es nicht«, Psychologie Heute, 15 (10), 48–55, 1988

Devor, Eric J., Magee, Harry J., Dill-Devor, Rebecca M., Gabel, Janelle & Black, Donald W.: »Serotonin transporter gene (5-HTT) polymorphisms and compulsive buying«
American Journal of Medical Genetics (Neuropsychiatric Genetics) 88, 123–125, 1999

Fahrenberg, J., Hampel, R. & Selg, H.: »Freiburger Persönlichkeits Inventar«, Hogrefe, 1973

Fehr, Ernst & Zych, Peter K.: »Die Macht der Versuchung: Irrationaler Überkonsum in einem Suchtexperiment«, Zeitschrift für Wirtschafts- und Sozialwissenschaften, 115r, 569–604, 1995

Foemer, U.: »Fortuna ist weiblich, der Spieler männlich«, in: M. Kueck (ed.) »Der unwiderstehliche Charme des Geldes: Vom Umgang mit Geld aus der Sicht von Frauen«, S. 101–114, Rowohlt, 1988

Goldstein, E. Bruce: »Wahrnehmungspsychologie. Eine Einführung«, Spektrum Akademischer Verlag, 1997

Gregory, R. L.: »Auge und Gehirn. Psychologie des Sehens«, Reinbek, 2001

Gross, Werner: »Hinter jeder Sucht ist eine Sehnsucht«, Herder 1985.

Gross, Werner: »Sucht ohne Drogen. Arbeiten, Spielen, Essen, Lieben«, Fischer, 1990

Gruen, Arno: »Der Verrat am Selbst. Die Angst vor Autonomie bei Mann und Frau«, Deutscher Taschenbuch Verlag, 1985

Habermas, Tilmann: »Geliebte Objekte. Symbole und Instrumente der Identitätsbildung. Perspektiven der Humenwissenschaften. Phänomenologische-psychologische Forschungen«, Walter de Gruyter, 1996

Haubl, R.: »Welcome to the pleasure dome. Einkaufen als Zeitvertreib«, in: H. A. Hartmann & R. Haubl (Hrsg.), »Freizeit in der Erlebnisgesellschaft«, Westdeutscher Verlag, 199–224, 1996

Haubl, R.: »Geld, Geschlecht und Konsum. Zur Pathologie ökonomischen Alltagshandelns«, Psycho-Sozial Verlag, 1998

Herwig-Lempp, Johannes: »Das Phänomen der sogenannten Neuen Süchte«, Neue Praxis, 1, 54–64, 1987

Hondrich, K. O.: »Bedürfnisse, Ansprüche und Werte im sozialen Wandel: Eine theoretische Perspektive«, in: K. O. Hondrich & R. Vollmer (eds.), »Bedürfnisse: Stabilität und Wandel«, S. 15–64, Westdeutscher Verlag, 1983

Hoyos/Frey: »Arbeits- und Organisationspsychologie«

Hubel, D. H.: »Eye, Brain, and Vision«, San Francisco, 1995 (dt.: »Auge und Gehirn. Neurobiologie des Sehens«, Heidelberg, 1989.)

Jegge, Jürg: »Angst macht krumm«, Zytglogge, 1991

Mietzel, Gerd: »Wege in die Entwicklungspsychologie«, Band 1

Peter, K. et al.: »Ausgewählte psychiatrische Aspekte von Alkoholmißbrauch und Alkoholabhängigkeit«, in: Peter, K.: »Spektrum psychiatrischer Arbeit«, Springer-Verlag, 2000

Rock, I.: »Wahrnehmung. Vom visuellen Reiz zum Sehen und Erkennen«, Heidelberg, 1998.

Schlote, W. & Kreft, G.: »Der zweckentfremdete Küchentisch. Ludwig Edinger und die Anfänge der Hirnforschung in Frankfurt«, Forschung Frankfurt, Sonderband zur Geschichte der Universität, S. 149–157, 2000

Simmedinger, Renate: »Suchthilfe im Krankenhaus«, in: Kraus, Ludwig: Klaus Püschel (Hrsg.), »Prävention von drogenbedingten Not- und Todesfällen«, Lambertus-Verl., 1998

Singer, W.: »The brain as a self-organizing system«, Eur Arch psychiatry Neurol Sci, 236, 14–19, 1986

Poppelreuter, Stefan: »Arbeitssucht«, Psychologie Verlag, 1997

Thayer, R. E.: »The Biopsychology of Mood and Arousal«, Oxford University Press, 1989

Tölle, R.: »Psychiatrie«, Springer, 1982

Trautner, Hans Martin: »Lehrbuch der Entwicklungspsychologie«, Band 1

Watzlawick, Paul: »Anleitung zum Unglücklichsein«, Piper, 1994

Wenniger (Hrsg.), »Handwörterbuch der Psychologie« (4. Aufl.) Psychologie Verlags Union

Wunderlich, Hans Georg: »Die Steinzeit ist noch nicht zu Ende«, Rowohlt, 1974

Der Autor

Dr. Rainer Tschechne, geboren 1949, studierte Musikwissenschaft, Pädagogik und Psychologie. Nach 20 Jahren als klinischer Psychotherapeut gründete er das Gesundheitsnetzwerk life@work der Evangelischen Stiftung Alsterdorf, das er heute organisatorisch leitet. In dem dazugehörigen Gesundheitszentrum, an das mehrere Fachkliniken angeschlossen sind, erlernen Privatpersonen und Firmengruppen, Stress zu vermeiden, und erhalten konkrete Unterstützung, ihre seelische Gesundheit langfristig zu erhalten. Im Airport Hamburg betreibt Dr. Tschechne die erste »relax-for-success«-Lounge für ganzheitliche Gesundheit.
Weitere Infos unter www.stressdoktor.de

Kontakt

Dr. Rainer Tschechne
Jarrestr. 44
22303 Hamburg
Tel: 040 2278686
E-Mail: relax@stressdoktor.de

Bei Interesse können Sie audiovisuelle Medien zu psychologischen Themen von Dr. Tschechne bestellen unter www.stressdoktor.de.

*Ein faszinierendes Buch, das Ihr Leben
für immer verändern wird*

Deepak Chopra kombiniert östliche Weisheit mit
neuester wissenschaftlicher Forschung. In diesem Buch nimmt er den Leser mit auf eine spannende Entdeckungsreise zu sich selbst und dem
eigenen unbegrenzten Potenzial.

Der Bestsellerautor beschreibt die sieben Schlüssel zu einem glücklichen Leben. Dabei steht jeder
Schlüssel für einen inneren Entwicklungsprozess.
Wer die Erkenntnisse umsetzt, erfährt Heilung.
Indem wir unser Augenmerk auf die Gegenwart
richten, darauf verzichten, recht haben zu wollen,
und bereit sind, das Leben von unheilsamen
Emotionen und Gedanken zu befreien, erkennen
wir das wirklich Wichtige. Als Menschen sind wir
nicht getrennt vom Kosmos, sondern immer eins
mit der großen schöpferischen Kraft, mit der wir
unser Leben gestalten können. Das ist der Weg zu
stiller Freude und Erleuchtung.

Deepak Chopra
Die 7 Schlüssel zum Glück

152 Seiten, ISBN 978-3-485-01302-4

nymphenburger   www.nymphenburger-verlag.de

Die heimliche Kraft alltäglicher Worte

Fünfzehn alltägliche Worte, die aus unserem Wortschatz kaum wegzudenken sind, beeinflussen ganz unbemerkt unser Bewusstsein und damit unser Leben. Denn die heimliche Kraft dieser Worte verwandelt das Gesagte, häufiger als wir ahnen, in das Gegenteil dessen, was wir eigentlich fühlen oder mitteilen wollen.

Nach Aussagen wie: »Mir geht es gut, aber …« kann von *gut gehen* keine Rede mehr sein, denn alles, was dem *aber* folgt, macht die eigentliche Aussage und das reale Gefühl zunichte. Lelia Kühne de Haan verdeutlicht mit vielen Beispielen aus ihrer psychotherapeutischen Praxis, wie wir über die Sprache wieder zu uns selbst finden und unser Leben authentischer gestalten können.

Lelia Kühne de Haan
Ja, aber …

192 Seiten, ISBN 978-3-485-00879-2

auch als Hörbuch
Vol. 1: 1 CD, ISBN 978-3-7844-4203-7, Langen*Müller* | Hörbuch
Vol. 2: 1 CD, ISBN 978-3-7844-4240-2, Langen*Müller* | Hörbuch

nymphenburger   www.nymphenburger-verlag.de